文化中国的故事

杨雅雯 著

Wenhua Zhongguo
De Gushi

人 民 出 版 社

责任编辑:洪　琼
版式设计:顾杰珍

图书在版编目(CIP)数据

文化中国的故事/杨雅雯 著. -北京:人民出版社,2015.1
ISBN 978-7-01-014078-0

Ⅰ.①文… Ⅱ.①杨… Ⅲ.①文化史-中国-通俗读物 Ⅳ.①K203-49

中国版本图书馆 CIP 数据核字(2014)第 238482 号

文化中国的故事
WENHUA ZHONGGUO DE GUSHI

杨雅雯　著

人民出版社 出版发行
(100706　北京市东城区隆福寺街 99 号)

环球东方(北京)印务有限公司印刷　新华书店经销
2015 年 1 月第 1 版　2015 年 1 月北京第 1 次印刷
开本:710 毫米×1000 毫米 1/16　印张:14.25
字数:200 千字　印数:0,001-4,000 册

ISBN 978-7-01-014078-0　定价:39.00 元

邮购地址 100706　北京市东城区隆福寺街 99 号
人民东方图书销售中心　电话 (010)65250042　65289539

序　言

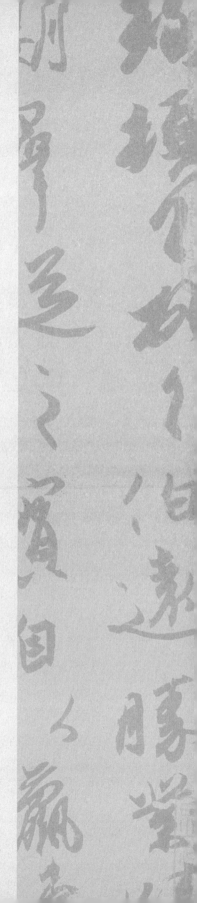

　　这是一本可读性很强的国学读物，作者娓娓道来，讲述中国文化的神奇精彩与来龙去脉。

　　作者杨雅雯是一位很有涵养的年轻人，成长于台湾，就学于名校台大与北大，获台大学士与北大硕士、博士学位，执教于澳门。前些年，我应邀到澳门科技大学演讲，结识了作者，觉得她的人如同她的名。我列席了她组织的读书会，与大学生们一道读《论语》。她时常给读书会的学生发电子邮件，与同学们谈人生理想，谈如何读书。她指导学生社团——国学社的同学们编《明志》学刊，学刊上发表同学们稚嫩地读《论语》的体会，也刊发她自己的美文。她说："大家生命的成长，永远是身为老师的我最牵挂、最在意的。"她用心灵、用行为，引导学生成长。

雅雯有很深的文化底蕴,读过不少古书,涉及经史子集四部。她有志写一本书,以讲故事的方式,介绍中国文化的方方面面。这本书终于写成,现在摆在读者面前。

她平素很有慧心,积累了大量的资料,又在中国文化通论课的教学过程中,与学生互动,不断修改自己的讲义,教学相长,匠心独运,以青年容易接受的方式,完成了这部情文并茂的著作。

我读了这部书稿,深深地被作者打动,边读边击节赞叹!我虽然也略懂一点中国文化,但若让我写一部中国文化的书,可能会平铺、古板,实在不会用这种吸引人的方式来写作。

通读全书,我觉得本书有值得称道的三大特点:

第一,以精彩的历史故事为引子,展示了国学中各部类、各领域、各思潮流派的精华,画龙点睛,格外传神。她希望年轻人通过听故事来懂中国,这些故事都经过她的拣择。

作者说:《论语》里有个故事说孔子的学生子游受邀治理武城这个地方,孔子去看他,听到了百姓唱歌的声音,便笑着说:"杀鸡焉用牛刀?"言下之意是子游拿治国的"乐"来教化武城这个小地方,未免太小题大做了;子游很正经地回答老师说:"我以前听老师说,君王学道就会慈爱百姓,百姓学道就好教。"孔子很潇洒,当下就跟其他学生说:"子游说得对!我刚才是开玩笑的。"可见,对孔子来说,"乐"是治理国家、调和人民性情极重要的方式。

作者说:中国古音里没有 Fa 和 Si 两个音,所以听起来中正平和。用完全的古音谱出来的歌,最经典的就是电影《笑傲江湖》的主题曲、黄沾作的《沧海一声笑》,当我们哼起这首曲子第一句"沧海笑"时所发出的五个音,正好就是古乐中的五音顺序;这首歌不但没有使用 Fa 和 Si,而且没有任何升、降音,所以全曲听来中正平和、气势磅礴;唱完之后,我们心底自会有一份浩然之气油然而生。有什么样的音调,就会有什么样的音乐;有什么样的音乐,就会造就什么样的心境与人品,也就会造就什么样的民族与国家。

作者又说:《春秋》可以说是孔子一生学问、知识的博士论文,要读这本论文,不能不知道孔子的论文题目,不是"春秋历史概览",而是"天道法则范例大全"。

欲知五经四书、史部要籍、诸子百家、儒释道三教、魏晋玄学、宋明理学、唐诗宋词等，读者都不难从本书中找到最基本又最准确生动的答案。本书还启发您进一步思考、共鸣与反省。

第二，以古代政治、经济、社会、教育、艺术、宗教为珠玉，以中国文化史的发展脉络为线索，串串珠玉，交相辉映。作者善于抓住主脉，深入浅出，立意隽永。

例如，第六章末，作者写到，范滂从容就义之前，与母亲道别。一千多年后，苏东坡母亲教小东坡读《后汉书》，读到了范滂，不禁叹息。小东坡问妈妈："我如果当范滂这样的人，您准许吗？"苏妈妈答道："你可以当范滂，我怎么就不能当范妈妈呢？"

又如，第七章，作者写到，公元 304 年开始，中原进入五胡十六国的乱世。虽然不少士族仓皇南迁，但更多大族选择留在北方继承祖业，比如河北清河崔氏，可以说是留下来的世家大族中的第一名门，北魏时期的崔浩更将这个家族的声望带到顶峰，也坠到谷底。崔浩父亲崔宏已是北魏拓跋氏的吏部尚书，专管文武百官；崔浩历经北魏道武、明元、太武三朝，当到国防部长，一次次帮明元帝出谋划策，终至统一北方；太武帝时又多次力排众议，击败夏、柔然、北凉等西北边境大患，解除了北魏南北腹背受敌的困境，并打通西域商道，活络了经济与文化的交流。……然而，崔浩及其家族遭逢了灭顶之灾。与崔浩同是北魏重臣的高允，行事风格和崔浩截然不同，其结局迥异。

作者的评论是："一部中国史，以利之眼观之，则尽是分赃、妥协；以气节观之，则尽是人的尊严回荡天地之间，千载之下犹撼人心弦。两千多年，当然有肮脏污秽，也有光明磊落，端看我们愿意如何认取它。"

还如，在第九章，作者指出：民间乡党亲族中也有自发的自治组织，比如北宋陕西蓝田人、张载弟子吕大钧，是学者、是官员，也是中国地方村规民约的创始人；他在回乡守丧期间创订了《吕氏乡约》，对于村民的日常生活、人际交往各种事务都有一原则规定，其主旨为"德业相劝，过失相规，礼俗相交，患难相恤"，包括个人修身、齐家之道，平常礼尚往来、红白喜事彼此帮

3

忙，非常时期遭遇灾难更要体恤互助共渡难关，遇有过失要互相规过劝善……重教化胜于律法，才是最好的政治方式。儒家学者到各地当官、讲学的空档，也会聚集村民讲解乡约，点点滴滴移风易俗；后来这种村民自治的形式在中国农村普传，与范仲淹创立的义庄制度，为中国农村自治奠定了经济与文化两大基石。

欲知西周封建制、秦汉郡县制、汉代文治政府与礼制经济、由察举制到九品中正制到科举考试制度、从文学艺术瑰宝到艺术精神、书院、乡约与义庄，以及佛教、基督教及中外宗教文化交流史等，读者不妨细读本书，慢慢体会。作者在史的追溯中，陈说、评论古代社会制度与文化思想的利弊得失，不断启示读者领悟中国历史的精神！

第三，文字流畅、形式活泼、图文并茂，辅以补充引文、延伸阅读、课后习作等，有助于大、中学生与市民理解中华文化，意味深长，引人入胜。

一开篇，作者评明末文人张岱写女人，只用了"其孤意在眉，其深情在睫，其解意在烟视媚行"，不写樱桃嘴、不写柳叶眉，更不写粉胸细腰，便将歌女朱楚生的傲骨与款款情深刻画入微。

作者是年轻人，她天天与青年学子打交道，在讲述古典时，常常冒出网络流行的新词及类似《金陵十三钗》等新的中外影视片的桥段。例如，作者说：现实人生是，我们如果不是在烦恼这个，就是在担心那个，各种念头一波未平一波又起，电视上满大街的帅哥美女，偏偏超市里排在我前后左右的都是穿着汗衫趿着拖鞋的大妈大爷。英国黛安娜王妃人生下半场过得多么抑郁、走得多么凄凉！古今中外，科技在发展，但人生的本质从来没变过，生老病死、生离死别，谁能躲得过？那么，人生究竟要追求什么？人生里有永恒的快乐吗？庄子的"逍遥"，便是对这个疑问的回答。《逍遥游》是《庄子》的首篇，开篇就拉了只神奇玄怪、又是鱼又是鸟的庞然大物出场。由此而引入庄生主张的精神自我的超拔飞越。

作者又说：我们今天常说儒家是统治者的统治工具，仿佛儒者们一旦当了官，过去所学的就是拿来伺候皇帝的，却忽略了从孔子开始，多少儒者犯颜直谏，孔子作《春秋》，需要多大的勇气？子贡直言鲁哀公违礼失名，岂不顾虑生命安危？更别说司马迁为李陵而遭宫刑、魏征谏太宗而成就贞观之治,一直到晚清,也还是有林则徐、张之洞这些恪尽职守、不惧外侮、秉笔直书的忠臣;这些只是其中的荦荦大者,那些记录在史书、地方志、街谈巷语、文人笔记、孔庙牌位上,为了心中的正道与理想而不惜牺牲生命的儒者,两千年来多如繁星,照耀中国历史长河的天空。

书中通过故事及引申,讲述、点评了不同时代不同阶层的中国人的社会理想、精神价值与气节操守,特别是其中恒久的意义。当今世界,尤需我们反哺文化之根源,守先待后,推陈出新。这是文化自觉、文明对话的基础。

本书每一节是一串珠玉,每一章是若干串珠玉的连接,全书则是珠玉的缀合。雅雯以极高的智慧梳理中国文化史,比较与贯通古今中西的文化,全书处处透显出她的史德、史识、史才、史慧。我认为,这是不可多得的一部佳作,对我们文史哲研究者也极有启迪。我郑重地向读者推荐本书。

是为序。

郭齐勇

癸巳年深秋于武汉大学

目　录

3

尽是人的尊严回荡天地之间,千载之下犹撼人心弦。两千多年,当然有肮脏污秽,也有光明磊落,端看我们愿意如何认取它……

第八章　唐代政法与中国艺术精神 ················· / 143

一百多年来,中国被西方人以西方的标准定位为第三世界、发展中国家;但远在一千三百年前的唐朝,中国早已是当时世界的中心,中国文化是全世界最优秀的文化;中国被西方打败不过是近两百年的事,今日中国人大可不必妄自菲薄,只要吸取教训、补强不足,重返汉唐盛世自是指日可待……

第九章　教化政治与儒学的复兴 ················· / 167

在西方,人心还有宗教可以依循,即使宗教的力量已日渐微薄,却也仍撑持着它摇摇欲坠的价值;但在当代中国,问题便严重许多。中国人既不习惯西方的宗教信仰,自身传统的价值体系也在"文化大革命"中破坏殆尽,于是问题就出现了:人心怎么办? 人的幸福该往哪里找?

第十章　中西接触与中国文化的展望 ················· / 191

当代中国一切乱象最主要的问题根源,在于价值的失落,对自己没有原则,对社会没有责任,对国家没有信心,对生命没有信仰。在中国日益富强的今日,我们要担心的是,如何不让中国人穷得只剩下钱？我们想要一个怎样的中国？中国人想过什么样的日子？我们希望后代子孙如何想起我们？

自　序

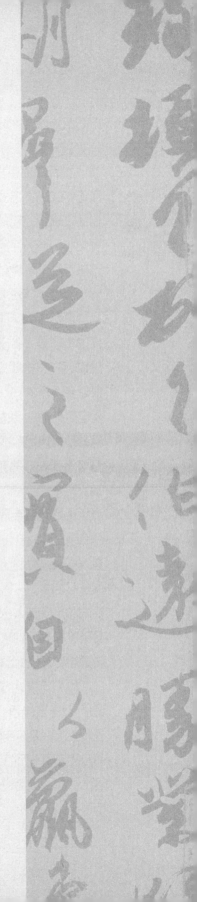

　　2010 年 6 月,我自北京大学毕业,隔年年初即进入澳门科技大学正式开始我的教学生涯,在学校安排下教授"中国文化通论"课;这是门大课,每班学生都在一百名以上,对初生之犊的我来说压力可谓不小,尤其座上多为理工或商科学生,于传统中国文化并无太大兴致,一般将通识课程视作营养学分,态度漠然。

　　为此,我多次自问:上这门课想为学生带来什么? 希望在学生生命中留下些什么? 那年暑假回京探望师友,与同学刘阳博士到熟悉的 45 甲宿舍楼地下室去逛书店,浏览群书之余我谈起了教学上的困境,刘阳君随口建议我:何不采用钱穆先生的《中国文化史导论》作为底本? 我们俩都是钱先生的超级粉丝，他淡淡的一提，我却如雷贯耳，回台后随即仔细阅读该书并草拟授课大纲。

然而，钱先生书中的精神、旨趣与论点固然是圭臬臬正的依凭，但其朴实无华的讲说方式却难以引起这一代看电视、玩电脑，过度享受声光刺激的学子之兴趣。我参考了许多教学方法、简报制作指南书籍，并在学校教育发展中心一系列课程的培训下，慢慢地将三千年中国文化的精神、历史、哲学、政法等融于各种新奇的故事、新闻，有趣的图片、表格，与学生切身相关的提问，乃至我自身的经历、见闻中。

在两三个学期反复备课、讲授、修改的循环里，教案愈趋完备与丰富，不仅增加了阅读书目与思考练习，课堂上更挪出时间讨论分享；学生在阅读、思索、整理、发言、对话的过程中逐渐培养出独立思考与理性辩论的能力；而最让我欣喜的，是他们对传统文化的重新认识，不再是生硬的知识背诵，而是自身性命之所来的寻根溯源、同情理解。教学有得后，我希望将这些教案重新整理，使之更加生动而深入；在近两年时光的资料收集与写作后，终有这部书稿的完成。

犹记得着手开始写作的那天，澳门的夏日在窗外挟着蝉鸣节节逼近；向西瞭望，土耳其伊斯坦布尔的街头抗议持续着，抗议的主题是反对政府将铺有 600 株绿树的加济公园铲平，改建为军营和购物商场；抗议扩及全国并造成多起伤亡，一个月后终告成功；显然，资本主义、科技发展、人民选举的政治未必是所有人的共同趋向，大自然所能给予的舒坦与静谧，更是人类心灵渴望的归宿。向东，我的故乡台湾，舆论刚从中菲海域争议转向淀粉中的化学添加物，而台币 22000 的低薪梦魇日日缠扰着庞大的就业族群。

30 多年来，世界各地跟着欧美的脚步改变自身的政治、司法、经济、金融、医疗、教育等体系，甚至连日常的说话都要夹带几句英语才算得上"知识分子"，仿佛只要来自西方，就是永恒的真理；然而，战争不曾停止，世界也没有在西方的带领下日趋美好，即使在传说如天堂的美利坚合众国境内，校园枪击案层出不穷，时时都得提防来自世界各地的极端分子再度策划如"9·11"般的恐怖攻击。

"21世纪是中国人的世纪"这句话在十年前还半信半疑,如今却以纽约华尔街身价暴涨的中文教师为见证;但当他人以毒奶、山寨、地沟油来标签中国,并将一切归咎于"中国文化"时,不懂中国文化的岂止外国人,即使领着中华人民共和国身份证的多数中国人,老实说,也并不懂。

　　近代中国的学术几乎完全移植自西方,以历史、哲学、文学等的学门分科来建立体系,而原本完整的中国文化也被分割得七零八落。传统文化与近代文明最大的不同之处,在于传统中国一切学问都离不开"人"自身,没有所谓"客观学术研究",而只有"如何活得更好"——不仅物质,更在精神;因而要真实了解中国文化,唯有将之与自身联系,体悟一切发生与不发生背后的思维体系与价值选择,方得领会其一二。在中国崛起的今日,"中国人"的界定不当只在于护照上的国籍,更应是传统文化的回归与价值的认同;在创造"富强中国"之后,我们更应以"文化中国"自许。

　　我的学力有限,这本书只期做到文化普及与概念厘清;内容上偏重先秦思想的形成与发展,五经与诸子便涵括了四章,这是中国文化的根本与枝干;其次叙及文治政府、民族融合、宗教汇通、艺术精神、教化政治、儒学复兴,属于这株大树的枝叶与花朵;最后谈谈近代中国与西方文化的接触,及当今中国转型的关键所在,主要是我个人的观察与理解。

　　澳门的赌场,豪宅林立,各种名贵跑车在狭窄的街道上穿梭,而每当我仔细观察车上的驾驶人员,总大失所望——这些开着百万跑车的富人,并不带着与豪车相当的气质。我希望有一天,中国人真正为身为"中国人"而感到自豪,这样的自信不来自钱、不来自权,而来自对己身所承载的悠久、博雅的文化传统深深的、真切的了解与珍惜。这本书谈的是传统中国文化是什么样子,虽然许多在今日中国已经不易见到,但并不表示它们不曾存在过;且在这个时代谈它们,正是因为我们心底坚定地相信着,有一天,这些过去美好而充满智慧的文化将再度归来,唤醒我们日渐麻木的心灵。

　　最后,我要感谢台湾大学夏长朴教授、蔡璧名教授,与北京大学傅刚教授,在我学习的路途上为我树立了实学深思、质朴谦逊的典范;感谢澳门科技大学法学院黎晓平教授为此书赐名,感谢武汉大学郭齐勇教授一路给我

的指导与鼓励；感谢赵林、顾卫民、黄明健诸位教授无私地协助此书之出版；更感谢人民出版社洪琼先生为编辑此书所付出的辛劳。感谢北大同学刘阳、任成琦、方政、台大学弟李忠达在书稿写作过程中给我许多诚挚的建议与直言的批评，澳门科技大学博士生蔡肖文、潘书宏、胡婧婷、李文超不厌其烦为我搜罗、整理资料、校对书稿，以及学生陈睦天、胡雯越给我的帮助；最后，最要感谢父母给予我的教育与包容。因为这许多关怀与支持，那些一个又一个澳门炎炎夏日里独坐沉思、振笔疾书的日子，在回忆里便充满了意义与温暖。

[第一章]

文化中国与中国文化

　　从全盘西化到中体西用乃至西体中用,中国现在好不容易在经济上站稳了脚,并慢慢思索自己的出路何在,所谓"中国特色"的意涵应该是什么? 这条探索之路还很漫长,而我们唯有真实认识了自己的过去,才能走出一条属于自己的未来之路……

且让我以一位明朝人张岱来带领各位看官走入中国文化的世界。

知道张岱，最早是来自国中时的一篇课文——《湖心亭看雪》①，但真正对张岱感兴趣并进而钻进图书馆翻找他的作品阅读，则是我就读台湾大学时旁听中文系名师方瑜先生的"李商隐诗"课。方老师在课堂上很简短地谈到张岱写女人，只用了"其孤意在眉，其深情在睫，其解意在烟视媚行"，不写樱桃嘴、不写柳叶眉，更不写粉胸细腰，便将歌女朱楚生的傲骨与款款情深刻画入微。

2

张岱对生活的讲究，远远超越了我对所谓"文化"或"文明"所能有的最极致的想象。张岱出生在明朝灭亡前 40 年，父亲、祖父是朝廷官员，纨绔子弟的他，整天只负责玩。当时的玩乐项目他都玩遍了，而且玩得精绝：盖豪宅、品美食、穿漂亮衣服、找美丽婢仆，甚至有点恋童癖，我们现在有宝马，他那时有骏马，还放烟火、票戏子、玩古董、赏花鸟、喝茶、品书、写诗、弹琴，凡是好玩的事他都玩；而且他玩的方式、层次及精绝程度，今天的富二代可谓望尘莫及。

比如吃奶酪，我们现在往往到超市里去买一块回家吃便罢，但张岱觉得这些匠人做的都失去了奶酪该有的香气，那怎么办呢？他自己养了一头牛，晚上取奶，静置在盆里头，到了天亮奶就会自然凝结，然后要用铜锅煮，煮到液体都蒸发掉，奶酪就像霜雪一样洁白，芳香四溢，沁人

---

① "崇祯五年十二月，余住西湖。大雪三日，湖中人鸟声俱绝。是日更定矣，余拏一小舟，拥毳衣炉火，独往湖心亭看雪。雾凇沆砀，天与云与山与水，上下一白。湖上影子，惟长堤一痕、湖心亭一点、与余舟一芥，舟中人两三粒而已。到亭上，有两人铺毡对坐，一童子烧酒，炉正沸。见余，大喜曰：'湖中焉得更有此人？'拉余同饮。余强饮三大白而别。问其姓氏，是金陵人，客此。及下船，舟子喃喃曰：'莫说相公痴，更有痴似相公者。'"（张岱：《湖心亭看雪》）

心脾。他还发明奶酪的各种吃法，比如用花露蒸、加豆粉做成豆腐，煎酥、取皮、做饼、酒凝、盐腌、醋捉，或者加糖吃，可谓天下至味。

最让人赞叹的是张岱品茶的功力。有一次，朋友对闵汶水这个人的茶赞不绝口，张岱就记在心里。一天，张岱有事去南京，一下船就立刻跑到桃叶渡拜访闵汶水。人不在，张岱一直等到下午，闵汶水回来了，张岱一看是个老头；两个人才刚要说话，老人突然说："啊！手杖忘记拿了！"匆匆忙忙又走了。张岱心想："今天怎么能够白来呢？"于是他又继续等。很久后，老人终于回来了，看到张岱还在，有点惊讶，问他："你还在？你要做什么呢？"张岱表明来意后，闵汶水很高兴，就开始生炉起火，很快茶就煮好了。

老人先把张岱引到一个窗明几净的房间，里头摆了荆溪壶、成宣窑瓷瓯十几种，这是专门的茶室；古人喝茶是很讲究的，要有清雅的环境，培养清雅的心，才适合细细品茶。张岱就着油灯看茶，清澈与瓷瓯相同，但香气逼人，张岱忍不住拍案叫绝，问："这是哪里的茶呢？"闵汶水答："是阆苑茶"。张岱喝了一口，说："别骗我了！制法是阆苑制法，可是味道不像！"汶水心里偷笑，反问他："那你说呢？"张岱又喝了一口："怎么这么像罗产的呢！"这回换老人暗自吃惊佩服了。张岱又问："水是哪里的呢？"闵汶水答："是惠泉（陆羽称天下第二泉，在今江苏无锡）。"张岱说："别再骗我了，惠泉远在千里之外，怎么可能运送到这里，却没有一丝扰动的迹象呢？"汶水这时已经无比叹服，不再隐瞒，坦白说道："要取惠水，一定要先挖井，挖好后等到夜晚，泉水新涌出时立刻汲取。装水的瓮底要铺满山上的大石头，才不易摇晃，放到船上后，不能靠人划，一定要等起风时，让风吹着走，水才能如此明净、沉静。即使平常的惠泉，都还略逊一筹哩！"张岱听了，也是连声叹道："奇！奇！"话没说完，闵汶水又跑去煮来一壶，给张岱斟了一杯，说："喝喝这个。"张岱说："香气比刚才的更浓郁，而且味道浑厚，应该是春茶吧？刚刚喝的是秋茶。"汶水大笑："我活了70岁，还没见过比你更精通鉴赏的人。"两人就此成了好朋友。

3

张岱一共活了 80 岁。40 岁时,明亡于清,清廷几次招降他,他宁死不屈,躲到山上,住在山洞里,穷困潦倒;张岱一辈子只精通花钱,从没学过怎么赚钱,在山上他只能采集野果,经常没有东西吃。这 40 年里,他回忆生命前 40 年的点点滴滴,把那些精彩的时光记录下来,汇集成《陶庵梦忆》和《西湖梦寻》。从张岱的前半生,我们可以看到中国文化最精致的物质文明,对人、事、物丰富的欣赏与无穷的韵味;而他的后半生,则展现了中国文化的另一面,即遭逢磨难却从不屈服的精神。

2011 年年底上映的电影《金陵十三钗》,也蕴含着类似的精神。故事背景是日军侵华,南京大屠杀期间,13 名女学生和妓女因缘际会躲藏在教堂中;不幸的是,女学生被日军发现,要求她们前去为日本军人表演合唱。明知有去无回,12 名妓女仍剪掉长发,与负责照顾女学生的男孩顶替这群女学生前往,让她们在外国人的帮助下逃出南京。电影结束后,我思索:为什么一定要保护女学生? 妓女的生命,不也是命吗? 良久,才豁然明白:学生生命所赋有的潜在价值,毕竟与妓女不同。一个民族的气节可以体现在这个民族的每一分子上,但民族的精神、文化要源远流长、不为外力所断绝,终究需要知识分子的代代传承;即使是民国时期的妓女,在传统文化的浸染下,潜意识中也一致作出了保护知识分子更胜个人生存的抉择。

一、文化中国

近代学者辜鸿铭说:"要评价一种文明,我们必须要问的问题是,它能够造就什么样子的男人和女人。……也即显示出该文明的灵魂。"①我不知道重视精神气节胜于物质享受乃至生命的延续、重视读书人胜于其他职业人群,是否是传统中国文化独有的特征;但这种对精

---

① 辜鸿铭:《中国人的精神》,台北:五南图书出版股份有限公司 2008 年版,第 21 页。

神、文化的珍惜与敬重,实是中国文化得以为四大古文明中唯一流传至今且将继续延续下去的最重要支柱。

　　有些人或许会问:今日中国,有多少人是追求精神操守胜于物质享受的?读书人的社会地位、经济情况,难道不是远远落后于官僚与商人吗?诚然。精神气节与文化传承,在这个时代除了包装成各种商品或技能后可以换取商机外,我们似乎也很难即刻看到这两种东西的价值何在;然而,如果我们要判断一个人的一生有什么价值,我们不能只看他眼下的状态,而必须看他在各个年纪完成了什么、他一生走过了怎样的历程、有过哪些思考、克服了多少困难、多少人因他受益,才能够判定他这一生的价值所在;同样地,要判断一个文化的价值,也不能只根据它当前的表现,而必须涵盖它的源头、发展、演变,包括思想、政治、经济、学术、社会体制,以及它在面对外来文化时所选择的态度、面对挫折困顿时所展现的精神与长期积累下来所呈现的风貌。因此,一个国家的人民在一定空间里,经过长时间的发展积累而养成的生活习惯和行为方式,就是这个国家的文化,其间要素包括了人、空间与时间,而最重要的就是积累;没有积累,再伟大的思想也无法塑造它特定的样貌,再壮丽的文明也不能长留世间。促成积累最重要的因素是传承,而传承,便意味着教化。

　　我们可以说,文化就是人文教化,有人才有文化;而这样的人文,必须透过教化,在历史传承里有意识、有选择地,一代一代地将某些规范或知识、行为体系、社会价值传承下去。比如澳门虽然被葡萄牙人占领了四百多年,有些人看起来是中国人,却只有葡萄牙名字,也有许多人信仰天主教,每到周日就要上教堂;但更随处可见的是路边和旧公寓里的土地公牌位,而且几乎家家户户都有个神龛供奉观世音,农历七月就可以看到很多人在路边烧香、烧纸钱;这就是传统文化的力量,即使经过四百年异族文化的浸润也很难改变。而当我们要说"中国文化"是什么样子时,我们应该回到历史中去,从它两千多年来所呈现的各种样貌认识它的整体,而不是以今日中国之种种样貌来决定它的总体内涵。

5

同样地，我们也可以说，我们每一个人都不只是这个肉身躯壳而已，我们内在还有我们所承载的文化；我们的一言一行，都是这个文化的体现；有时候我们做一个决定，以为是自己的想法，但其实更多是我们内在文化的作用，它的威力，往往比我们想象的还要巨大；比如到今天为止，许多人还是会觉得将父母亲送到养老院去是不孝的，对不起父母的养育之恩；我们成年后，更感觉到对父母有一份无法推卸的责任在。这种"孝"的精神并不是每一个文化都强调的，过去日本人便曾将中国在本质上总结为"孝道的国家"；而在英语中，却甚至找不到一个词来精准传达"孝"的意涵，它既不是纯粹的顺从，也远不止于尊敬，而涵盖了更多的自我要求、期许，与对家族无法推卸的责任。

成长过程中，我们必须不断作出选择，从选择学校到选择伴侣，乃至职业、住家，这些选择一次次减少了我们人生的可能性；减少并没有不好，有限才能够深入。而在作出这些选择的时候，我们所凭借的依据是什么呢？无论是自己的兴趣爱好、父母的期待，或整体社会的价值取向，我们会发现，文化是背后很主要的因素。比如许多人买房子时，总是要看风水，即使不能坐北朝南，也尽量要通风、采光良好，尤其不能面向坟墓、火葬场等不祥之地；又或者现在竞争已经接近白热化的高考，即使今日社会上有钱人未必是高学历，但大家还是觉得要读书才会有前途；许多家世普通的孩子，将这场考试视为人生唯一翻身的机会。这其中，我们可以看到传统文化的巨大影响。

19 世纪以来，中国受到西方列强与日本的侵略，经历一百多年闭关锁国，忽然间被枪炮、战舰打得落花流水、不知所措。外国人用这些武器来征服中国，却不曾真正成功过；传统中国得以悠久博大，必也有它征服的武器，但并非这些暴力产物，而是"文化"，它的作用超越民族与国家。

对古代中国人来说，华夏文化并非指"中原的文化"，而是普天之下最好的文化；那些不属于这个文化体系的民族，都是蛮夷之邦，所以中国东边有东夷,南边有荆蛮、百越、三苗,西、北边有戎、狄、胡、羌。如果一族人文化上不属于华夏文化,即使血统可以追溯至中原,仍旧会被视为蛮夷;相反地,如果血统上是蛮夷,但只要愿意学习中国文化,也可以算是这个文化体系的一部分。比如春秋时期晋献公的一位夫人叫"大戎狐姬",戎狐是对北方蛮族的称呼,但姬姓实出于中原,周公不就叫"姬旦"吗?可见她本是中原血统,与晋国同一宗族;但文化上却不属于中国。可见在中国文化刚开始的早期,区别人我的标准,脑袋里的文化是比身体里的血脉更重要的。

晋献公的夫人大戎狐姬生了个小孩叫重耳,重耳流亡的故事非常有名,他就是后来春秋五霸里的晋文公。献公很昏庸,不仅纵容自己另一个夫人杀了重耳的哥哥,还派人去追杀重耳;重耳无处可逃,只好跑到他妈妈的娘家狄;狄就是戎狐,看名字就知道是蛮夷,但血统上又与中原民族密切相关。重耳的外公叫狐突,是他爷爷晋武公的臣子,重耳流亡19年,最后重回晋国成为霸主,一路便是靠舅舅狐毛、狐偃的建言与帮助;狐偃后来成为晋文公的首席顾问,他儿子狐射姑继承爵位。狐家一门三世都是晋国名臣,虽然从夷狄的称呼或中原的姓氏难以归类他们的族别,但就他们的功绩与智谋,却是不折不扣的华夏文化促成者之一,在文化与血统慢慢交流混杂的过程中,逐渐融入中国文化的大熔炉。

中国文化最厉害的地方,不在于武力上的侵略、占领,而更在于文化上的潜移默化,往往派几个文人过去实行教化,移风易俗,几年或几代过去,那个地方就被"华夏化",渐渐穿起汉服、说起汉语、写起汉字,该民族原本的信仰或特色便慢慢消退了;中间当然或有进退,但整体趋势终究不离这样的大方向。今天或许有人会站在保护少数民族文化、维护文化多样性的立场反对这种"华夏化",但对古代中国人而言,中国文化才是最好的文化,他们的自信正如20世纪西方人以欧洲文化为全世界的典范一般饱满,毋庸置疑。

前面提到的晋文公重耳流亡19年后才得以返国并成就霸业,除了狐偃的协助外,赵衰也是一名忠诚而聪明的谋士。赵衰后来专主晋国国政,为卿大夫;他的子孙便是三分晋国、结束春秋而开启战国时代的韩、赵、魏中的赵国。《战国策》里记载赵武灵王有一天突发奇想,穿起了胡服,并且希望臣子们也都一起来穿胡服,群臣都不乐意,但怎么进谏都没用,最后他叔叔公子成便说:"臣闻之:中国者,聪明睿智之所居也,万物财用之所聚也,圣贤之所教也,仁义之所施也,《诗》《书》礼乐之所用也,异敏技艺之所试也,远方之所观赴也,蛮夷之所义行也。今王释此,而袭远方之服,变古之教,易古之道,逆人之心,畔学者,离中国,臣愿大王图之。"虽然公子成后来还是被说服,穿上了胡服,但我们可以看到当时人心目中的中国,不是疆界或血统,而是天底下聪明智慧的人、各地财货、道德学问汇聚的地方。

今天大家都知道,"长城"是中国建筑上的奇迹,但实质上,它是古代中国对付北方蛮族一筹莫展的时候,不得不采取的终极手段。两千多年来,以文化征服异族这个方法,对南方、东方都很有效,偏偏遇到北方游牧民族便失灵了;因为游牧民族迁徙不定,他们不需要汉人的土地,只要汉人的财物;不农耕、不定居,这种情况下中原人很难真的对他们实施什么教化,和亲没用、贸易没用,只好不断地盖墙,把他们阻挡在外面。

长城从春秋战国的时候就开始盖了,秦始皇统一中国后修万里长城,其实是把几个国家的长城连接起来;之后历朝历代都不断重修、加建或移动城墙的位置。从中国历史上我们可以看到,春秋时候虽然诸侯国林立,但只要服膺这个文化的,都可以算是中国人;到了南北朝,北方五胡占领了中原,可是进来后待久了,也变成中国人了,我们现在早已不能区分谁是"鲜卑人"、谁是"匈奴人"了;元朝蒙古人进来,久而久之也被同化了,清朝女真人进来也是一样,都变成中国人了。中国文化就是有这种力量,以自己的传统文化为主轴,不断吸纳各种多元文化,并藉由教化的力量,久而久之就把大家变成一家人了。除非一个民族坚持游牧民族居无定所的生活方式,否则只要他们愿意和汉族一样过定居的农耕生活,那中国文化迟早会将他同化的。这就是中国最强大的征服武器——文化。

二、中　国

一直到唐朝韩愈《原道》篇讲古代中国对华夏与蛮夷的区分,还是说:"孔子之作《春秋》也,诸侯用夷礼,则夷之;进于中国,则中国之。"蛮夷与中国的分判,实根据礼仪文化而非血统疆域。那么,我们现在所理解的"中国"作为一个国家的概念,又是从何而来的呢?

今天所谓的"国家"概念,起源于18、19世纪欧洲的"民族国家"运动。18世纪之前的欧洲主要国家形态是"王朝国家",就是我们小时候听的童话故事里,国王、王后、王子、公主所拥有的"王国";这种王朝国家没有固定的疆界与人民,相应地,人民也不会有固定的所属国,而只知道自己的国王是谁;如果国王娶了邻国的公主,这位公主又刚好没有兄弟姊妹,她的王国便成为嫁妆,并到国王的领地里。因而,当时的欧洲百姓对于"国家疆界"毫无概念,国王、贵族或骑士彼此征战,也只是在税收、领地的层面你争我夺。

当时较大的国家如奥匈帝国、俄罗斯帝国、奥斯曼帝国,都是属于多民族的王国;但随着民族主义的兴起、工业革命带来贸易的发达,以及滥觞于15、16世纪天主教的宗教改革,使他们一个个在不同时期以不同的方式独立成以民族为基础的国家,如最早符合"民族国家"意义的荷兰,便是在1648年威斯特伐利亚和约(Peace of Westphalia)中从西班牙王国独立出来的;德国的独立则是基于自由贸易的需要,为了废弃关税、路税以促进经济和交通,它的前身便是"德意志关税同盟";信仰安立甘教(即英国国教,圣公会)的英国秉持着"英格兰属于英格兰人"的理念,与信仰天主教的西班牙相抗衡,逐渐发展为一个强大的民

9

族国家,但这也令信仰天主教的北爱尔兰人迟至今日仍不肯臣服;葡萄牙14世纪时属于费迪南德家族,1580年因王储战死,而以姻亲之故并入了西班牙王国,后来又经历了拿破仑、法军、国王的统治,1910年才正式独立为葡萄牙共和国。

19世纪,西方帝国以武力侵略中国,并且带来民族国家的概念后,中国知识分子便开始思考:那我们中国呢? 我们中国的民族是什么? 于是逐渐有人提出了中国、中华民族、五族共和、五千年中国这些概念。所以,我们看康熙帝国、雍正王朝这些连续剧,他们不会说"我中国",而只说"我大清",因为在20世纪以前,"中国"的意涵与我们今日所认定的、作为国家的"中国"是不一样的。

那么,古代中国人又是如何理解自己与他人在空间上的区别呢? 在西周人对世界的认知中,并没有我国与他国这样的分野;最明显的便是"天子"这个称号,在秦始皇创造"皇帝"一词之前,人间最高的权力代表就是天子,上天的儿子,代替上天来管理天下的。《大学》里说"格物、致知、诚意、正心、修身、齐家、治国、平天下",当时的"国"指的是诸侯国,各诸侯王的地位相当于今日的省长,"国"再往上就是"天下",中间并没有一个今天所谓"中国"国家这样的概念;《中庸》里也说:"今天下车同轨,书同文,行同伦,舟车所至,人力所通,天之所覆,地之所载,日月所照,霜露所坠,凡有血气者,莫不尊亲。"里头所描述的显然是秦始皇统一中国后的情况,即使当时已有明显的统治疆域,但在认知上,还是以天底下与我文化相同的就是中国,不同的就是夷狄。

而这个天下又该如何区隔划分以便管理呢?《周礼·秋官·大行人》里记载古人理想中的天下层次,以天子为核心向外扩张,由亲而疏分别为侯服、甸服、男服、采服、卫服、要服与番国,从一年朝见一次到一世朝见一次,各有不同的礼,依此来建立天下的秩序。

表1 古人的天下认知			
	远近	朝见间隔	贡物
天子	邦畿方千里		
侯服	其外方五百里	岁壹见	祀物
甸服	又其外方五百里	二岁壹见	嫔物
男服	又其外方五百里	三岁壹见	器物
采服	又其外方五百里	四岁壹见	服物
卫服	又其外方五百里	五岁壹见	材物
要服	又其外方五百里	六岁壹见	货物
番国	九州岛之外	世壹见	各以其所贵宝为挚

我们后来画历朝历代地图,所根据的主要是皇帝派官管辖的范围,但在概念上,并不是明确的疆域界定。如前所述,对古代中国人来说,"中国"指的是这种农耕的、定居的生活方式,以及这一套礼乐教化的思想和政治模式;而作为"国家"的中国,自有其逐渐凝成的过程。

上古夏商周时,人口并不多,而真正定居过农耕生活的更少了;到了春秋战国时代,其实是一种从"霸诸侯"到"王天下"的过程,封建体制慢慢解体,郡县制渐渐形成。到了秦始皇统一中国,就是完全的郡县制度了。

秦汉统一中国后,到了三国魏晋时期,北方又来了一些游牧民族,他们往南侵略,占领了长江以北的地区。虽然他们属于胡人,但在文化上却也都慢慢汉化了;中国文化同时也吸收了这些胡人文化的特色,不过,基本上儒家思想和郡县制的政治体系是一脉相承的,这种文化的融合与壮大,便创造了隋唐盛世。

南宋时北方的外族更多了,契丹、女真、蒙古人,到后来宋朝的江山被蒙古人抢了来;可是蒙古人定居到中原来,发现"马上得天下,不可马上治天下",要治理中国这么大的一片地方、这么多人,还是得靠中国原本的那套政治制度、行政体系与思想文化才行,所以占领中原的蒙古人也慢慢汉化。满清入关后也是一样,虽然坚持汉满双轨并行制,但

11

随着在这个文化体系中浸润日久,满人也逐渐汉化;现在大概除了少数研究满文化的学者懂得紫禁城里牌匾上的满文外,其他大部分自称满人后裔的人也不懂了。

两千多年来,所谓"中国"不断受到北方异族的侵略甚至消灭,但中国文化从来不曾因为这些异族入侵或占领而失去它的语言文字、思想信仰,或者传统观念,而"中国"也在一次又一次战败、灭国与融合中以更强大的生命力复兴,这就是中国文化可大可久的力量。

三、中国文化

中国文化经历了几千年的发展,我们要认识它,当然不是就今天中国人的表现来定义;我们也很难集中在某一段来理解它,而必须从"历史"的角度来看。我们要看到:中国文化内在的性格是什么? 哪些是在时间之流中不断变化的? 哪些是在这些不断的变化中,一贯不变的? 这些一贯不变的,就是"中国文化的内在性格"。只有清楚把握了这份我们自身所由来的中国文化内在不变的性格,我们才能够立足在过去的传统中,摸索出未来的方向,开创出这个文化的新生命、新传统。在诸多中国文化的特色中,我们以为"家族观念"与"道德文化",是让它明显区别于其他文化的特征所在,也是中国文化在两千多年发展中一贯不变、坚持的内在性格。

如前所述,古代中国人的"国家"、"民族"观念是比现代人薄弱很多的;他们更没有"个人主义"这样的概念;可以说,古代中国人心目中最重要的,是"家族"。许多人都读过韩愈的《祭十二郎文》,十二郎是韩愈的侄子,但两人年纪相仿,一起长大,他叫十二郎,是在整个大家族里同辈兄弟里排行算下来的。我们现在不再有人这样算排行了,主要还是因为家族观念的没落;家族是一个人生下来命定相关的一群人。

我小时候常常会思考：茫茫人海，为什么我是我父母的孩子？为什么我属于这个家族？当然，一个人不属于这个家族，总会属于另一个家族，但为什么是这一个呢？中国人讲缘分，这些没有道理可说、无从选择的，却是我们人生中最早、最重要的一群人；它影响、造就了一个人的性格与品德。夫妻不合可以选择离婚，但父子不合，很难说不要就不要，就算声明结束父母子女关系，但体内的血脉、心底的关怀牵挂，永远会在那里，时不时隐隐作痛。

　　我们也可以说，家族是中国文化的核心、起源点。古代人结婚的目的，从开始似乎就不是为了爱情，而是要延续宗族和祭祀祖先。在《礼记·昏义》里就说："婚姻者合二姓之好，上以事宗庙，下以继后世。"在这种婚姻模式下，财产属于家庭而非个人，个人的意志，尤其女性的意志，往往被忽略不计；对他们来说，"家族"的代代相传、绵延不绝，才是生命最终极的意义。我这一代的台湾学生都背过蒋介石的名言："生命的意义，在创造宇宙继起之生命；生活的目的，在增进人类全体之生活。"钱穆先生在他的自传《八十忆双亲》里，记他的十八世祖是位大地主，拥有无锡附近十万亩良田；偏偏没有子女，只有夫妻两人生活；十八世祖30岁左右时生了场大病，遍寻名医都没有效，他妻子便让他另居别院静养，每天从院子小门给他送三餐，如此三年，竟不药而愈。出来后，妻子已经为他物色好两名小妾，她自己吃斋念佛，后来果然生了七个儿子。

　　以现代人的眼光来看，这样的婚姻可能太为难了；或者有人会觉得这种婚姻的目的是很落伍、很令双方或其中一方不开心的。但我们反观现代人的婚姻，有比较快乐、长久吗？根据统计资料，国人的离婚率从有纪录以来便节节攀升。为什么时代越发展，婚姻越脆弱？难道离婚可以带来更大的快乐吗？我们相信没有人结婚时是打算要离婚的，每一场婚姻的结束，都意味着两个人甚或两个家庭的受伤。但如果我们自诩活在进步的时代，何以我们连最珍视的家庭都无法维持呢？或许问题的根本便在于这时代的婚姻立基于爱情，但爱情本来就是一瞬间的事;尤其在婚姻里,爱情很容易就被各种各样的琐事与摩擦消磨殆尽,充满柴、米、油、盐、酱、醋、茶的生活,本来就不怎么甜美。所以,古代中国人不以爱情作为婚姻的开始与终极目标,虽然表面看来剥夺了个人意志,但反而是这样的婚姻更为长久。当了父母的人都同意,婚姻生活久了,其实对方的长相已经不重要了,更重要的是培育了下一代新生命,这让人踏实地感受到生命的真实意义、感觉此生不虚,这是古今中外不变的价值。

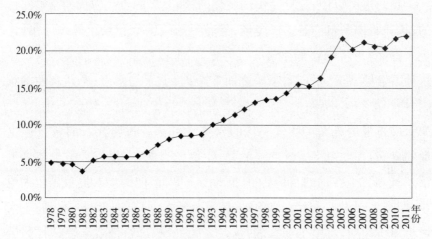

图 1　1978 年以来中国大陆离婚率图①(潘书宏/制)

中国文化以父母子女之间这种无法改变的关系为基石,以亲子、夫妇、手足之间的自然情感推及到朋友之信、君臣之忠,架构起的社会整体是极为稳定的。曾听在贵州乡下拍纪录片的朋友说,一个乡下人到了大城市,可能会学坏,当扒手、当小偷,但回到自己村子里,却又是中规中矩的老实人;因为做了什么坏事,危害的不但是自己,更会让父母、整个家族蒙羞。而我们也可以看到许多例子,是父母对生病或伤残的子女不离不弃、全心全意的照顾,这样的守护无利可图,但也坚不可摧。

---

① 本报表数据来自《2006 中国社会统计年鉴》、《1978—2007 年辉煌的三十年》、《2012 中国统计年鉴》、《2009 中国民政统计年鉴》、《2009 中国区域经济统计年鉴》、《2010 国际统计年鉴》等。

近代以来不少人认为，正是因为中国文化以家族为核心，中国人的观念只到"家族"为止，所以整体中国人就像一盘散沙，无法团结起来抵御外侮；但这实则是从西方政治、历史发展的角度来解读传统中国。回到中国自身的思想、历史脉络来看，这样的结构实则使中国发展为一个超稳定社会，维系两三千年文明于不坠。

相较于西方文化的追求独立与个性，传统中国文化更致力于道德的规范与修养。表面上，"道德"像是一道道枷锁，把人捆绑得喘不过气来，就像鲁迅所写《狂人日记》里说的"吃人的礼教"。不可否认的是，礼教流传到最后的确难免会像鲁迅所说的那样，把一个正常人逼上绝路；然而，孔子强调礼教、道德的初衷，却绝对不是要"为统治阶级服务"，要便于愚民，或者便于管理的。

道德修养的终极目标，是要让人回归到生命的原点，在那里安身立命。在这种道德的文化里，人的主要追求从来都不仅止于外在的物质享受，而是个人在整体大我里面，如何促进他人的幸福，并且透过这种努力，完成自己心的圆满与中正；现代人正是由于太过于追逐外在物质文明的享受，反而忽略了内心的安定，整个社会才会有这么多乱象，我们活在这个世界上，好像什么都有、要什么都很容易，可是真正打从内心觉得自己很快乐的人，却很少。

春秋时候的卫宣公，年轻时曾经与父亲的侍妾夷姜有染，后来生下一个儿子，就取名叫伋，又叫急子——急着来到世间的孩子。宣公即位后，本来立伋当太子，并且在他成年时向齐国僖公的女儿求亲；但举行婚礼前，宣公听说儿媳妇很漂亮，就在黄河上筑了新台，把她纳为己有，让伋另娶；这件事被称作新台丑闻，卫国人还做《新台》诗来讽刺他。齐僖公的女儿叫宣姜，很受宣公宠爱，夷姜失宠，上吊自杀，宣姜也就成为正夫人。宣公因为新台丑闻觉得心虚，对伋也没有好感，一直很想废掉他；宣姜后来生下寿和朔两个儿子，但宣姜讨厌宣公，想和伋重修旧好，却被伋拒绝了，宣姜恼羞成怒，就和朔一起在宣公面前说伋的坏话，宣公觉得时机到了,便假装派伋出使齐国,并安排强盗在中途杀害他。宣姜长子寿真是个好孩子,他知道后,快马加鞭追上伋,告诉他父母的阴谋,但伋也是个好孩子,他认为父命不可违抗,还是义无反顾地往前走;寿就加速赶在伋之前,让强盗误认为他就是要下手的对象,将他杀了;但伋到了之后,坦然告诉强盗:"你们杀错了! 我爸爸要杀的是我!"最终兄弟两人共赴黄泉。后来卫国人又做了《二子同舟》的诗来颂扬两兄弟。太子和哥哥都死了,宣公就立朔当太子;第二年宣公过世,朔即位为卫惠公;但没多久,就被卫国人赶下台了。中国的早期文化里便包含了强烈的这种舍我其谁、命不在我的精神,为了他人或某种价值、信念,牺牲性命也在所不惜。

或许有人会说:虽然有伋和寿这样的好儿子、好兄弟,但不也有宣公这种昏庸的君王、父亲,宣姜这种后母,以及朔这样的弟弟吗? 诚然,一种米养百样人,世界上什么人都有,中国也是;但中国文化整体是强调道德的,卫国人讽刺而非歌咏宣公的新台丑闻,同情伋和寿,并把朔赶下台,这正是中国文化的选择。希腊神话中也有类似的情节,但希腊人创造的选择却截然不同;大地之母盖亚生出了天宇、大海、山川、河流之神,又与天宇之神乌兰诺斯结合生了提坦(Titan)族十二神;乌兰诺斯预知他的孩子将取代他,便将他们全打入地狱,但最小的克洛诺斯逃过一劫,长大后阉割了父亲、解放了兄弟,取代父亲的地位,并娶了姊姊瑞亚,生下灶神、农神等;他也预知将被自己的儿子推翻,并将他们吞下肚,一样的,最小的宙斯逃过一劫,最后也战胜克洛诺斯,救出父亲肚里的兄弟姐妹,取代父亲的统治。这种战胜父亲成为英雄的观点,与春秋卫伋国的对父亲的绝对忠爱截然不同;另一著名的神话俄狄浦斯(Oedipus)杀父娶母,虽然最后俄狄浦斯刺瞎了双眼以作为对自己的惩罚,但故事的重点更多是命运的天注定,而非对父母兄弟的忠诚。

中国人注重家族,从家族的自然情感生出对"人"的敬重,并从而建立起整体的伦理道德系统,诸如孝悌忠恕、诚信友爱、礼义廉耻,这便是中国文化与其他民族文化最不同的根本之处。

以盖房子为比喻,先秦时期就像画蓝图;虽然春秋战国在征战杀伐、王朝更替中过了五百多年,但孔子对五经的整理与传授、诸子的主张与辩论,都为中国文化的发展指出了方向,并勾勒出整体的轮廓。

秦汉到隋唐,是房子硬件部分的建构。秦始皇结束了封建体系,开启郡县制度;汉武帝独尊儒术,从此,两千多年中国便离不开儒家的政治哲学;唐朝的三省六部完成了政府体制的建设,科举考试则确保了社会阶层的流动。社会上人与人之间共通的制度、架构,到了唐代大体已经完成。

从唐到宋、元、明、清是房子软件部分的进行,也就是装修。这个时期社会安定,制度健全,读书人将更多心力放在个性的发展上,而非贪求武力或财富;科举制度提供平民翻身的机会,而文官告老还乡,将知识带回农村,造就故乡的下一代,则使平民教育成为可能。大量知识分子的产生带来文学与艺术的蓬勃兴盛与平民文学的发展,加上西方文化的传入、宗教的融合、中西物质与文化上的交流碰撞,都让整体文明更加异彩纷呈。

晚清到现在,中国遭遇外来枪炮的侵略与文化的冲击,这是前所未有的大考验,中国差点被列强瓜分殆尽。辛亥革命之后,中国先花了70年的时间认识到自己的不足,又花了70年赶上欧美。从全盘西化到中体西用乃至西体中用,中国现在好不容易在经济上站稳了脚,并慢慢思索自己的出路何在,所谓"中国特色"的意涵应该是什么?这条探索之路还很漫长,而我们唯有真实认识了自己的过去,才能走出一条属于自己的未来之路。

17

补充引文

朱楚生,女戏耳,调腔戏耳;其科白之妙,有本腔不能得十分之一者。盖四明姚益城先生精音律,与楚生辈讲究关节,妙入情理,如《江天暮雪》、《霄光剑》、《画中人》等戏,虽昆山老教师细细模拟,断不能加其毫末也。

第一章 文化中国与中国文化

班中角色,足以鼓吹楚生者方留之,故班次愈妙。楚生色不甚美,虽绝世佳人无其风韵。楚楚谡谡,其孤意在眉,其深情在睫,其解意在烟视媚行。性命于戏,下全力为之。曲白有误,稍为订正之,虽后数月,其误处必改削如所语。楚生多坐驰,一往深情,摇扬无主。一日,同余在定香桥,日晡烟生,林木窅冥,楚生低头不语,泣如雨下,余问之,作饰语以对。劳心,终以情死。(张岱:《陶庵梦忆·朱楚生》)

周墨农向余道闵汶水茶不置口。戊寅九月至留都,抵岸,即访闵汶水于桃叶渡。日晡,汶水他出,迟其归,乃婆娑一老。方叙话,遽起曰:"杖忘某所。"又去。余曰:"今日岂可空去?"迟之又久,汶水返,更定矣,睨余曰:"客尚在耶?客在奚为者?"余曰:"慕汶老久,今日不畅饮汶老茶,决不去。"汶水喜,自起当垆。茶旋煮,速如风雨。导至一室,明窗净几,荆溪壶、成宣窑瓷瓯十余种,皆精绝。灯下视茶色,与瓷瓯无别,而香气逼人,余叫绝。余问汶水曰:"此茶何产?"汶水曰:"阆苑茶也。"余再啜之,曰:"莫绐余!是阆苑制法,而味不似。"汶水匿笑曰:"客知是何产?"余再啜之,曰:"何其似罗甚也。"汶水吐舌曰:"奇!奇!"余问:"水何水?"曰:"惠泉。"余又曰:"莫绐余!惠泉走千里,水劳而圭角不动,何也?"汶水曰:"不复敢隐。其取惠水,必淘井,静夜候新泉至,旋汲之。山石磊磊藉瓮底,舟非风则勿行,故水之生磊。即寻常惠水,犹逊一头地,况他水邪!"又吐舌曰:"奇!奇!"言未毕,汶水去。少顷,持一壶满斟余:"客啜此。"余曰:"香扑烈,味甚浑厚,此春茶耶?向瀹者的是秋采。"汶水大笑曰:"予年七十,精赏鉴者无客比。"遂定交。(张岱:《陶庵梦忆·闵老子茶》)

邦畿方千里,其外方五百里,谓之侯服,岁壹见,其贡祀物;又其外方五百里,谓之甸服,二岁壹见,其贡嫔物;又其外方五百里,谓之男服,三岁壹见,其贡器物;又其外方五百里,谓之采服,四岁壹见,其贡服物;又其外方五百里,谓之卫服,五岁壹见,其贡材物;又其外方五百里,谓之要服,六岁壹见,其贡货物;九州岛之外,谓之番国,世壹见,各以其所贵宝为挚。(《周礼·秋官·大行人》)

十八年,初,宣公爱夫人夷姜,夷姜生子伋,以为太子,而令右公子傅之。右公子为太子取齐女,未入室,而宣公见所欲为太子妇者好,说而自取之,更为太子取他女。宣公得齐女,生子寿、子朔,令左公子傅之。太子伋母死,宣公正夫人与朔共谗恶太子伋。宣公自以其夺太子妻也,心恶太子,欲废之。及闻其恶,大怒,乃使太子伋于齐而令盗遮界上杀之,与太子白旄,而告界盗见持白旄者杀之。且行,子朔之兄寿,太子异母弟也,知朔之恶太子而君欲杀之,乃谓太子曰:"界盗见太子白旄,即杀太子,太子可毋行。"太子曰:"逆父命求生,不可。"遂行。寿见太子不止,乃盗其白旄而先驰至界。界盗见其验,即杀之。寿已死,而太子伋又至,谓盗曰:"所当杀乃我也。"盗并杀太子伋,以报宣公。宣公乃以子朔为太子。十九年,宣公卒,太子朔立,是为惠公。(《史记·卫康叔世家》)

延伸阅读

许倬云:《历史上的知识分子及未来世界的知识分子》,收录于许倬云主讲:《傅钟回响——许倬云先生台大讲学集》,台北:台大出版中心 2008年版。

甘阳:《从富强走向文雅》,收录于甘阳:《文明·国家·大学》,北京:三联书店 2012 年版。

思考练习

询问父母亲关于自己出生那天的情景与出生的过程,并思考自己的出生对父母亲的意义。

[第二章]

远 古 的 跫 音

——五经之《尚书》、《诗》、《易》

中华文明号称五千年,但真正形成今日中国文化的,应从两千年前的五经说起。五经可以说是今日中国文化的奠基,我们后来习以为常的各种宗教、政治、学术,乃至日常人生的许多观念,都可以在五经里找到其发源……

　　我总认为,人间一切的知识学问,都应该是为了帮助人活得更好而存在。因此,在我任教的《中国文化通论》课堂上,每个思考练习题不仅与该课程内容相关联,更重要的是它们紧密地贴近个人的生命与生活;因为与人相关,所以随着生命的成长,我们会有不同的答案,也藉由一次又一次的反观自问,我们可以看到己身在时空移转中的蜕变。

　　第一堂课的作业是要学生回家请教父母,关于自己出生那天的情景与出生的过程。记得一名学生说,那天他爸爸正在路上开车,一接到孩子出生的消息,开心得把车子丢在路边,跑到医院去看他了;也有学生说,那天妈妈正在吃火锅,吃着吃着就生孩子去了。知道自己与这个世界发生关联的初始是什么样的一番景象、父母亲忙乱与喜悦杂糅的心情,其实是个人认识自我很重要的第一步;现代社会里许多孩子是被电视带大的,往往对身边人的喜怒哀乐缺乏感受,对自己的生命也缺乏敬意与珍惜。

　　2013 年 5 月 2 日,南京白马镇一名 13 岁男孩因为五一作业赶不完而上吊;同一天,同在南京的一名 15 岁中学生也因为不堪作业压力而跳楼。中国现有教育造成学生课业压力过大虽是不争的事实,但因为作业没写完就结束自己的生命,不也是对父母、亲人感受的漠视吗? 如果一个人知道父母亲为自己的诞生与成长付出的心力与爱是多么深厚,当不忍置父母于这样的心碎中。珍惜自己的生命、肯定此生的价值,并非理性认知即可达成,唯有从心感受过去受到多少人的呵护关怀,承载了多少文化上的智慧与传统,才能将个人小我扩展延伸至整体大我,并从心底升起感恩之情,也才能够看重自己在宇宙天地间存在的意义。

　　1938 年抗战期间,钱穆先生在昆明流亡途中,为全国青年写作了

《国史大纲》一书,希望藉由对过往历史的了解,增进中国青年对自身文化的传承;钱先生在该书前言中提出,任何一国之国民,当对其本国过往历史略有所知;尤应附随一种"温情与敬意"。今日中国人之所以如此浮躁而缺乏自信,主要原因并非经济、武力不如人,而是对自身过往的无知、无情与无敬。

中华文明号称五千年,但真正形成今日中国文化的,应从两千年前的五经说起。五经可以说是今日中国文化的奠基,我们后来习以为常的各种宗教、政治、学术,乃至日常人生的许多观念,都可以在五经里找到其发源。

一、《尚书》

《尚书》可以说是中国最早的一本书,但它本来不是严格意义上的书籍,而主要是商、周两代政府里的政治文件、卷宗档案。现在我们所能看到的《尚书》内容大约有 29 篇,最早的一篇应该是《盘庚》,大约在公元前 1300 年左右,记载商王盘庚要将都城搬迁到殷,百姓抱怨这个王一来就要我搬家,盘庚就作了三篇文告,向百姓解释他为什么要搬家;不过因为时代实在太早了,究竟是不是商代的作品,也没有确切的定论。

后来经历了秦始皇焚书,到了汉代分出了今文《尚书》与古文《尚书》。学者考证认为古文《尚书》是后人编纂伪造的,但就算今文《尚书》也不一定真的是古代流传下来的,比如《尧典》、《禹贡》讲尧、禹的事迹,可能都是战国时候的作品。然而,无论《尚书》的作者是谁、年代是什么时候,自孔子以来,《尚书》便作为中国文化最重要的经典之一,其中的各种思想深深影响了两千年中国文化的形成与发展。

从《尚书》里,我们可以看到中国最早的政治理念和宗教观念,也就是中国文化最原始、最基本的思维方式。《尚书·吕刑》篇里有一则

故事,体现了中国早期的宗教思想,原文是:

> 上帝监民,罔有馨香德,刑发闻惟腥。皇帝哀矜庶戮之不辜,
> 报虐以威,遏绝苗民,无世在下。乃命重、黎,绝地天通,罔有降格。
> (《尚书·吕刑》)

故事说,以前蚩尤治理苗人的时候,订出很多刑罚:割鼻子、割耳朵、割手、脸上刺字等,蚩尤想怎么处罚就怎么处罚;结果老百姓怨声载道,就跑去跟上帝告状。上帝也觉得以前从下界传上来的都是香气,怎么现在都是腥气呢? 他就派天神到人间调查,查证后发现蚩尤真的不像话,就处罚了蚩尤。这时候,人间的君王颛顼觉得这样不好,因为上帝派天神下来调查,神跟人混在一起,人的意见和神的意见分不清楚,很难管理;于是就命令重和黎两个人把天与地分开,一人管天、一人管地,断绝了普通人跟上帝、天神之间来往的路,这就是"绝地天通"。从此人民百姓不能祭天、直接与天沟通,只有天子或天子指派的祭司有这样的职权。换句话说,因为人再也无法直接跟上帝沟通,而必须靠最高统治者才行,宗教于是就不再是独立的宗教,而被归纳到政治范围里。

周人延续商人的观念而略微改动,加入了"民本"、"有德者得天命"的思想,把道德视为得到天命的必要条件,失德者失天下,从此中国脱离神权世界,进入人文时代;两千多年来,中国朝廷虽然有一种僧侣掌管祭祀,但只相当于政府官吏而已。上帝尊严无上,不预闻每一人的私事,而只注意下界的公共事业;由下界的公共代表也就是"天子"向上帝祈求,这体现了中国文化中的"宗教政治化",所以北京的天坛只有皇帝可以去祭天。配合"祭天"的同时还有"祭祖"制度,一族的始祖,身份是"配天"的,常在上帝左右,因此与上帝一样,只有天子可以祭拜;比如鲁国的君主,只能祭祀周公,不能祭祀文王。我们可以看到中国人的宗教观念,很早就被政治观念包围、消化、融和了。

相对地,欧洲在 16 世纪启蒙运动之前,宗教与政治是融为一体的,

世俗的国王必须得到教会的认可才具有正当性;而在过去的西藏,达赖喇嘛不仅是宗教领袖,同时也是最高统治者,这与传统中国情况相反,属于"政治宗教化"。有人会因此而认为中国的"上帝"从此成为被统治阶级所利用、拿来愚弄老百姓的工具;但在古代中国人的观念里,"上帝"是人类大群体所共有的,不与小我私人直接相感通,如果最高统治者脱离了大群体的立场,失去了代表民众的精神,那他也只是一个小我私人,失去了和上帝相感通的权能。

《尚书·泰誓上》这篇誓词,是周武王率领各部族战士要去讨伐商纣王,出发之前鼓舞士气的军书;当时并不流行"革命"这回事,各部族人虽然难以忍受纣王,但心里难免忐忑不安:我是不是造反啊?这样好吗?武王知道大家的心情,所以出发前特地召集大家,告诉上下军民:纣王暴虐无道,上天生气了,所以要我率领大家去讨伐他,大家别担心,我们是正义的使者! 虽然《尚书》各篇文字艰涩难懂,但我们可以稍微看一下:

> 今商王受,弗敬上天,降灾下民,沈缅冒色,敢行暴虐。罪人以族,官人以世。惟宫室、台榭、陂池、侈服,以残害于尔万姓。焚炙忠良,刳剔孕妇。皇天震怒,命我文考,肃将天威,大勋未集。肆予小子发,以尔友邦冢君,观政于商,惟受罔有悛心,乃夷居,弗事上帝神祇,遗厥先宗庙弗祀。……予有臣三千,惟一心。商罪贯盈,天命诛之,予弗顺天,厥罪惟钧。予小子夙夜祇惧,受命文考,类于上帝,宜于冢土,以尔有众,底天之罚。天矜于民,民之所欲,天必从之。尔尚弼予一人,永清四海。时哉! 弗可失。

这篇誓词里最值得注意的,是对"天"的称呼,除了"上天"外,还有"皇天"和"上帝"。大部分人想到"上帝",会直接联想到天主教或基督教的GOD,以为"上帝"应该是基督信仰体系里的最高神,与中国文化无关。

这里我们要单独来解释"上帝"这个词在中西文化交流里的争夺

史。当基督信仰在 16 世纪从西方传到中国时,西方传教士很快就发现,将上帝的福音"翻译"为中国人的语言,是铺设传教之路的关键所在;当他们作为有史以来第一批系统性沟通西文与中文的传译者、全身心地投入到这项工作里时,他们便发现,翻译的难度与争议性远远超乎预期,其中最困难的便是宇宙最高主宰神"GOD"的译名。

当时最早也最著名的传教士利玛窦决定采取文化适应策略,用中国本有的概念词来翻译《圣经》,以便最快让中国人认识基督,所以他采用了《尚书》里的"上帝"来指称 GOD;可是中国的"上帝"就是西方的 GOD 吗? 其实不然。中国的上帝只管人间的大事,不管个人的小事,所以像电影"冒牌天神"里金·凯瑞处理一大堆祷告便利贴的场景就不会发生在中国上帝身上;西方的上帝会选边站,所以有十字军东征,但中国的上帝是永远站在全体人民这一边的。因此,后来其他教派传教士到中国传教后,便时时向教宗报告,反对这样的译法。

到了 19、20 世纪,中国被西方侵略,矢志从根本上改头换面,而如火如荼进行文化革新后,大部分中国人就与自己的传统文化渐行渐远了,佶屈聱牙的《尚书》当然是最早被丢开的一本;100 多年后,我们反而以为土生土长的"上帝"一词是西方舶来品。沧海桑田,人的忘性何其迅捷!

从《尚书·泰誓》这篇,我们不仅看到了中国人的最高信仰——"上帝",还看到上帝的意向,端视人民的想望而定;如果人间的君王行为不轨,导致民怨四起,上天就会震怒,派人去推翻他,换合适的人来做。所以"革命"这件事在周武王时已经正名化了,《泰誓中》里,讲武王帅众过河,集合完毕后,他又说了一次,明白表示:"天命靡常,天视自我民视,天听自我民听。"上天没有被可恶的纣王蒙蔽,上天看到、听到我们所遭受的苦难和心里的愤怒了! 上天是和我们站在一起的! 这就是中国最早、最明确的民本政治思想。后来武王军队与纣王军队在牧野相遇,开启了历史上著名的"牧野之战",商朝的战士中有不少奴隶被战俘,本身就不满纣王的统治,最后"阵前倒戈",把矛头转回去指向纣王的朝歌,商朝就这样结束了。

此外,我们也可以从整篇文告的用字遣词,感受到古人那份严肃庄重的"敬畏"态度。"敬畏"不是畏首畏尾,台湾学者徐复观说得很好:周初人的敬,是一种充满责任感的忧患意识,从把一切责任推给神,转为自我担当。生命中的一切不幸,是自己的德行有亏造成的;所以日常面对一切事物,都应该自我警惕,"如临深渊,如履薄冰",精神专注、内敛、谨慎、认真,这与宗教的虔诚不同,而是向内对自己的掌握,自觉而主动的,不需要外在他者的监督。①《尚书》其他篇章如《大诰》、《酒诰》、《康诰》等,告诫周朝人千万不可酗酒、不可安逸、不可淫荡、不可天天祭祀鬼神而失却德行,这便是中国人文精神最早的表现,以对自身生命的"敬"为起点与动力。

也是因为这种"革命"的正当性与"敬畏"的态度,政治上的道德便有了它的意义;天命不是永远授予某个人或某个家族的,如果君王不能好好修养道德、照顾百姓,那百姓就可以推翻他。这是周人在政治上伟大的创举,不仅督促了君王自身的反省与修养,还赋予了道德以现实的价值。

我们也可以从这里看到,中国的宗教很富有一种"现实性",这个"现实"是指一种"浑全一整体",不只从全人类的角度来看事情,并且将"宇宙"、"人生"都融成一片,没有你我、内外分别,也就没有所谓的"出世"或"入世",这就是所谓的"天人合一"。上帝的意志就是人类全体的意志。后来儒家的思想就是从这里发挥进展,从人生的问题到宇宙的问题,从人道观念到宗教观念。

27

二、《诗》

时代比《尚书》稍晚一些的便是《诗经》。《诗经》是西周乐府官员

---

① 参见徐复观:《中国人性论史》,上海:上海三联书店 2001 年版,第 18—21 页。

到民间采集歌谣后,编辑整理而成的,一共有 305 首,时间大约从西周初年到春秋鲁宣公,也就是公元前 1100 年到公元前 600 年,长达五百年的时间。乐府官为什么要采集这些歌谣呢?因为当时没有电视、电话、计算机、网络、报纸这些媒体,周天子要怎么才能知道他分封的诸侯有没有好好治理国家、照顾百姓呢?最好的办法莫过于通过反映人民心声的歌谣了。

《诗经》里最为大部分人耳熟能详的,莫过于《关雎》:

> 关关雎鸠,在河之洲。窈窕淑女,君子好逑。
> 参差荇菜,左右流之。窈窕淑女,寤寐求之。
> 求之不得,寤寐思服。悠哉悠哉,辗转反侧。
> 参差荇菜,左右采之。窈窕淑女,琴瑟友之。
> 参差荇菜,左右芼之。窈窕淑女,钟鼓乐之。

这是整部《诗》三百的开卷第一篇,当然有它的代表性。《史记》里说《诗》本来有 3000 多篇,孔子去掉重复的,选取有助于礼义教化的 305 篇,编成今天我们见到的《诗经》,我们难以确定《诗》是不是本来有 3000 篇之多,但孔子编《诗》大抵是可信的。《论语》记载孔子说:"《关雎》,乐而不淫,哀而不伤。"(《论语·八佾第三》)这是孔子唯一明确提出评价的篇章,可见其重要性。

常常有人以为儒家是要拘限人的一切情感,好像要把人变成不苟言笑、无聊刻板的老学究,这是错误的印象;在孔子的《诗》教里,人当然是有喜、怒、哀、乐、爱、恶、欲各种情绪的,孔子直面这些七情六欲,并且鼓励、教导学生恰如其分地表达,快乐而不过度以致淫乱,悲哀却不至于造成伤害。这两句话看来轻易,但其实是情绪最难掌控的地方;多少人快乐过了头便失去自我节制?2013 年引发社会关注的李某某案,他与朋友喝酒开心本来没什么大不了的,但这样的快乐没有节度,轮暴女子伤害他人,就是乐而淫、过度了;而男女因为吵架、分手,便扬言跳楼、自杀或持刀砍伤对方的新闻也屡见不鲜,这便是悲哀过度而无节制的后果。

孔子对《诗》的评价还有:"《诗》三百,一言以蔽之,曰:'思无邪'。"(《论语·为政第二》)原始儒家所追求的,并不是"一念不生"或"无思无虑",也不是只有喜乐没有悲哀,而是回到人心最纯真的状态,对于一切事物没有第二个念头,"邪"就是偏斜不正,未必要陷害人、中伤人才是"邪",心里起了第二念,这就是邪;比如分手后很难过这是必然的,但因为难过所以自残或伤人,这就是偏邪的第二念了。孔子最重视《诗经》,正在于其中所表露的情感都是人心面对生活一切遭遇最原初、最自然的反应,率真不假修饰;但率真的同时,它又有一种"温柔敦厚"(《礼记·经解》)的特质,如何做到责备人却又敦厚、心中含藏哀怨又不失温柔呢? 这就需要有节,让情绪停在原本的状态,可以表达,但不转作他想;有时我们无法恰如其分地掌握自己或者不清楚如何把握分寸,这就需要有"伦理"的规范。

"伦"的本义是类,或道的意思。"类"是指人与人之间的关系,不同的关系,就是不同的"人伦",所以儒家将人与人之间的关系归纳为"五伦",即父子、君臣、夫妇、兄弟、朋友;而"伦理"就是处理这些不同关系的道理方式,比如父子有亲、君臣有义、长幼有序、朋友有信(《孟子·滕文公上》)。一切关系有它最基本的原则在,这就是伦理;各种关系都可能有摩擦、不和的时候,情绪可以抒发、可以沟通,但不应逾越这些基本的伦理原则。

后来汉代学者批注《诗经》,说《关雎》是在讲后妃之德,拿来端正夫妻之伦的;朱熹甚至将它比附于周文王和他的妃子大姒。这些当然都无可厚非,但我们回到原文来看,其实说的就是一个男子思慕他爱恋的那名女子,想要把她娶回家的心情,是很实际而且在伦理之中的;整首诗以水边成双成对的水鸟开始,说你是我的好伴侣;然后讲采水草、我想你想得睡不着、采水草、我追你、采水草、我娶你。又如"女曰鸡鸣,士曰昧旦"是说男生贪睡不肯起床,《摽有梅》说女孩子春心荡漾想谈恋爱,《氓》说女子被男子始乱终弃,这些诗呈现的情感质朴自然,形式只是很简单的重复,不像史诗、戏曲或小说那样有具体细微的刻画,却把人类内心深处的情感传达得恰如其分、恰到好处。这正是中国传统文学与艺术的最大特性——不追求雕琢繁复,而以这种轻巧、空灵、直透心髓的情感与形式为最高境界。

除了《关雎》外,《诗经》还包括大家最熟悉的暗恋诗"所谓伊人,在水一方"(《秦风·蒹葭》)、婚姻诗"桃之夭夭,灼灼其华;之子于归,宜其室家"(《周南·桃夭》)、思念爱人诗"青青子衿,悠悠我心;纵我不往,子宁不嗣音"(《郑风·子衿》)等各种不同情境的爱情诗;也有战士归乡后对物是人非的感慨:"昔我往矣,杨柳依依;今我来思,雨雪霏霏"(《小雅·采薇》),或战士在沙场上想起对爱人无法实践的承诺:"死生契阔,与子成说;执子之手,与子偕老"(《邶风·击鼓》)这些悲哀而无奈的战争诗;还有"相鼠有皮,人而无仪;人而无仪,不死何为?"(《墉风·相鼠》)这种骂人没家教的讽喻诗,或《豳风·七月》这种记载一年各节气自然景物与人文活动的农事诗;《小雅·蓼莪》:"蓼蓼者莪,匪莪伊蒿;哀哀父母,生我劬劳"表达子女对父母的感念与遗憾的亲情诗。当然,《诗经》里也少不了记述帝王、开国英雄征伐的故事,但并不像西方史诗那样铺张、添加虚构的情节,而大多是经得起后代考证的历史描写,比如《大雅·绵》这首诗便是记载周朝先祖如何胼手胝足、克勤克俭地创立家业;也有宗庙里祭享上帝鬼神、祖先的作品,如《周颂·维天之命》便是周取代了商后,周公摄政,以天下太平祭告于文王的乐歌,全诗只有八句:"维天之命,于穆不已。于乎不显,文王之德之纯!假以溢我,我其收之。骏惠我文王,曾孙笃之。"其中表现的是对上天与先祖敬畏而严肃的态度,与《尚书》里庄严的氛围是一脉相承的。

《诗经》内容包罗万象,我们可以说,一部《诗经》就包含了中国古人对于世界、国家、社会、家庭各方面的态度和观点,而所有这些态度观点,都不出"伦理"二字,后来完成中国伦理思想体系的儒家,也是从这里衍生出来的。所以我们不管看《甄环传》、《还珠格格》或《步步惊心》,当万人之上的皇帝遇到皇太后时,肯定是皇帝要向太后下跪请安,为什么?因为政治不外乎人伦,伦理高于政治,政治必须受到伦理的规范,所以即使皇帝在政治权力上理应高于皇太后,但面对自己的母亲,他永远必须先完成人子之礼,这就是"政治伦理化"。

今天说到"政治",许多人会以为那好像只是有权有势的人玩的,与升斗小民无关;但在古代,"政治"就是人与人之间共同生活的秩序管理。《诗经》里,我们可以看到一切人与人的关系,也就是所有的"政治",都被归纳到"伦理"的范畴里了;而《诗经》里持中公允、真挚诚笃、温柔敦厚、回归伦理的基本态度,就是中国整体文化的正统、主流。

《史记》里除了说孔子编《诗》,还说"孔子皆弦歌之,以求合《韶武雅颂》之音。"孔子懂音乐,曾经向乐师学弹琴,学到最后乐师自叹弗如,离开座位向他行礼。《论语》里也记孔子谈鲁国音乐,说:"乐其可知也:始作,翕如也;从之,纯如也,皦如也,绎如也,以成。"(《八佾第三》)可见孔子不但懂音乐,还深有研究;也因此,许多人认为"六经"里很早便失传的《乐经》,其实就是《诗经》的配乐。

孔子编《诗》、正乐,可不是闲着没事做,拿来打发时间的。孔子教学最重视《诗》、礼、乐,他曾说:"兴于《诗》,立于礼,成于乐。"(《论语·泰伯第八》)诗礼并重、礼乐一致,也就是内在情绪与外在行为、情感与规范、文学和伦理的一致。《论语》里有个故事说孔子的学生子游受邀治理武城,孔子去看他,听到了百姓在唱歌,便笑着说:"杀鸡焉用牛刀?"言下之意是子游拿治国的"乐"来教化武城这个小地方,未免太小题大做了;子游很正经地回答老师:"我以前听老师说,君王学道就会慈爱百姓,百姓学道就好教。"孔子很潇洒,当下就跟其他学生说:"子游说得对!我刚才是开玩笑的。"可见对孔子来说,"乐"是治理国家、调和人民性情极重要的方式。

中国古音里没有 Fa 和 Si 两个音,所以听起来中正平和。用完全的古音谱出来的歌,最经典的就是电影《笑傲江湖》的主题曲,黄沾做

的《沧海一声笑》,当我们哼起这首曲子第一句"沧海笑"时所发出的五个音,正好就是古乐中的五音顺序;这首歌不但没有使用 Fa 和 Si,而且也没有任何升、降音,所以全曲听来中正平和、气势磅礴;唱完之后,我们心底自会有一份浩然之气油然生起。相对地,日本古音有 Fa 和 Si,少的是 Re 和 Sol,音调本身就带有凄美哀怨之感。有什么样的音调,就会有什么样的音乐;有什么样的音乐,就会塑造什么样的心境与人品,也就会塑造什么样的民族与国家。

现代社会一切讲自由、要开放,尤其艺术创作这种更加强调不受外力干涉、束缚的领域,往往为了与众不同而追求标新立异、惊世骇俗,政府一旦出面干涉,便会被贴上不尊重艺术创作的标签;但一些或者哗众取宠或者剑走偏锋的音乐,却对社会潜藏着无穷的负面影响。有一阵子台湾经常出现校园霸凌,多数舆论都将之归咎于家庭环境、学校管教、同侪效应;后来我偶然在电视上看到美国流行乐坛女神卡卡的音乐影片 Bad Romance,终于明白了这些霸凌的青少年,原来就是跟这些影片学的!在他们心中尚未形成对人的尊重、体谅、是非对错的判断标准之前,这些包含错误因素的理念便随着音乐、时尚的包装进入他们毫无防备的大脑,误以为欺负别人是很酷、很帅的事情。20多年前,台湾开始流行一首歌,现在甚至有华人的地方都有人传唱,即《爱拼才会赢》,受到这首歌词的暗示,许多丈夫、爸爸白天辛勤工作,晚上喝酒应酬,忽略了子女的照顾陪伴、夫妻情感的维系,虽然一方面造就了台湾的经济奇迹;另一方面却也衍生出许多问题家庭、问题儿童,以及台湾的高离婚率。

音乐感人至深至远。我们大可自做实验:看恐怖片时,如果把声音关掉,只看影像,其实毛骨悚然的程度就会大减,这就是"声音"无形却巨大的影响。当孩子幼小时,家长一定是谨慎挑选幼儿、宝宝音乐甚至胎教音乐,有些细心的母亲还会读经给宝宝听,以养成孩子宁静聪慧的心;但何以小孩长大了,我们却放任他爱听什么就听什么,完全不加以关心、了解、导正呢?而在自由主义指手画脚下的各国政府,也没有一个敢于干涉音乐的内容与声调;这不是尊重,而是不负责任。

《论语》里记孔子的得意门生颜回请教如何治理国家,孔子回答说:"使用夏朝的历法(就是今天的阴历)、搭乘商朝的车(即器物要讲求朴素)、穿戴周朝的礼服(华贵而不奢靡)。杜绝过度淫乐的靡靡之声,远离巧言令色的小人。因为这两者最容易蛊惑人心,让人偏离正道。"(《论语·卫灵公第十五》)尽管时移事变,我们现在当然不可能采用阴历、搭乘商代的车子或穿周朝的礼服,但不扰民时、简净素雅、中正无偏,仍应是治国治人不变的准则。现今多数政府治国,都在法律、经济、制度上着墨,但经验告诉我们,如果人心本身就偏失了,那么再完美的制度也是会被钻出漏洞来的;没有完美的制度,只有中正不阿的人心。中国文化讲究"伦理",一切政治都应该受到伦理的规范,不仅在《诗经》产生的年代如此,两千五百年后观之,依然一语中的。

三、《易》

　　我们现在看到《易经》,第一个联想到的大概就是占卜、算命。当我们去算命的时候,我们想从算命师口中听到的,无非是过去发生什么事、现在怎么了、未来会如何;而其中最关键的,是"现在该怎么做?"人同此心,心同此理,现代人想预知未来,古人又何尝不是? 而且在那样一个一切文明正在开展的年代,预知未来并非迷信,而是一种可达成的逻辑推演。

　　广义的《易经》包括《周易》和《易传》两个部分。依据司马迁《史记》所说"文王拘而演周易",则《周易》是商朝末年,周文王被纣王关在羑里,狱中无事所作,他把上古流传下来的八卦衍生出六十四卦,将"乾"卦订为第一卦①,并分别为六十四卦写作了"卦辞",也就是解释

33

---

① 相传《易》有三种,除了《周易》外,还有《连山易》、《归藏易》,统称"三易"。并不是所有《易》都是以"乾"卦为首,《连山易》即以"艮"卦起始,《归藏易》则以"坤"卦开篇。后来《连山易》与《归藏易》失传了,但在民间方术中还保留着它们的思想。

该卦象的含义;后来文王的儿子武王推翻了商纣王,他过世后,儿子还小,武王弟弟周公代为摄政,更细致地为各卦象里的各爻(音 yáo,即组成卦象的六道横线)做了解释,也就是"爻辞",这两部分合为《周易》。到了春秋战国时期,《周易》已经不容易读懂了,所以春秋战国人又撰写了《十翼》,也就是《易传》,有学者认为《易传》的作者就是孔子,这是他学《易》的心得报告。

表2　八卦衍生出六十四卦							
上卦 下卦	乾	兑	离	巽	震	坎	艮	坤
乾	干	夬	大有	小畜	大壮	需	大畜	泰
兑	履	兑	睽	中孚	归妹	节	损	临
离	同人	革	离	家人	丰	既济	贲	明夷
巽	姤	大过	鼎	巽	恒	井	蛊	升
震	无妄	随	噬嗑	益	震	屯	颐	复
坎	讼	困	未济	涣	解	坎	蒙	师
艮	遁	咸	旅	渐	小过	蹇	艮	谦
坤	否	萃	晋	观	豫	比	剥	坤

《易经》的"易"包含了三个层面的意义,分别是变易、不易、简易。变易即是指世上一切人、事、物,无不时时刻刻在变化之中;不易则是说在这些瞬息万变中,自有一永恒不变的"道"蕴含其中,就像苏轼在《赤壁赋》里所说的:"客亦知夫水与月乎? 逝者如斯,而未尝往也;盈虚者如彼,而卒莫消长也。盖将自其变者而观之,则天地曾不能以一瞬;自其不变者而观之,则物与我皆无尽也。"简易,则是指《易经》用几个极简单、极空灵的符号,来代表天地间种种复杂的情形,这就是"执简御

繁";这种执简御繁的能力,可以说是中国哲学的原型,也是整体中国文化据以发展的基础。

中国古人藉由观察天地自然、人事的变化,将一切归纳为两大系统,即阴与阳、男与女、刚与柔,这是"天性",以 ⚊ 代表男性,⚋ 代表女性;但 ⚊ 和 ⚋ 对比太简单了,不能变化,所以 ☰ 表示纯男性;☷ 表示纯女性,另外又变化出 ☳、☵、☶ 来代表偏男,☴、☲、☱ 代表偏女,一共便有了八个卦象。把两个卦象上下相迭,便又衍生出六十四卦;所以最后每一个卦象都会有六个爻,由下至上分别是初、二、三、四、五、上,下三爻组成下卦或称内卦,上三爻组成上卦或外卦,每一卦各有不同的意指,如表3:

表3 八卦对应表								
卦名	乾	兑	离	震	巽	坎	艮	坤
卦象	☰	☱	☲	☳	☴	☵	☶	☷
自然	天	泽	火	雷	风	水	山	地
动物	马	羊	雉	龙	鸡	豕	狗	牛
家庭	父	少女	中女	长男	长女	中男	少男	母
身体	首	口	目	足	股	耳	手	腹

占卜时掷铜板,就是把每一爻依序掷出来,比如要占卜恋爱之事,如果掷出来是少女在上、少男在下,即上 ☱ 下 ☶,就表示男追女。上、下两卦不但象征时间上的先后,也象征空间上的高低,也就是"时"与"位",所谓的天时与地利;占卜出来的六爻,就暗示了在某一时候、某一地位,应该采取男性姿态,刚强、积极;在另一时候另一地位,又应采取女性姿态,阴柔、静退。正如人世永远在变易之中,所以不会有特定的态度,一切都要依照时机与环境,同时考虑人自身的天性,选择一个最合适的态度。

虽然占卜这样的行为似乎迷信,但它不是像商王武丁一样,牙痛了就以为是过世的父亲或叔叔降祸给他,先占卜决定是谁,再占卜决定用什么牺牲来祭祀他；相反地，《易经》把握了宇宙人生运行的规则，根据实际情况而非鬼神，从人生复杂的环境、自身隐微的天性上，找出一条恰当合宜的路，指示人如何趋吉避凶，比如在最先阶段或最下地位时，表示机缘尚未成熟，时势未成，态度应该谨慎、渐进；若在最后阶段或最高地位，则机运已经过去了、时势将变，态度就应该转为警戒、退守；只有在正中的地位和时间，才适合积极进取；这些努力，最终都是要帮助人在宇宙时空中安置"身心"、在生命中安置"今天"，这就是"道"。占卜虽然一开始是带有神秘主义色彩的，但透过智者的推演、解说与转化，它完全变成一种依循天道的理性认知，而且不仅是个人的生活选择，还包括政治、社会、人类的重大事件，全都用这种伦理性的教训来指导，这就是中国文化早期的"宗教伦理化"。

北京清华大学的校训"自强不息，厚德载物"，便是源自《易经》。乾卦卦辞里说"天行健，君子以自强不息"，坤卦卦辞则说"地势坤，君子以厚德载物"。春夏秋冬四时有序地运行，过去没有改变过，我们可以预知明年也是春天先来，随之以夏、秋、冬；今天、昨天、前天、大前天……太阳都是从东边升起，我们也可以确定明天、后天、大后天的太阳也会从东边升起，这就是《易经》所总结出的"道"；同样地，君子应该要效法天的恒常不息，不因环境、时局的变化而改变自己的志向与操守；而大地广阔包容，不会因为人的踩踏或忽略而改变自己的初衷，君子德行也应如大地般厚实，以虚怀若谷的低姿态来成就世间一切人、事、物；"谦卦"的卦象是山在地底下，意思就是指把高耸的棱角藏在平坦的土壤中，象征谦虚之德，因而在六十四卦中，只有谦卦是六爻皆吉。这就是中国古人认识自然的方式，且永远将这些认识拿来作为指导人生处世的原理、原则。清华大学作为中国最优秀的大学之一，培养了众多优秀人才，如果从清华毕业的大部分学生，可以秉持校训的精神来做人、做事，将自己的才能贡献于社会国家而非仅止于图谋一己之私利，这何尝不是全体国民的福气？国家强盛了，个人的生活也才有稳定的保障；相反地，如果每一个占尽了天赋上的聪明才智与全国最高教育资源的学生,毕业后只想着自己出国、挣钱、移民,不只对自己所生所养的国家没有贡献,异乡漂泊的生活也未必尽如人意。这其中所蕴含的,就是"道"。

《易经》里也揭示了中国最早的科学哲学,即"因果"思想。《易经·坤卦·文言》说:"积善之家,必有余庆;积不善之家,必有余殃。臣弑其君,子弑其父,非一朝一夕之故,其所由来者渐矣,由辨之不早辨也。《易》曰:'履霜坚冰至,盖言顺也。'"一切事情会演变到弑父、弑君,都不会是忽然之间一个念头造成的,而是由错误的行为、思想日积月累,这就是"差之毫厘,谬以千里",只是在这些思想、行为开始萌芽时,没有人可以看出来罢了。我们踏到秋霜,便可以预期冬天将至、水要凝结成冰了;那么看到一个人眼下的偏差言行,又何尝不能预知他未来将造成的祸患?孔子作《春秋》,他的想法便是要将政治、历史的法则勾勒出来,让后人清楚地看到天道在人世间的运作;解释《春秋》的《左传》里,便记载了许多预言故事,这些预言其实并非迷信,而是信有可征、考虑人的个性、当下处境,并依循天道运作法则推演出的结果。

春秋五霸中的齐桓公,因为重用管仲而得以九合诸侯、一匡天下,这是大家都知道的;但显赫一时的齐桓公却晚景凄凉,死亡六十七天才有人收尸,尸虫多到爬出他屋外;然而,这样的悲剧原本却是可以避免的。管仲过世前,桓公曾去请教接下来应该任谁为相,管仲请他务必远离易牙和竖刁,而他们正是桓公属意的人选,因为易牙杀了自己的孩子来给桓公一尝人肉的味道;竖刁一刀阉了自己来当桓公的仆人,难道他们不够忠心吗?管仲说:"人之常情没有不爱自己孩子的,连自己的孩子都忍心杀掉,对君王又能有什么爱敬可言?""人没有不珍惜自己身体的,连自己的身体都忍心糟践,对君王又岂会珍惜?"桓公答应了,管仲便将他们一一放逐;但管仲过世三年,桓公也闷闷不乐了三年,便又将两人找回来,来年桓公生病了,易牙、竖刁在宫里作乱,闭塞了宫门、筑起高墙、让人无法通行;有女仆翻过墙来看桓公,桓公向她要饮食,她什么都拿不出来,最后桓公病饿而死。

37

　　春秋时期非常流行"赋诗言志"、"观诗知志",一国的国君或使者到他国去出差或作客,在欢迎宴上,主人与客人除了觥筹交错吃吃喝喝外,很重要的一项娱乐是要临场赋《诗》;虽然说是娱乐,但一点也不轻松,厉害的赋《诗》者,从赋《诗》的过程里就可以说服对方、完成外交使命;有经验的人也可以从别人所赋的《诗》中,看出对方的心情、动机、修养、内涵。《左传·襄公二十七年》记载公元前 546 年,郑国国君宴请晋国赵武,赵武在宴席快结束时,请郑国随从的七位大夫子展、良霄、公孙夏、子产、游吉、印段、公孙段分别赋《诗》来结束宴会,他顺便察看各人的志向;回国后,赵武把整个过程告诉自己的好朋友,并说:良霄大概要被杀了,其他六人都可以辅佐好几位郑君,子展将会是最后离开政坛的,子产其次。为什么呢? 良霄赋的是《鹑之贲》,这首诗本来是卫国人作来讽刺他们国君夫人宣姜的,宣姜就是前面说过的被卫宣公从儿媳妇变成媳妇的齐国公主;她在宣公过世后,与汲的弟弟顽有染,这实在算是乱伦了,这首诗开头说"鹑之奔奔,鹊之强强",就是说鹑跟鹊不是一类的,别凑在一起了。良霄当时正在与其他大夫较劲,落于下风,迁怒于国君,竟然公然在宴席上赋这首诗,按道理,就算对老板再有意见,也不该在客人面前这样说出来,良霄这种欺上的傲慢态度,迟早会给自己招来杀身之祸。而子展赋《草虫》,这首诗讲古代女子出嫁,路上还没见到夫婿,忧心忡忡,但见到了夫婿,发现是位君子,以礼相待,也就安心了,并提醒自己以礼自守;赵武说,子展赋这首诗,表示他虽然高居上位,仍不忘礼,所以可以在位最长久;子产则显示出他快乐而不荒淫,足以安顿百姓的态度与能力。

　　公元前 543 年,良霄与另一位大夫公孙黑不合,闹得郑国大夫都到他家来调停。他自己奢侈、爱喝酒,家被别人攻打、放火烧了,他逃出来,隔天酒醒了才明白是怎么一回事,最后只好逃到许国。当时郑国大夫都讨厌良霄,商量着互相结盟,不让他回来了,唯有子产帮忙收拾、埋葬尸体;后来良霄听说郑国大夫联合排挤他,气不过,便带兵回来攻打郑国,最后死在卖羊的市集上;子产亲自帮他殓尸、号哭并为他下葬。

后来子产主政郑国，为郑国在晋、楚两大国夹缝间延续了20多年的太平日子。赵武在宴会上对良霄、子产等人所作的预言，并非凭空猜测，而是根据各人所处的地位、情境，和他们所赋的诗歌含意，依照道的法则推演而得，独具其内在的逻辑。

大至国家、小至个人，一切人、事的盛衰兴亡，都不是偶然的命运，而是有迹可寻、依循道的运行，有其必然的因果，这就是《易经》将不可预知的宗教之事，转化为伦理的法则，也就是"宗教伦理化"。

补充引文

子之武城，闻弦歌之声。夫子莞尔而笑，曰："割鸡焉用牛刀？"子游对曰："昔者偃也闻诸夫子曰：'君子学道则爱人，小人学道则易使也。'"子曰："二三子！偃之言是也。前言戏之耳。"（《论语·阳货第十七》）

颜渊问为邦。子曰："行夏之时，乘殷之辂，服周之冕，乐则韶舞。放郑声，远佞人。郑声淫，佞人殆。"（《论语·卫灵公第十五》）

"管仲有病，桓公往问之，曰：'将何以教寡人？'管仲曰：'原君远易牙、竖刀。'公曰：'易牙烹其子以快寡人，尚可疑邪？'对曰：'人之情非不爱其子也，其子之忍，又将何爱于君！'公曰：'竖刀自宫以近寡人，犹尚疑邪？'对曰：'人之情非不爱其身也，其身之忍，又将何有于君！'公曰：'诺。'管仲遂尽逐之，而公食不甘心不怡者三年。公曰：'仲父不已过乎？'于是皆即召反。明年，公有病，易牙、竖刀相与作乱，塞宫门，筑高墙，不通人。有一妇人逾垣入至公所。公曰：'我欲食。'妇人曰：'吾无所得。'公曰：'我欲饮。'妇人曰：'吾无所得。'公曰：'何故？'曰：'易牙、竖刀相与作乱；塞宫门，筑高墙，不通人，故无所得。'公慨然叹，涕出，曰：'嗟乎，圣人所见岂不远哉！若死者有知，我将何面目见仲父乎？'蒙衣袂而死乎寿宫。虫流于户，盖以杨门之扇，二月不葬也。"对曰："自宫以适君，非人情，难亲。"管仲死，而桓公不用管仲言，卒近用三子，三子专权。（《史记·齐太公世家第二》）

郑伯享赵孟于垂陇，子展、伯有、子西、子产、子大叔、二子石从。赵孟曰："七子从君，以宠武也。请皆赋以卒君贶，武亦以观七子之志。"子展赋《草虫》，赵孟曰："善哉！民之主也。抑武也，不足以当之。"伯有赋《鹑之贲贲》，赵孟曰："床笫之言不踰阈，况在野乎？非使人之所得闻也。"子西赋《黍苗》之四章，赵孟曰："寡君在，武何能焉？"子产赋《隰桑》，赵孟曰："武请受其卒章。"子大叔赋《野有蔓草》，赵孟曰："吾子之惠也。"印段赋《蟋蟀》，赵孟曰："善哉！保家之主也，吾有望矣！"公孙段赋《桑扈》，赵孟曰："匪交匪敖，福将焉往？若保是言也，欲辞福禄，得乎？"卒享。文子告叔向曰："伯有将为戮矣！诗以言志，志诬其上，而公怨之，以为宾荣，其能久乎？幸而后亡。"叔向曰："然。已侈，所谓不及五稔者，夫子之谓矣。"文子曰："其余皆数世之主也。子展其后亡者也，在上不忘降。印氏其次也，乐而不荒。乐以安民，不淫以使之，后亡，不亦可乎？"（《左传·襄公二十七年》）

40

延伸阅读

孙国栋：《师门杂忆》（网上可以找到）。

钱穆：《关于学问方面的智慧与功力》，收录于钱穆：《中国学术通义》，九州出版社 2011 年版。

思考练习

我人生中最快乐、满意的部分是什么？最无奈、难以接受的部分是什么？

第三章

思想的奠基

——五经之《礼》、《春秋》

自我们呱呱坠地后，父母、师长、媒体就不断灌输给我们：活着就是要努力、要读书考试拿高分、要找工作挣钱、要结婚生子、要幸福；或者也有人告诉我们：要追求自己的梦想，不要放弃。但即使这些我们都做到了，生命的意义就完成了吗？我们心底那个终极的疑问——"我是谁"，就得到解答了吗？……

古今中外，人类最重要的核心问题一直都是：人应该怎么认识世界？怎么认识自己？我们小时候自我介绍，会说：我叫王××，我来自西安，我的梦想是成为航天员；长大工作后，我们可能改说：我叫王××，我毕业于清华大学，我在中国移动担任业务经理。我们认识人时，都在交换名片、询问对方从哪所学校毕业、是否已婚、在哪工作、工资多少，心里暗自掂量彼此身价高低；却不会问：你喜欢什么？你过得好吗？我们不再深入内心世界，也不再与他人坦诚相对。然而，在这样的价值取向下，如果我学历不高、找不到工作、身世一点都不显赫，我要怎么肯定自己在这个世间的价值？我到人世间来走这一遭，为的究竟是什么？我的生命独特吗？或者归结为一个问题：我是谁？

自我们呱呱坠地后，父母、师长、媒体就不断灌输我们：活着就是要努力、要读书考试拿高分、要找工作挣钱、要结婚生子、要幸福；或者也有人告诉我们：要追求自己的梦想，不要放弃。但即使这些我们都做到了，生命的意义就完成了吗？我们心底那个终极的疑问——"我是谁"，就得到解答了吗？清朝顺治皇帝抛却江山、遁入空门，他著名的《赞僧诗》说："未曾生我谁是我？生我之时我是谁？来时欢喜去时悲，合眼朦胧又是谁？"生命的大哉问，不会因为我们不去想它，就自己得出答案。

人如何认识自己与如何认识世界，是一体两面的。西方世界从古埃及、古巴比伦，到古希腊、古罗马，都存在各种神的崇拜，直到基督教从犹太教中诞生。罗马帝国君士坦丁大帝将基督教定为国教，从此西方人便以《圣经》里所说的"上帝造人"来定位自己和世界；16、17 世纪的启蒙运动后，在自由主义、理性主义的影响下，有了"天赋人权"的主张，此时西方人才从宗教走向对自我的肯定。然而，后来的一定比原来的更正确吗？现代人所面临的心灵空虚、精神失落等问题，可能也是史无前例的严重。

古代中国人与西方大不同，虽然早期也经历了对鬼神的崇拜，但在五经的时代，便将各种各样的神祇化约为天和地，人则屹立于天地之间，联通上下，与天地为一体，所以《易经》里说天、地、人三才，人的价值是与天地相侔的。中国人重视自我，一切从自我出发，这并不是自私自利、贪生怕死、个人主义，而是看重自己生命的意义与价值，并从这里推己及人，也珍惜此生与他人相遇、相知的缘分；这正是传统中国文化与基督信仰的西方文化最根本的不同：西方人透过上帝的眼睛来认识世界与自己，中国人则从自己出发，来认识上帝与世界。

中国人的世界是一个同心圆的世界，就像将一块石头丢进水里，以石头的落水点为核心，泛开一圈圈涟漪；核心就是自我，涟漪就是与自我相关的父母兄弟、亲戚朋友、师长邻里、老板同事。费孝通先生称这样的结构为"差序格局"①，波纹所及处，就是与我相关联的人，越向外推，关系就越疏远。也因此，中国人注重世俗生活远胜于佛教的极乐世界或基督教的天国，一切思想建立在泥土之上，五经中所谈也以真实故事为主；透过《尚书》、《诗经》、《易经》、《礼经》、《春秋》中浑融一片的宗教、政治、文学、伦理、哲学、制度、历史，我们可以看到中国脚踏实地的文化，当中贯穿着做人做事的道理，它们要解决的问题，永远指向现实社会、现实人生；相对地，《圣经》则多半是藉由虚构或半虚构的历史来体现宗教教义，人透过上帝的眼睛，从天国俯瞰自己。

换句话说，《圣经》教导人通过信仰上帝来摆脱现世的痛苦、走向天堂的解脱；中国的五经则教人如何踏踏实实地做人，如何在眼下的世界、眼前的生活中安身立命。中国古人很早就认识到，生命的意义并不是追问出来的，而是创造出来的；"我是谁"，端看我怎么过这一生、我

---

① 费孝通：《乡土中国》，上海：上海世纪出版集团、上海人民出版社2007年版，第25—27页。

成为了谁,"我"是由自我赋予意义的;也因为这种着眼于自我、现世人生的思想,使中国文化富有一种积极乐观、一切在我的进取精神;"文革"时期中国在一片政治意识的笼罩中,知识分子热衷于参与政治,满怀热情要建立全新的中国;改革开放三十多年,经济活动则成为全民生活的主轴。而今,我们已经可以预见,既富且强的中国,未来在文化、道德的转向;这就是中国人——给他们一个方向,他们会给你全心全意的努力。

　　前一章我们谈了《尚书》、《诗经》、《易经》。在《尚书》里,我们发现中国文化很早便已经将宗教统归到政治的范畴内了;而在《诗经》里,我们看到早期中国人在看待一切历史、政治、情感,乃至天地宇宙时,都带有一种伦理的规范与教训;在《易经》里,我们则看到,原本属于迷信鬼神的宗教占卜到了周代早期,就已经转化为审时度势、考虑个人的天性与所处环境,顺应天道选择态度以趋吉避凶的伦理观。可以说,中国文化在奠基时期,便已经将人与天的关系、人与人的关系都归纳到伦理之下,一切人、事、物背后都有一定的规则可循。

　　五经与孔子的关系最大,他整理了《尚书》与《诗经》作为讲学的教材。晚年读《易经》,有人认为解释《周易》的《易传》便是孔子所写,即便不是孔子亲做,其中所呈现的也主要是他的思想。孔子还收集、整理了上古三代的礼,编成《仪礼》,并写了《春秋》。已经遗失的《乐》,据说也是孔子依《诗经》所做。这些经典经过孔子的整理与解释,不仅获得良好的保存与传承,还被赋予了理性、道德的色彩。有句古语说:"天不生仲尼,万古如长夜。"(朱熹:《朱子语类》)。也有学者说:"孔子者中国文化之中心也,无孔子则无中国文化。自孔子以前数千年之文化赖孔子而传,自孔子以后数千年之文化赖孔子而开。"①这实非夸张。有人认为,就算没有孔子,也会有其他人来做这些工作,就算没有

---

① 柳诒征:《中国文化史》,上海:上海古籍出版社 2001 年版,第 263 页。

人做这些工作,中国总会有某种文化;这实是因为不了解中国文化的立意与方向、整体架构的精密与恢弘,以及孔子对中国文化所起的转化与奠基作用;但凡一个中国人对自身文化理解越深刻、越广博,对孔子的尊崇也会越增加,除了知识上的理解,亦有一份来自心底的感恩。

一、《礼》

大多数人都听过中国是个"礼仪之邦",虽然从今日媒体所报道社会上各种光怪陆离的事件,令我们对这个称号有所犹豫,但传统中国,的确是个不折不扣的礼仪之国。

1583 年,利玛窦从澳门进入广东,先到肇庆传教,他说当地官员百姓都很有礼貌。后来一些其他传教士被从北京遣送至澳门,一路上也依然礼遇有加,并没有把他们当做罪犯鲁莽相待。这些传教士将在中国旅行的见闻写在信中,寄回欧洲,被刊载在当时的报纸上,引起欧洲知识分子对中国的无限想象与向往,并形塑了他们对中国的认识。孟德斯鸠在他的《论法的精神》里,便有对中国礼仪教化的精辟见解:

> 敬重父亲就必然与敬重所有可以视同父亲的人相关,诸如长者、老师、官员、皇帝。对父亲的敬重意味着父亲以关爱回报子女。与此同理,长者以关爱回报幼者,官员以关爱回报属下,皇帝以关爱回报臣民。所有这一切构成礼仪,礼仪则构成民族的普遍精神。我们将会感到,看似最最无关紧要的东西,其实并非与中国的基本政制无关。中华帝国构建在治家的理念之上。倘若削弱父权,哪怕仅仅削减用以表示尊重父权的礼仪,那就不啻是削弱对被视同父亲的官员的敬重,原本应该视百姓为子女的官吏于是就不再关爱百姓了,君主与臣民之间的互相关爱也就渐渐消失。只要其中一项被削减,国家就会因此而动摇。儿媳每天清晨是否前去伺候

婆婆,此事本身无关紧要。可是,我们如果想到,这些日常细节不断地唤起必须铭刻在心中的一种感情,而正是每个人心中的这种感情构成了中华帝国的治国精神,我们就会明白,此类具体行为没有一件是可有可无的。①

中国的礼仪教化只是日常生活中行为的一些规矩,背后一般没有太明确或哲理性的理论或说明,但却比任何理智逻辑的法条或说教更能深入人心;藉由这些口复一口、已然不假思索、不需询问理由的礼仪习俗,人心就会自然而然返归到一定的轨道里去。我的课堂对学生的一个基本要求就是背《弟子规》,我每一堂课都会讲解一段,并鼓励学生发问;有一天,一名聪明但调皮的学生在我不断地鼓励下,勇敢地提出了他对其中"长者坐,命乃坐"的质疑:"长者坐,为什么不能跟着坐?还要'命'乃坐呢?"我当下还真不知该如何回答,回家看书、思考了一会儿,才明白:亲子、长幼、上下之间,除了爱之外,还应该有敬,爱与敬在人与人的关系里缺一不可;有爱无敬,就会变成溺爱或专制;有敬无爱,则与陌生人无异。如果不管长辈坐不坐,自己就先坐,这是无爱也无敬;当长辈坐下,自己也跟着坐,这是有敬而无爱;唯有当长辈坐下,并邀请晚辈坐下时,晚辈方才坐下,才是有敬也有爱,透过"命"的动机与动作,长辈与晚辈交流了对彼此的关爱与敬重;晚辈与长辈说话时,不应以你我相称,更不可直呼其名。这些规矩,并非只是要求晚辈敬从长辈,同时也提醒长辈要关心、照顾晚辈,这是一种将进德的修养工夫融于日常举止的潜移默化。而且,一个人并不需要了解背后这些复杂的道德原理,只要去实践,久而久之自然会培养出对人的敬与爱,改善内心的修为;相反地,即使对这些原理了如指掌,但不去身体力行,那么,人的品格并不会因为这些知识而有任何进步。这就是礼仪对人心的强大影响力。

---

① 孟德斯鸠:《论法的精神》,许明龙译,北京:商务印书馆 2010 年版,第 327 页。

因此,礼最重要的意义便是实践。前一章曾举郑国良霄、子产等人在宴席上"赋《诗》言志",这是春秋时期典型的外交礼,用来展现各国卿大夫的聪明与风雅;而子产虽不与良霄同一阵营,但在良家被攻打、火烧后,仍去帮他们收尸,良霄过世时也依礼为他殓尸、哭号、埋葬,一个对死人都能够独排众议、谨守礼节的人,他的心必有过人的坚定与爱敬,后来子产成为春秋时期的著名政治家,也就不足为奇了。

孔子的教学,以《诗》与礼最重要。何以见得? 有一回孔子独自在家里的中庭站着,他儿子鲤经过,不敢打扰父亲,便小跑步过去,但被孔子叫住了,问他:"学《诗》了吗?"孔鲤说:"没呢!"孔子告诉他:"不学《诗》,就不知道怎么言谈。"孔鲤便退下来去学《诗》;又有一次,孔子又一个人站在中庭,孔鲤又小跑步过去,又被叫住了:"学礼了吗?"孔鲤还是说:"没呢!"孔子说:"不学礼,就不知道怎么立身。"于是孔鲤又退下来去学礼。懂得如何说话、如何立身处世、应对进退,这才是一名自重也值得尊重的成年人该有的表现。

不仅平日生活中要学礼,孔子周游列国 14 年期间,也不曾因为舟车劳顿而忘却演习礼仪;《史记》说他在离开曹国前往宋国的路上,"与弟子习礼大树下",宋国的将军桓魋要杀孔子,孔子只好离开;后来孔子来到郑国,正值郑国遭遇兵祸,孔子和弟子被逃亡的人群冲散了,子贡问路人,路人答道:"东门那儿有个人长得像圣人,可是郁郁不得志像条丧家狗。"这就是有学者称孔子为"丧家狗"的由来。可注意的是,孔子即使在这样到处流亡、求仕、不得志、经常没饭吃甚至被人追杀的情况下,也没有改变自己的志节,旅途中仍不忘与弟子演习礼仪,可见在孔子心目中,"礼仪"是多么重要。

记载"礼"的书并不是孔子之后才有,商代重祭祀,从《尚书》的记载中,我们可以想象当时已经有许多宗教之礼;西周初年周公制礼作乐,周朝因而有了完备的政治礼;到了春秋时期,各诸侯国已经发展出

47

各自的礼仪,记载礼的书籍也不少见,其中的纪录纷繁复杂,时间先后不同,礼就不同;即使时间相同,不同国家也有不同的礼,细究起来复杂得很。

这令我想起哥哥结婚时,舅舅阿姨们齐聚我家讨论婚礼进行的程序该如何,又是踩瓦、又是过火炉、又是喝茶、又是给红包,什么时间做什么事情,一个人就有一套说法,七嘴八舌,讨论到最后都快吵起来了。现代已经简化许多的婚礼都这么复杂,更何况两千多年前那么重视礼仪的周代,而且与家国社稷密切相关的宗教、政治礼,肯定更让人眼花缭乱。台湾大学中文系叶国良、章景明等教授曾经依《仪礼・士昏礼》模拟婚礼的进行并摄制成影片,过程极为复杂,让演员大喊吃不消、这辈子绝对不要再结一次婚。儒家的"儒",本来是指专门指导这些繁复礼仪的人员,孔子特别知礼,他的学生来向他学习,很多也是为了学习这门学问的。

孔子是最热心于学习、研究,并特别注重礼的,当时的贵族不止不懂这许多礼,甚至经常作出虚伪的、奢侈的、违礼的事情来,孔子便依礼来批评这些贵族的非礼。比如孔子曾经骂鲁国的大夫季氏,说:"八佾舞于庭,是可忍也,孰不可忍也?"(《论语・八佾第三》)八佾舞本应是周天子祭天所跳的祭舞,一排八人,一共八排,要六十四人才能跳这样的舞;其次是诸侯,也就是鲁国国君,可以跳六佾舞,一排六人、六排共三十六人;而卿大夫,也就是鲁国家臣季氏,只能跳四佾舞,十六人。结果季氏仗着自己掌握了鲁国半数的税收和军力,居然在家庙跳起八佾舞,鲁君要祭祀,却凑不够人数来跳他的六佾舞,因为都被季氏找去了,他气到不行却也无可奈何。孔子听说这件事,便说:"他连这种事情都忍心做了,还有什么是做不出来的呢?"果然,后来鲁国国君找到一个机会带兵去攻打季氏,但寡不敌众,被赶到齐国,到死都无法重回鲁国。

我们可以看到,孔子不仅懂礼,更懂得这些礼背后所透露的意涵;他对中国礼仪最大的影响,便是指出了繁复的礼节背后所要传达的真意,钱穆先生称之为"礼的心"。孔子曾说:"礼云礼云,玉帛云乎哉?

乐云乐云,钟鼓云乎哉?"(《论语·阳货第十七》)所谓的礼,只是那些祭祀时摆放的玉帛吗? 而乐,又岂止是敲钟打鼓而已呢? 孔子又说:"人而不仁,如礼何? 人而不仁,如乐何?"(《论语·八佾第三》)一个人如果没有仁心,那就算行礼、作乐,又有什么意义呢? 就像鲁国的家臣季氏,内心缺乏自我反省、约束,就算拿天子的祭舞来祭祀祖先又如何呢? 若以树做比喻,则仁是树根,礼、乐是枝叶,根本烂掉了,枝叶再茂密也是徒劳的;而如果根本健旺,即使枝叶一时被风雨折损,也会有再长出来的一天。这也是我们对中国文化的复兴充满信心的缘故,只要中国人还有善善恶恶的心,礼仪的国度终有一天会再焕发出蓬勃的生机。

礼的心,是人内在的"仁";那么,礼究竟有什么功能呢? 一定要礼吗? 繁文缛节不是很麻烦吗? 儒家另一位重要传承者荀子指出:"乐合同,礼别异。"(《荀子·乐论》)人与人之间本就有别,不仅男女有别,父子、君臣、兄弟、朋友也有都别,往往越是熟悉,越容易逾越该有的礼节;比如一位朋友跟我说,他与一名韩国学弟刚认识时,对方一见到他就敬礼,他不习惯便也回敬,对方又再次鞠躬九十度,他只好也鞠躬九十度,没完没了,但后来两人熟悉了,知道台湾人没这礼,不但不敬礼了,还偶尔会没大没小;或者像我们对陌生人问路,通常是客气地回答,就算对熟悉的同学,口气顶多带点不耐烦,但对最亲密的家人,却有可能出言不逊,甚至大吼大叫,这些都是逾礼,不但让对方难受,自己也不好过。在与生俱来、无法改变的伦理中,不管彼此间有多熟悉、对彼此的看法如何,礼都能让我们维持一定的分寸,所以礼的一项重要功能,便是拿来"疏离"过度亲密的关系,所谓"亲近生慢侮",我们不太会与路人甲、乙产生摩擦,真正的摩擦往往发生在最亲密的关系里,"礼"就是要为过于亲密的关系拉开一点距离,这样才能在相爱的同时保持互敬互让,关系才能久不生变。

此外,在孔子之前,礼只是贵族的生活、行为方式,所谓"礼不下庶人",贵族不特别为平民百姓制定礼仪;但孔子根据礼的真意与深意,

49

将行于贵族的礼推广到平民社会中,完成宗教礼、政治礼向伦理礼的转换。《论语》里记载这么一则对话:

> 林放问礼之本。子曰:"大哉问!礼,与其奢也,宁俭;丧,与其易也,宁戚。"(《论语·八佾第三》)

林放是孔子的学生,他来问孔子礼的根本。孔子开心地称赞他:"问得好啊!"为什么呢?因为一般人只会着眼于礼的顺序、时机、场合这些琐碎的外在细节,但为什么要行礼、行礼时最重要的是什么?多数人却不关心;从孔子"大哉问!"的语气中,我们不仅看到孔子的称许,还听到孔子的寂寞。孔子的回答以当时平民社会中最重要的丧礼来说明:与其铺张浪费过于礼,宁可俭约朴素不足礼;与其在表面上讲究祭品、程序,不如好好地表达心里的哀伤之情。春秋时期,丧葬祭祀已经多有铺张浪费的情况了,孔子提出了其中最重要的关键:一切礼仪的陈设原本是为了纪念死者、表达生者的哀痛,如果未能完成这一初始目的,而在后来衍生出的表面工夫上着墨,那实在是舍本逐末啊!

现代生活中还是有各种各样的"礼",包括宗教礼,如清明时要扫墓、逢年过节要祭拜祖先;以及外交、政治场合的政治礼,比如国家之间的礼尚往来、互相拜访,或遭逢天灾人祸时,元首间的互相慰问;而与一般人日常生活息息相关的,莫过于伦理礼,如晨昏定省。且因为中国的宗教与政治很早便已伦理化了,所以这些宗教礼、政治礼,也都带有伦理与道德的意涵。

我们今天所称的《礼经》,包括《周礼》、《仪礼》、《礼记》三部。据学者考证,《周礼》可能是战国人做的,是一套依据西周政制加以修改、完善的理想政治体制。《仪礼》十七篇,其作者众说纷纭,有人认为是周公,也有人认为是孔子编订的教材,拿来教授弟子用,也有人认为是孔子之后编纂成书的,内容大体上是西周通行的礼仪,主要是士大夫之礼;因为时移事变,今天已经很少有人读《仪礼》了,就算读了也很难了解,不过,我们今天在讣闻上还偶尔会见到斩衰三年(衰音 cuī,父母之丧,丧期三年,以粗麻布为衣,下摆不缝)、齐衰期年(祖父母之丧,丧期一年,以粗麻布为衣,缝下摆)、大功九月(从堂兄弟之丧,丧期九个月,以白色熟布粗制为衣)、小功六月(关系更疏远,丧服做工较细)、缌麻三月(关系愈疏,丧服做工更细),这五等丧服便是由《仪礼》中来的。

《礼记》由孔门弟子及后学所做,大抵记载儒家的礼学思想,内容可分为三类:一为礼意的通论;二为孔子和弟子或同时代人的问答;三为古代礼俗制度的纪录、考证或解释。后来四书里的《中庸》与《大学》,便是宋朝朱熹从《礼记》里独立出来各成一书的。《礼记》前半部尤多生活中言语、饮食、坐立、应对、进退、洒扫等日常细琐之事。正如前文所说,中国的学问是脚踏实地的,一个想要学习的人,不是学习如何考试、如何当官、如何长篇大论,而是从这些每天生活都要面对的细枝末节开始,藉由这些枝微末节的生活小事,涵养人的恭敬心,从中体会真正的学问、内在的"仁"是什么。春秋人讲"德行",道德是从日复一日实践的累积中行出来的;到了汉代,变成"德性",更着重自性的体悟,离身体力行的实践道德便远了一层。

透过礼,那些生硬、平面的关于宗教、政治、伦理的理论,变成立体、活泼的行为,乃至成为一种美的行为艺术;清明时节,到山上去为祖先扫扫坟,顺便踏踏青,不仅饮水思源,同时也让身体在大自然里舒展放松。我们现代人常讲艺术创作,仿佛要到美术馆、音乐厅或电影院去才能看到艺术,但艺术的原始目的是什么? 其实不外乎美;而人世间最美好的事物是什么? 并不是那些昂贵的古董珠宝、戏剧音乐,而是人与人之间关系的和谐融洽。如果我们每天一早起床,与父母家人是开心地问候道早,出门遇到邻居互相问好,公交车上与他人互相礼让,同学间在课业上互相鼓励、关怀,我们肯定会觉得自己真幸福,能够生活在这样一个美好的世界;但如果一早起床就带着起床气,对父母摆脸色,出门遇到邻居也不打招呼,同学间互相嫉妒、背后说三道四,甚或路上堵

51

车堵得乌烟瘴气、喇叭声四起,那不管住多昂贵的豪宅、开多名贵的豪车,都不会觉得这日子很美好吧!美国汉学家芬格莱特在其著作《孔子·即凡而圣》里提出了一个著名的比喻:两个人碰面,很自然地握手、微笑,一切都不需要勉强,礼就在这最日常的细节里实践了,只是我们太习以为常,而不知道自己的一言一行中原来都弥漫着礼。①

《论语》里,孔子的学生有子说:"礼之用,和为贵。先王之道斯为美,小大由之。有所不行,知和而和,不以礼节之,亦不可行也。"(《论语·学而第一》)最美好的艺术,实际上是人与人之间的和谐;而礼就是促成这种和谐很重要的方式,不但向外让我们的行为举止合乎常理,向内也可以安定我们的心,使心不外放、不浮躁、不狂妄,止于定与敬。有人会觉得,老是又定又敬的,不累吗?不要礼,大家轻轻松松的有什么不好呢?反正不犯法就行了。这就是贪图眼前享受的短视人随口而出的轻率之语,他们无法预知细微偏差的念头、行为所能造成的无穷后患。曾有一次,我与学生讨论《论语》中的"敬",谈到所有的关系里都不能少了敬,一名女学生问:"连谈恋爱都要敬吗?那多没意思啊!"没有谈过恋爱的人才会以为两人间的亲密相处,只要你浓我浓就可以了;其后另外一名已经谈了一年恋爱的男学生便说:"恋爱中更需要敬吧!正因为两个人的关系很亲近,但人与人本来就是不一样的,如果不能互相尊重,那不是很快就会因为个性不合而吵架、分手吗?"礼的核心正是"仁",由仁发展出对人的敬,"敬"不只是外在行为上的守规矩、有礼貌,更是发自内心对他人的体贴、敬重、珍惜;不只是情侣间需要敬,我的学生中许多是第一次离家住宿舍,小公主、小王子免不了在室友相处中产生摩擦,基本上也都要用"敬"字来解决。

"礼"是为如何当一个标准的人、高尚的人所立下的规矩;"法"则

---

① 参见[美]赫伯特·芬格莱特,《孔子:即凡而圣》,彭国翔、张华译,南京:江苏人民出版社2010年版,第7页。

是做人做事的下限,不犯法不表示人品高尚,而只是最低限度的为人而已。现代社会重法而不重礼,换句话说,只是强调"不可以做什么",却不引导人"该做什么、该怎么做",所以许多孩子从小的行为就让人叹息,诸如瞧不起甚至欺负家境贫穷的同伴,或者对爷爷奶奶大呼小叫,家长却没有加以纠正,反而误以为这是尊重、给孩子自由空间;我的许多学生是富二代,家里的钱花不完,但父母除了经济上源源不绝的呵护外,却少有人懂得为孩子指出一条人生的光明大道,顶多要求他们课业成绩要及格、不要惹是生非。这些孩子大多聪明,应付课业不是难事,也很知道父母的底线在哪里,因而,往往将宝贵的青春年华花在抽烟、喝酒、打牌、搓麻将、唱歌、看电影这些轻松的娱乐上;等而下之的则打架、赌博、与人争强斗胜。他们的确没有犯法,但这样的日子开心吗?这样的生命又有什么意思呢?

已经发生的事情是容易见到的,尚未发生的事情则难以预知。一个人犯了法、受了法律的制裁,此中我们立即可以看到"法"的作用;但一个人犯了礼,最后身败名裂,一般人却看不到其中深远的关联。《左传·哀公十六年》里记载孔子过世后,鲁哀公为孔子作诔(音 lěi,上对下的祭文),说:"老天爷不体恤我鲁国,不为我留下这位元老,让我一人在位,孤独无依,我真伤悲啊!"与孔子感情深厚的子贡大胆进言说:"我恐怕您将无法终老在鲁国啊!您明明知道他是个贤人,但他在世时却不能用他,他死时您偏又为他做诔,这不合于礼;您是国君,却在诔文里称自己为"一人",这不是您的名份。孔夫子说:'失去礼,就会迷失;失去名,就会过失。'您这两项错误都犯了啊!"后来哀公果然被自己的家臣逐出鲁国,四处流亡,客死异邦。

2013 年 6 月的一天,成都 62 路公交车上,一名女子为了独占两个座位,而与旁边的老先生起了争执,后来竟直接坐到老人腿上。法律上这名女子或许难以追究其责任,但在人品上,这种行为就是严重的失"礼",失了礼,就是失了行为的分寸。这不是面子问题,而是人品问题。2008 年 12 月 14 日,刚卸任的美国总统小布什在伊拉克记者会中被记者丢鞋;2009年2月2日,国务院总理温家宝在英国剑桥大学演讲时被一名德国籍男子扔鞋。且将政治立场搁置不谈,一名年轻人在一位长者演讲时公然向他丢鞋,这表现的不是勇气或胆识,而是无知与无礼。当然,这名年轻人或许有他丢鞋的理由与他不得不如此的原因,诸如没有发问时间、没有机会表达他对这位演讲者所代表立场的不满或反对,但这些"不得不"难道就可以将这样的鲁莽行为合理化吗?那是不是以后凡是具有争议的人物演讲,都得先练好一套闪躲术,以备演讲中途避开那些不定时飞来的"正义之鞋"呢?

早在两千五百年前,孔子便已有真知灼见:"道之以政,齐之以刑,民免而无耻;道之以德,齐之以礼,有耻且格。"(《论语·为政第二》)用政治来引导人民、用刑罚来让人民守规矩,那人民虽然免于受到法律的制裁,却没有羞耻之心;用德行来领导人、用礼仪来规范人,那么人民不但知耻,而且有品格。今天的政治强调法律的同时也强调自由,什么都是"我的自由"、"我的权利"、"我没有犯法,你管不了我";我的课堂上,也曾遇到过学生边上课边阅读其他科目的书,我要求他收起来,他反问:"为什么不可以?"这样的学生难教、难管,这样的人也难以相处,别人为他付出再多心血,他也不会感激;带着这样的态度为人处世,虽聪明不至于犯法,但一生中也只为自己着想,看不到别人的需要,更遑论尊重、珍惜他人。

鲁迅的成名作《狂人日记》提出了"礼教吃人",后来我们总据此来反对所谓两千年的儒家礼教;然而,一方面我们必须扪心自问:我真的希望自己或自己的孩子成为一个缺乏教养、没有分寸、不懂得尊重他人的人吗?另一方面,所谓"礼教"的实质内涵,在两千多年的流传与无行文人的曲解下,也早已面目全非,远不是孔子当年讲学、演习"礼"的初衷。我个人很喜欢《论语》里头曾子过世前所说的一段话,这段话有一个非常诚恳的铺垫,场景是曾子病得厉害,鲁国的贵族孟敬子去探病,曾子先说:"鸟死去之前,它的鸣叫是发自内心的悲哀;而我人将死了,你要相信,我说的话是善意的、真实的,绝对不是要欺骗你啊!"这样的话不加修饰,却无比真挚感人,而其后所说的,也是曾子一生学习、修行的心得:"君子最重要的事情有三:注意自己的言行举止,就可以让自身远离粗暴傲慢;时时端正自己的脸色,那么就可以接近信实了;小心说话的口气,这样就可以远离鄙陋背理了。至于那些祭祀礼仪的事情,自有专门的执礼负责。"曾子在孔子眼中是愚鲁的,但他一生不曾松懈自我的修养,他的修养方式尤其着重于从外在身体着手,完成内在心灵的中和,身体、脸色、口气,是人呈现于外最主要的三项特征,一个人如果能常常注意自己外在的这些表现,使它们合于礼,心自然就不会离正道太远了。

"礼"最大的意义,便是由外向内达到身心的平衡与美好,成就个人之美、人群之美、国家之美。

二、《春秋》

远在孔子之前,中国已经有记录历史的传统,大家耳熟能详的"左史记言,右史记事"(《汉书·艺文志》),《尚书》里大部分是像周武王向军队说话的文诰(上对下的训诫、勉励),属于"记言",《春秋》则是"记事"。无论是记言或记事,主要用意都是要藉由历史的评价,提醒那些有权有势者千万别轻举妄动、信口雌黄,每句话、每个行为可都是记录有案的。春秋晋国史官董狐公正不阿、秉笔直书,当时晋灵公暴虐,赵盾屡次劝说未果,灵公烦了还派人暗杀他,赵盾只好出逃,还没出境就听说灵公被他族弟赵穿杀了,于是原路折返,回朝廷继续执政;董狐在晋史上记载"赵盾弑其君",赵盾特意去解释:"人不是我杀的。"董狐说:"你身为国家重臣,逃亡不离国境;回朝又不讨伐乱臣,你说跟你无关,谁信呢?"即使不是直接下手的人,但赵盾身为执政大臣,对国家大事理所当然负有不得推卸的责任。

孔子所处的时代,各国已经有自己的史书,比如晋国的叫《乘》、楚国的叫《梼杌》（音 táo wù）、鲁国的便叫《春秋》。本来"春秋"只是"史书"的意思，所以后来秦国丞相吕不韦找来门客，做了《吕氏春秋》、汉代的赵晔写了《吴越春秋》，或者纪录齐国名相晏子事迹的，叫《晏子春秋》；不过直接称《春秋》的，便专指孔子所做的这本。孔子的《春秋》记录了从鲁隐公元年（公元前 722 年）到鲁哀公十四年（公元前 481 年），共 12 公、242 年的事情，后世学者便将这段时期称为春秋时代，并稍做延长，上自周王室东迁洛邑、下至韩赵魏三家分晋前一年。

然而，都说孔子"述而不作"（《论语·述而第七》孔子自谓），他为何又写《春秋》呢？他的徒孙孟子说："世衰道微，邪说暴行有作，臣弑其君者有之，子弑其父者有之，孔子惧，作《春秋》。《春秋》，天下之事也，是故孔子曰：'知我者，其惟《春秋》乎？罪我者，其惟《春秋》乎？'……昔者，禹抑洪水而天下平；周公兼夷狄，驱猛兽而百姓宁，孔子成《春秋》而乱臣贼子惧。"（《孟子·滕文公》）记史本该是政府公务员责有专司，孔子一介平民百姓，没有职权，却也记起史来，这绝对是大大的"非礼"；一个最知礼、守礼的人，却做了"非礼"的事情，我们可以想象孔子面对当时混乱的时局，与他心中井然有序的大同世界理想的落差，他所感受到的忧愤、挣扎，不该为却又不得不为的痛苦；一部《春秋》，留给世人以孔子越礼的把柄，但也因为这部《春秋》，世人得以一窥孔子礼制社会的面貌。《春秋》是唯一一部孔子自己撰写的书籍，在周游列国不得任用，儿子孔鲤与爱徒颜渊、子路相继过世的晚年，孔子一字一句呕心沥血，将满腔的理想寄托于历史中；后代或有学者说它是"断烂朝报"，这是没有理解孔子作《春秋》的深意。

中国人注重历史、擅长记史，由来已久，从《史记》到《清史稿》共二十六史，无不周备，四围的国家、民族，甚而远至印度（天竺），都要到中国的史书里来寻找他们的过往；但"历史"作为一门学科，应保持客观中立的概念，是在西方学术影响下逐渐形成的。孔子当时岂是为了记史而记史？即便是中国史家第一人司马迁，也自明写作《史记》的目的，是为了"究天人之际，通古今之变，成一家之言"（《报任少卿书》），要探究人天的关系、古今时移事变中的道理、成就一派理解"人"的思想，不是要客观记录历史、成一历史学者而已。我们今天为了学术而学术，做的学问与人生致用无关，这种观念全然不是古人学习的初衷；传统中国文化里的一切学问，都指向同一个目标——如何让人更好地活着？只要对于导正人心、建立社会秩序有益，文学、历史、政治、宗教、乃至占卜，又何妨作为手段或工具呢？司马迁以写作第二部《春秋》为职志，在他看来，孔子作《春秋》实则是要藉由《春秋》中的褒贬来明确是非对错善恶贤不肖的标准，将古往今来隐而不章的"道"明示于世人，为此后人类的存在立一纲纪标准。整部《春秋》里，臣子杀君王的有 36 例，亡国的有 52 例，各诸侯流亡他乡不得保有祖庙、政权的，不可胜数；如果一个人眼光够精到、见识够深远，就会知道其实这些亡国灭君、社稷倾倒的结局，在当事人身上早已埋藏着祸根；而如果可以在事情刚有迹象时便知所止，也就不至于衰败到父子相残、臣子弑君、百姓流离失所的地步。

将孔子《春秋》贬低为断烂朝报，这是对历史的狭隘见解，也是对孔子的无知。孔子要将他的礼、义及一整套"道"的运作规则告诉世人，与其空谈各种理论，不如用真实发生过的历史事实来说明，更具有说服力，道理也更清晰明白。我们日常理解事情也是如此，说一个人很善良，感觉太空泛，但说这个人每天在小区里义务为独居老人煮饭、洗衣、扫地，不求回报，那我们对他的"善良"就会有一个很具体的认识。《春秋》可以说是孔子一生学问、知识的学位论文，要读这本论文，不能不知道孔子的论文题目，不是"春秋历史概览"，而是"天道法则范例大全"。

57

孔子的天道法则，寓托在他所叙述的 242 年的春秋历史里，他对人、事的褒贬中。孟子说："孔子成《春秋》，而乱臣贼子惧。"（《孟子·滕文公》）孔子直书当世上自天子、诸侯，下至大夫、后妃各种违礼非义、不堪闻问的乱行，值得注意的是那些无论是自己或祖先被他记上一笔的人，并没有恼羞成怒，直接到孔子家杀人灭口、毁掉《春秋》，反是自知理亏而心生恐惧；我们实在很难将这样的现象归因于他们的道德良知，更有可能的是孔子晚年已是众所周知的"圣人"①，大家心里都默认孔子所说的话就是标准，他称许的不会是偏心，他责备的不会是误解、看走眼。而这种藉由记史来警戒上位者的方式，也一直流传于后世，汉代以后历代帝王都有"起居注"。我记得电视剧《康熙帝国》里，康熙临死前，召集皇子交代后事，所有皇子都跪在地上，唯独旁边站了个人一手拿个小册子、一手拿毛笔不停地写，这就是在记"起居注"，皇帝一天24小时说了什么话、做了什么事，都会被巨细靡遗记录下来，没有一刻可以松懈。其实，这种方式主要还是依赖人自身的"荣誉感"；"荣誉感"并非必得靠后天培养，许多小孩天生荣誉感便很强，挨骂时低头哭泣、受赞美时扬扬得意，底层都是荣誉感的作用；孟德斯鸠在《论法的精神》里，为了将三种政体分别归纳为三种原则（古代共和制—美德原则、现代君主制—荣誉原则、暴君专政制—恐惧原则），而不顾自己书中的前后矛盾，强将中国归类为完全依赖恐惧原则的暴君专制，但仍无法抹杀在传教士眼里、信里，中国本身呈现为"融恐惧、荣誉和美德为一体"的独特政体②。

孔子在《春秋》中善善恶恶、明辨是非的最高原则与根据，便是他的"正名"理念，这个理念在他与子路的对话中表达得很清楚明确。当时孔子周游列国到了卫国，卫国国君卫灵公先前宠爱南子（看过电影《孔子》的人，大概都不会忘记周迅演的这个角色），卫国的太子蒯聩（音 kuǎi kùi）很讨厌南子，密谋要将她杀了，不幸事迹败露，被灵公逐

---

① 这并非随意揣测，《论语·述而第七》里记"子曰：'若圣与仁，则吾岂敢？抑为之不厌，诲人不倦，则可谓云尔已矣。'公西华曰：'正唯弟子不能学也。'"孔子这样谦说自己，可推知孔子当时已经有相当的声望。

② 参见孟德斯鸠：《论法的精神》，许明龙译，北京：商务印书馆2010年版，第133页。笔者以为，其中的"恐惧"应作"敬畏"，并非纯粹的害怕，而是对冥冥中自有昭昭主宰的敬畏之心，也因这种敬畏，让人时时对自我保持清醒的觉察知照，精神独立而不委靡。

出卫国(公元前496年);卫灵公过世后,卫国人便立蒯聩的儿子辄为国君;蒯聩在晋国得知后非常生气:岂有老爸都还没坐到王位,儿子就抢先坐上去的呢?孔子与子路的对话便是在这样的背景下发生的。子路问孔子:"如果卫出公用您,您第一件事情要做什么?"孔子说:"一定要的话,应该是'正名'吧!"子路率直到鲁莽的地步,直接呛老师说:"您也太迂腐了吧!都闹到什么地步了?怎么正啊?"孔子也毫不客气,回呛道:"你还真是粗鄙!君子不知道的就说不知道,装什么聪明呢!如果一个人的行为、地位和他的名分不相当(即指卫君身为儿子,却拒父亲于国门之外),他发出的命令就不顺理、无法令人民信服,不能取信于民的话是没有办法实行的,也就做不成事;做不成事,礼乐就没有办法推广,礼乐无法推广,那实行的一切刑罚就不可能恰到好处,连刑罚都不合宜,那百姓该何去何从呢?所以君子的名分一定要先端正,什么样的身份、在什么位子,就要有相应的行为举止,这样说出来的话才有可能成事,也才能够推动他的政教措施。一切事情的根本,不在外,而在自身能不能名副其实。"

16年后(公元前480年),蒯聩和姊姊密谋,里应外合潜回卫国,挟持外甥、号召卫国人;出公一听说老爸回来,赶紧收拾出逃到鲁国去了。当时子路被孔子另一位学生高柴邀请一起到卫国当公务员,孔子听说卫国内乱,便说:"高柴会逃出来,子路必死无疑。"果然,子路正在前往卫国都城的路上,遇到高柴往相反方向走,并跟他说:"城门关上了!"子路坚持先过去看看再说,高柴又劝他:"不进城就没事,别去了!"子路是个直肠子,说:"吃人家的饭,就不能躲人家难。"后来子路在城中观礼台前被射杀而死,死前还说:"君子死,冠不免。"将被割断的帽子戴上系好后才从容就死。蒯聩即位为卫庄公,来年晋国打来,无人相救,死在戎人手中。

"政"字的本意并不是政治,而是"正",要让一切端正、有理、有该具备的内德与外貌,从自身的独处修养,到家人的相处、到一国的治理,都要合乎一个"正"字;"正名"就是要每个人的行为都符合他的身份:

59

当父亲的有父亲的样子,当儿子的才能有儿子的样子;当君王的有君王的样子,当臣子的也才能有臣子的样子。孔子以至于后代所有儒家学者,从来不是单方面要求儿子、臣子顺从父亲、君王,而为父为君的便可以为所欲为。《春秋》里在揭示了君王不仁不义,必将自食恶果;前文子贡依孔子之教导来预言鲁哀公将客死异乡,并非无根据的恐吓或诅咒,而是有凭有据、深体天道运行的推论。我们今天总以为人民投票就是人民当家做主了,国家混乱都是政治体制的问题;殊不知一个人要不仁不义、无耻无德,什么制度都没有用。2013 年 7 月,埃及的民选总统上任一周年之际,埃及人民大举抗议物价飞涨、失业率飙升、社会混乱,最后竟由国防部部长率军逮捕、软禁;制度只是苹果皮,如果从核就烂了,苹果也不会好吃的。

孔子作《春秋》还有一项伟大的创举,便是他虽以鲁国历史为记年中心,但他所记载的,是整个诸夏联盟所发生的事,乃至邻近相关的夷狄也在记录之中。中国因此成为一个整体。我们现在从后往前看,觉得这好像没什么,但在孔子当时,天下是分崩离析的,各国的风俗、所说的话,甚至使用的文字都不一样,而孔子有这样的眼光,以整体国际形势作为他记史的范畴,不能不说慧眼独具。我们自可比较现在的欧盟各国,面积与春秋的中国差不多,语言也主要发展自拉丁语系与日耳曼语系,但各国各自为政,难以统一。

我们今天常说儒家是统治者的统治工具,仿佛儒者们一旦当了官,过去所学的就是拿来伺候皇帝的,却忽略了从孔子开始,多少儒者犯颜直谏,孔子作《春秋》,需要多大的勇气?子贡直言鲁哀公违礼失名,岂不顾虑生命安危?更别说司马迁为李陵而遭宫刑、魏征谏太宗而触怒龙颜,一直到晚清,也还是有林则徐、张之洞这些恪尽职守、不惧外侮、秉笔直书的忠臣。这些只是其中的荦荦大者,那些记录在史书、地方志、街谈巷语、文人笔记、孔庙牌位上,为了心中的正道与理想而不惜牺牲生命的儒者,两千年来多如繁星,照耀中国历史长河的天空。

司马迁《太史公自序》如此整理五经的思想类别:

《易》着天地阴阳四时五行,故长于变;《礼》经纪人伦,故长于
行;《书》记先王之事,故长于政;《诗》记山川溪谷禽兽草木牝牡雌
雄,故长于风;《乐》乐所以立,故长于和;《春秋》辨是非,故长于治
人。《礼》以节人,《乐》以发和,《书》以道事,《诗》以达意,《易》以
道化,《春秋》以道义。

现代学术将政治的归政治、历史的归历史,各有专职,泾渭分明;在古代
中国,自然、人伦、政事、风俗、管理、礼仪、制度、宗教、记史融为一体,从
中创造出了"天地君亲师",探讨了人的哲学根源(天)、自然根源
(地)、社会根源(君)、生理根源(亲)、道德根源(师),唯有这五者具备
了,人才能真正成就其身而为"人"的尊严,对"人该如何认识自己? 如
何认识世界?"这个大哉问也才有一个完整的答案。

补充引文

陈亢问于伯鱼曰:"子亦有异闻乎?"对曰:"未也。尝独立,鲤趋而过
庭。曰:'学诗乎?'对曰:'未也。''不学诗,无以言。'鲤退而学诗。他日
又独立,鲤趋而过庭。曰:'学礼乎?'对曰:'未也。''不学礼,无以立。'鲤
退而学礼。闻斯二者。"陈亢退而喜曰:"问一得三,闻诗,闻礼,又闻君子
之远其子也。"(《论语·季氏第十六》)

孔子年七十三,以鲁哀公十六年四月己丑卒。哀公诔之曰:"旻天不
吊,不慭(音印)遗一老,俾屏余一人以在位,茕茕余在疚。呜呼哀哉! 尼
父,毋自律!"子贡曰:"君其不没于鲁乎! 夫子之言曰:'礼失则昏,名失则
愆。失志为昏,失所为愆。'生不能用,死而诔之,非礼也。称'余一人',非
名也。"(《史记·孔子世家第十七》)

曾子有疾,孟敬子问之。曾子言曰:"鸟之将死,其鸣也哀;人之将死,
其言也善。君子所贵乎道者三:动容貌,斯远暴慢矣;正颜色,斯近信矣;
出辞气,斯远鄙倍矣。笾豆之事,则有司存。"(《泰伯第八》)

太史公曰："子曰：'我欲载之空言，不如见之于行事之深切著明也。'夫《春秋》，上明三王之道，下辨人事之纪，别嫌疑，明是非，定犹豫，善善恶恶，贤贤贱不肖，存亡国，继绝世，补敝起废，王道之大者也。""拨乱世反之正，莫近于《春秋》。《春秋》文成数万，其指数千。万物之散聚皆在《春秋》。《春秋》之中，弑君三十六，亡国五十二，诸侯奔走不得保其社稷者不可胜数。察其所以，皆失其本已。""故《春秋》者，礼义之大宗也。夫礼禁未然之前，法施已然之后；法之所为用者易见，而礼之所为禁者难知。"（《史记·太史公自序》）

子路曰："卫君待子而为政，子将奚先？"子曰："必也正名乎！"子路曰："有是哉，子之迂也！奚其正？"子曰："野哉由也！君子于其所不知，盖阙如也。名不正，则言不顺；言不顺，则事不成；事不成，则礼乐不兴；礼乐不兴，则刑罚不中；刑罚不中，则民无所措手足。故君子名之必可言也，言之必可行也。君子于其言，无所苟而已矣。"（《论语·子路第十三》）

子贡问曰："何如斯可谓之士矣？"子曰："行己有耻，使于四方，不辱君命，可谓士矣。"曰："敢问其次。"曰："宗族称孝焉，乡党称弟焉。"曰："敢问其次。"曰："言必信，行必果，硁硁然小人哉！抑亦可以为次矣。"曰："今之从政者何如？"子曰："噫！斗筲之人，何足算也。"（《论语·子路第十三》）

延伸阅读

杨立华：《儒家精神与现代生活》演讲（网上可以找到书面整理）。

课后习作

询问父亲母亲，人生中最快乐、最满意的部分是什么？最无奈、难以面对或接受的部分是什么？

［第四章］

万古明灯一孔子

　　在近代西方"天赋人权"思想的影响下，人们往往容易以为一切不平等都是制度造成的；但即使有了公平的制度，就等于真正平等了吗？……人生残酷的事实是：人生而不平等；但孔子却又在他不平等的乱世里告诉我们，人真的是平等的，而这个真实平等的所在，就是他所提出的"仁"……

　　1583 年,利玛窦正式进入中国传教后,他的文化适应政策除了以中国本有的名词来翻译其宗教概念外,最重要的就是允许中国人祭祖、祭孔。大家现在或许清明节还会去扫墓祭祖,但祭孔就不多了。以现代的眼光来看,利玛窦的这些文化适应实在算不上什么大尺度的创举;然而,在明朝,利玛窦这样的调整绝对是必要的明智之举。从汉高祖刘邦开始,历代帝王登基后,必定前往曲阜去祭孔;诸侯卿相到山东任职,也必须先拜谒孔子后才开始其政事;后来中国各地纷纷兴建孔庙,明清时期,各地官员走马到了任官处,必先至当地孔庙拜谒孔子,然后才能前往任所;而各文庙每年固定在孔子诞辰日都要举行祭孔大典。清朝康熙年间,天主教圣多明我会与耶稣会争议最大的,除了"上帝"的译名,更主要的便是中国信徒祭祖、祭孔之可否,这后来甚至成为中国闭关锁国的导火线;孔子对中国人的重要性于此可见一斑。

　　考诸孔子家世,往上可追溯至商汤、契,往下也皆有嫡长子继承,姓名记载在史传上历历可考,绵延四千年而不绝。唐朝之后,在全国只分为官员与平民的社会中,孔家是唯一依靠血统维持贵族身份于不绝的家族。相传蒋介石退守至台湾时,交代下属一定要带到台湾去的,一是故宫文物,另一即为孔子第七十七世孙孔德成先生。以前我在北京大学中文系读硕士、博士的时候,同学、朋友中也以山东人最多。孔子的教化无远弗届,山东因有孔子而地灵人杰、人才辈出。我们甚至可以说,没有孔子,就没有中国文化。一个人究竟做了什么事,可以影响如此深远?

　　前两章的课后习作,是关于自己与父母亲人生中最快乐,与最无奈的部分。当我们仔细思索后,往往会发现人生中能让我们快乐的事情千百种,而令我们无奈的,则不外乎与亲人或爱人的生离死别、情感的失意或名利场上的争逐。人生最难的三关——名利、情感、生死,每一关考验都让人痛苦万分。

在近代西方"天赋人权"思想的影响下,人们往往容易以为一切不平等都是制度造成的;但即使有了公平的制度,就等于真正平等了吗?这时代,拼爹比努力重要多少倍?多少人一出生就四肢不全?为什么有的人天生就是长得漂亮?有人天生就是比较笨?对我们生命影响最大的家庭、学校、师长、朋友、工作、同事,有多少是我们可以选择的?人生残酷的事实是:人生而不平等;但孔子却又在他不平等的乱世里告诉我们,人真的是平等的,而这个真实平等的所在,就是他所提出的"仁"。

一、仁

从《尚书》里,我们可以看到在周朝初年,民本精神已经萌发,统治者必须以德治国,"天命靡常,唯德是亲"(《尚书·多士》),上天只以道德来裁决统治者是否称职,这是高超的理想,难以达成;但正由于这样的理想,人间秩序才有了更崇高的追求;试想:如果一个人有没有道德都无法改变他的命运,一切决定于占卜结果的话,那他为什么要努力修养自己?或许想办法祭祀、祈祷,讨好占卜之神更加重要吧。成之在我,败之亦在我,周初人把主宰命运的权力从难以捉摸的大自然、鬼神手中拿回到"人"自己身上,透过道德修养的努力,人可以掌握命运;至此,道德才被赋予了深刻的意义与价值。

周初的气象,一新夏商时代的鬼神迷信;如果国君无道,人民大可以革命推翻暴君的统治,另择新主。而孔子则将这种道德的涵养,从统治者推广到每一个人身上——统治者藉由涵养自身的德行而保有天下,每一个人也可以藉由涵养自身的德行,来改变自己的命运。这如何可能呢?其中的关键便是"仁"。

65

"仁"是什么呢？这是最容易明白，却也最难解释的。孟子擅长用具体的比喻来解释抽象的概念，他举了一个例子，即我们看到一个小孩子快掉到井里去了，当下心里都会吓一跳，这并不是因为我们想和他的父母亲交朋友，也不是怕如果没有这样做，名声传出去不好听；而只是一种自然而然的反应，这就是"仁"，孟子称它为"不忍人之心"，不忍心他人受伤的心。或者我们在路上看到一个人快被车子撞倒了，我们在出声提醒他、过去看看怎么回事、打电话报警，或甚至定睛一看发现是仇家而拍手叫好之前，心里一定都会先"咯噔"那么一下，有人同时会伴随屏息或尖叫，这心的跳一下，就是我们内在仁心的作用，我们自己有，我们相信别人也都有，这就是"仁"。

因为仁是每一个人与生俱来并且一模一样的，这才是真正的平等；但既然人人都有、每个人都一样，那为什么世界上还是有好人、有坏人呢？孔子说得很明白："性相近也，习相远也。"（《论语·阳货第十七》）就算是被视为十恶不赦的坏人，他看到别人快被车子撞了，一瞬间心也会跳一下；只是接下来的第二念是拍手叫好或打电话叫警察，这就是后天习性的影响了。我们自己也经常会遭遇类似的情况：坐在公交车上，看到老弱妇孺上车，第一个念头应该都是希望他们有位子坐，这就是仁；偏偏四下一看，发现位子都满了，怎么办？自己上了一天班，其实很累了，真想好好休息，于是便闭上眼睛或低头玩手机，装作没看到，可是心里就是有那么一份隐约的不安，这就是仁的作用。孔子即使说到他最讨厌的"巧言令色"的人，也说他们是"鲜矣仁"，这样的人心里很少存仁，但不是完全没有，总还是有那么一点点与生俱来的"仁"在。

有人以与"恶"相对的"善"来理解"仁"。我记得小时候，每个周末都会和父亲一起在家看电影，有时中途插进来，为了快速衔接上剧情，往往直接问爸爸："这个是好人还是坏人？"以善恶分判来理解"仁"，就像五六岁小孩试着以好人、坏人来理解好莱坞电影的简单手法一样，是对这个世界非黑即白的简单化认识。仁本身非善非恶，而只是一种本能；就好像看到别人快被车子撞到，我们心里那么跳一下，不是为了善，也不是为了恶；所以《大学》里不说善，而说"止于至善"；至善是绝对的，不与恶相对，它是人心的一种清醒觉知的状态，是一种本自具有的能力。所以读书专注到忘我，这是仁；帮助他人后身心舒坦，这也是仁；路见不平义愤填膺，这当然是仁，与父母顶嘴后心中隐约不安，这也是仁。现代人往往把"本能"局限于吃喝拉撒睡等低层次物质欲望的满足，殊不知人之所以为人，更在于其"本能"中，那份博大无私的仁爱之心，我们却为了所谓"物竞天择，适者生存"的动物界法则，而放弃了身而为人的尊严与价值，不是很可悲吗？

这样看来，仁其实很简单，就是我们心里的第一个念头罢了；所以孔子说："仁远乎哉？我欲仁，斯仁至矣。"（《论语·述而第七》）仁远吗？一点都不远，我想要仁的时候，仁就到了，因为它就是我们心里的第一念。然而，仁也远不止这么简单；不同的学生来请教仁时，孔子便有不同的回应，比如有点迟钝的樊迟来问仁，孔子便简单地回答他："爱人。"（《论语·颜渊第十二》）但聪明的学生来问，孔子的回答便难上许多，比如仲弓问仁，孔子说："出门如见大宾，使民如承大祭。己所不欲，勿施于人。在邦无怨，在家无怨。"（《论语·颜渊第十二》）不管是个人的言行举止，或参与国家政事，都要存着一颗恭敬心，这就是"尽己"，善尽自己的职责，不只是外在看得到的，更重要的是内心保持在端正中和的状态；其次要"己所不欲，勿施于人"，这句话几乎每个中国人都朗朗上口，自己不想要的不要强加于他人，这就是"推己"，用自己的心去理解他人的心。尽己与推己，就是忠与恕，这是每一个人无论贫富、贵贱、美丑、聪愚，在任何环境中都可以做到的，这就是仁，向内完成自己，向外成就他人。

另一位聪明的学生子贡则有更进一步地提问：

子贡曰："如有博施于民而能济众，何如？可谓仁乎？"子曰："何

事于仁,必也圣乎! 尧舜其犹病诸! 夫仁者,己欲立而立人,己欲达
而达人。能近取譬,可谓仁之方也已。"(《论语·雍也第六》)

我们可以看到孔子对弟子的教导,永远将他们从高远不切实际的理想
拉到实地上来,就像我的学生都梦想着有朝一日位高权重、大富大贵,
而我只要求他们作业如期缴交、上课不要迟到。孔子教导弟子最务实
的行仁方式,不是地位爬多高、救济多少人,那毕竟需要环境、他人的配
合,而这些都不是个人可以主宰;他永远教人从自己和身边人做起,自
己想要达到生命自在的状态,便明白别人也想如此;能从自己身上想,
将心比心,这就是行仁的方式。许多人会想:"如果我有钱了,我也会
去做慈善、去捐款。"然而,行仁与富有或贫穷并没有关系,汶川大地震
时,我们会被行乞的老者捐出一天甚或一月所得的善举而感动得热泪
盈眶,但对大企业捐出数万、数十万的行为却不为所动,甚至会觉得太
少了;感动我们的绝对不是金钱数额,而是那份舍己为人的仁心。所
以,不喜欢被别人背后说三道四,就不要在他人背后闲言闲语;不喜欢
看别人摆臭脸,就要提醒自己常微笑;不喜欢室友肮脏污秽、日夜颠倒,
就应要求自己整齐清洁、作息正常;一切反求诸己、推己及人,这就是
仁,也是中国文化以"自我"为中心的精义所在。

孔子最得意的门生颜回问仁,孔子给他的回答后来成为经典名句:

颜渊问仁。子曰:"克己复礼为仁。一日克己复礼,天下归仁
焉。为仁由己,而由人乎哉?"颜渊曰:"请问其目。"子曰:"非礼勿
视,非礼勿听,非礼勿言,非礼勿动。"颜渊曰:"回虽不敏,请事斯
语矣!"(《论语·颜渊第十二》)

我们本能中有欲望、有情绪,也有仁爱,所谓的"仁",就是节制自己私
我的欲望、情感,将之约束于礼之中。说到节制、约束,许多人可能会觉
得那真是麻烦、不自在,但如果我们因此就不这么做了,后果可能会让

我们更麻烦、更不自在；比如有时候，我们实在忍不住想要去探听别人的隐私、说是非、聊八卦，并以此为乐，但同时心里也知道，如果自己是八卦、是非的主角，可能会很难过，只是……反正是别人嘛！说一下又不会少块肉！然而，在这样道听途说的过程里，不仅伤害了他人，自己的心也偏离了中正之道而不自知，没有尽己，也没有推己。我们往往觉得这只是暂时的小事，没有什么大碍，但正由于这些小小的偏离，久而久之便造成心的浮躁不安、混浊不明，而整体精神的委顿、气馁，便是这样一点一滴累积而来的；所以，仁不在远处，而在日常生活里的视、听、言、行，不该看的、听的、说的、做的，就不要去看、听、说、做，人格的光明正大，气质里的正能量，也是这样慢慢约束、端正而来的。其实平心想一想，那些八卦是非，就算错过又有什么关系呢？有时候知道得太多，反而扰乱了自心的宁静，浪费更多时间去厘清、证实或遗忘；有时一些偏见先入为主，反而导致不必要的误会或麻烦。

　　孔子关于仁的实践，从不做好高骛远、不切实际的揣想，而从个人生活中踏实的一念、一言、一行着手；但换个角度来看，他也不以眼前可见的、私我的小利小惠来丈量"仁"，而着眼于天下百姓的福祉。管仲这个人便多次被弟子提出来，质疑他并非真正的仁者。前文我们曾谈到的、假管仲之力而九合诸侯、一匡天下的齐桓公小白，他本来差点死于管仲之手，后来又差点杀掉管仲。怎么说呢？当他爸爸齐襄公在位时，国家非常混乱，师傅鲍叔牙劝他到莒国避避风头，此时他哥哥公子纠也和师傅管仲、召忽躲在鲁国；当齐襄公被臣子杀掉时，两人带着师傅分别从莒国和鲁国快马加鞭赶回国都抢王位，正所谓先到先赢；在路上，两批人马相遇了，管仲一箭射中了小白的衣服，小白不愧后来成为霸主，立刻咬舌吐血倒地装死，公子纠见对手死了，就不急着赶路；而小白看哥哥人马走远了，便抄小路日夜兼程赶回国都，宣布即位，并要求鲁国把哥哥纠的头颅和管仲、召忽送过来。鲁国后来被齐国打败了，只好杀了纠砍下人头，和管仲、召忽一起送到齐国去。鲍叔牙和管仲本来是好朋友，他便告诉

齐桓公："如果您只想让齐国强盛,那就把管仲杀了;但如果您想要成就天下的霸业,那就非管仲不可。管仲在哪国、哪国就强大。"后来召忽自杀,齐桓公以管仲为卿大夫,果然成为春秋五霸之首。

孔子弟子这时就困惑了:人家都把他主子杀掉了,他不为主子殉节自杀,这不是不忠吗? 孔子说:"桓公不靠武力,而能九次会合诸侯,为天下百姓带来四十多年的太平日子,全都靠管仲。管仲当然是仁者啊!"(《论语·宪问第十四》)但率直的子路还是不服气:"不能殉节也就算了,他还去帮助杀掉自己主子的敌人,这也算仁者吗?"孔子丝毫不客气:"管仲功业之大,人民到现在都还受到他的恩惠。如果没有管仲,可能现在鲁国都被夷狄占领了;哪里像那些小人物自以为正直,在路边水沟旁自杀,甚至没人知道他是谁。"孔子在政治上,一心一意只想消除人民的痛苦,个人的生死、名节都只是其次;也因此,当那些他曾经骂过的政客来找他当官时,他还真是想去的,甚至学生都怀疑老师是不是脑袋坏了;孔子终究都没有去,不是因为顾虑个人名节或弟子的观感,而是知道这些人邀请他去只是做做样子,终究不会听从他的话的。

孔子也不在乎他帮助的是鲁国的百姓或其他国家的百姓,所以他不辞辛苦周游列国,只要有人信任他、肯用他,即使再微渺的机会他也要去抓住、尝试。我们不要以现代驴友一个背包走天下的潇洒来看待周游列国这件事;在那个兵荒马乱,找水、找粮食、找住处都不容易的时代,哪有什么驴友? 有的只是饥民、难民、流亡之民;真正的聪明人是像长沮、桀溺、楚狂这种隐者,找个乡间耕田种地、打仗时别被抓去,好生养活自己就行了,管他天下苍生水深火热! 孔子30岁后在家里开班授课已远近驰名,过日子早不成问题,他却到了56岁还要自讨苦吃,离开心爱的妻子、儿子、孙子,苦行僧似地到处求用,被误会、怀疑、坐冷板凳也就算了,有时还被追杀,甚至到了陈、蔡这个地方,因为刚被战争扫过,见不到人,也找不到粮食,一行人都快饿死了,子路甚至发出"君子也有如此困穷的时候吗?"这样的质疑;孔子出发往陈蔡之前岂没有听说陈、蔡的困境? 但因为陈、蔡再过去就是南方的楚国了,即使是当时中原人都视为蛮夷的楚国,孔子也要去试试看!这一切苦难的根源,就在于孔子内心所秉持的、真真切切的"仁"、对天下百姓无法停止的爱。

　　孔子虽然终究无法实现他的理想,但他为整体中国文化带来了真实的平等。因为每个人内在的"仁",君子与小人的分野不再是阶级的高低,而是品德的优劣;一名统治者如果无才又缺德,那他即使流着贵族的血液也不该占着政府的位置;而出身乡野的子路,最后成为人臣尽忠而死;出身陋巷的颜回,则成为了"复圣";因为这样的转变,每个人都可以透过涵养自身品德以成为君子,努力才有了实质的意义。在以"仁"为一切人物分判的标准下,统治者也同样受到礼的约束与道德良心的谴责,这也是孔子屡屡责备执政者的依凭;而种族、国界这些人为的界线,在道德准则中,也被消泯、抹除了。

　　除了真实的平等,"仁"也代表了真正自由的可能。我们以为:我想笑就笑、我想说什么就说什么、我爱上哪儿就上哪,这不就是我的自由吗?但更多时候,我们其实是想快乐却快乐不起来,脸上笑着,心里却没有丝毫喜悦,不但身为名利所缚,心也被情感左右,不得解脱,这岂能是真正的自由?没错,我们都是人,都有人的七情六欲、有人的脆弱与贪婪;但掩盖在这些欲望、情绪底下的更深处,我们还有良知,还有一份理性在,只有在那里,我们才是自己真正的主人。只有当人能够将心安放回"仁"的位置上,由理性决定自己的生命所需,摆脱社会主流价值与七情六欲的绑架,精神才有获得独立自由的可能。孔子说自己"七十而从心所欲不逾矩"(《论语·为政第二》),不受礼节、法律的约束不算真自由,只能算任性放纵;一切念头、言行从内心流露,都合乎礼的规范,这才是真正的自由;只有这种真自由,才能让人的生命开展出无限的可能,我们自可向这里头去寻找自己成圣、成贤的契机;也只有这种自由,才能让人不仅只是"一团血肉,一团幽暗的欲望"①,而是一

71

────────────

① 徐复观:《中国人论史(先秦篇)》,上海:上海三联书店2001年版,第62页。

第四章　万古明灯—孔子

顶天立地、真正的人。

二、孝悌也者，其为仁之本与

《论语》第一篇《学而》里记载有子的一段话："其为人也孝弟，而好犯上者，鲜矣；不好犯上，而好作乱者，未之有也。君子务本，本立而道生。孝弟也者，其为仁之本与！"孝悌是行仁的根本，一个孝顺的人却喜欢犯上作乱，那是很少见的；相反地，如果一个人没办法在家族里做到孝敬父母长辈、友爱兄弟，那你说他对家族以外更疏远的人能做到忠、恕，那是不可能的。

中国人自古注重孝道，《红楼梦》里写贾政打宝玉，原先被宝玉气得面如金纸、打到脸红脖子粗的一个大男人，一见到自己母亲竟立刻像泄了气的皮球，母亲一说重话，便在众人面前又是跪又是哭又是道歉又是自责，这场景在今日应该是不可能发生的，台湾甚至还流传着"养老防儿"的笑话，但在传统中国，贾政可是个实实在在的好儿子，且是打从内心诚诚恳恳孝顺母亲的。

中国整体文化在本质上是以"孝"立国的。孝并非只是顺从而已，更是一种"道"，所以说"孝道"；我们可以说这是传统中国特有的一种文化，在英语里，我们甚至很难找到一个正确的名词来呼应它所代表的丰富意涵。孝顺的本质是"感恩"；孔子弟子宰予曾经问孔子："君子如果三年不行礼、不作乐，必定礼坏乐崩，我看父母过世守丧一年就可以了吧！"孔子反问他："你安心吗？"宰予说："安！"孔子无奈，只能说："那你就这样做吧！君子守丧，食不知味、听到音乐也不觉得快乐，所以不那么做；既然你安心，那你就做吧！"孔子走出来后感慨道："宰予不仁啊！子女出生三年后，才能够离开父母的怀抱。宰予对父母有三年的爱吗？"（《论语·阳货第十七》）大多数人都容易将眼光着重外在礼乐制度上，但其实执行这些礼乐仪节都是简单的，要从内心发出真诚的感恩与怀念，那才是真正的困难，也才是治民的根本所在。出生未满一岁的婴儿是易碎品，抱的时候一不小心手松了，一辈子都是遗憾；三岁之内都算是危险品，刚学步的小孩到处爬、什么都拿来玩，玩火、玩刀，甚至被开水烫伤的例子比比皆是；能够健康成长，接受良好的养育和教育，父母亲所付出的辛劳非经历者难以想象。孔子所注重的，与其说是守丧时间的长短，不如说是子女对父母感念与追思的厚度。

所以曾子也说："慎终追远，民德归厚矣。"（《论语·学而第一》）为什么审慎于父母、祖先的丧礼与祭祀，百姓就能归于淳厚？说穿了，并不是外在的礼仪制度让人品德高尚，而是对有大恩于己者的念念不忘。所谓"滴水之恩，必当涌泉以报"，我们对待生命中偶然相逢、并对我们援之以手的师友亲长甚或陌生人，都能够挂念着有朝一日必当回报，那么对于以一生的岁月辛劳养育自己的父母，却如何能够视为理所当然呢？现代教育理论总说要尊重子女的意愿、要给孩子自由的空间，却不知道尊重与自由应是在才能、学识方面；但个人品德的涵养，却是亘古不移的大道。父母子女的关系，再过一千年、科技再发达，也不可能改变，那么孝顺也该是永远不会、也不该褪流行的。感恩的本质，就是"心里有别人"，不知孝顺父母的人，看不到别人对自己的好，也就不会感激生命里一切的获得，这样的生命不会快乐，也无法带给别人快乐。2012 年 12 月，中国通过一条法律，规定子女必须探视父母。这条法规的立意固然是良善的，但连探视父母都变成需要立法加以要求，这对以孝立国的中国，是怎样的耻辱？社会整体的浮躁、贪婪、自私，又何尝不能于此看到根源？

三、学不厌，诲不倦

我们都知道，如果想要练出一身肌肉，就必须日复一日持之以恒地运动健身；如果想要参加奥林匹克数学竞赛，就必须每天算数学题，甚至要找到最优秀的数学老师、买最好的参考书、拟订一个周详的计划，每天按表操课，才有"机会"而非"把握"在激烈的竞争中得名。然而，要成就一名值得尊敬的、真正的人，对我们这个时代的人来说，却仿佛是遥不可及的梦，一切只能依赖无法掌握的天意，任水东西流；这时代的父母对孩子的课业成绩锱铢必较，但对孩子日后要成为善人或恶人、快乐或不快乐的人，丰富有趣或空虚无聊的人，却连思索的时间和意愿都没有，这是相当令人费解的事。

虽说行仁是人天生便具有的"潜质"，但却不是与生俱来的"能力"，要经过后天的学习、培养、练习才能成为一种习惯乃至品格；就像一颗种子，如果不将它放在恰当的环境里，施以合适的阳光、空气、水，它要发芽便不容易，但我们不能因此否定种子之中蕴藏着成为参天大树的生机。因此，承认人先天具有"仁"本性的同时，孔子更加重视后天的学习。《论语》开头第一则便是"学而时习之，不亦悦乎！"几乎每位中学生都背过，但能够知道其中深意并躬身实践的，着实不多；中学老师往往依照字面及自己的期望，将之解释为"每天学到的知识要回家温习"，但扪心自问，我们从小到大哪天复习功课、准备考试，是会打从心底感到充实喜悦的？而孔子又岂是如此肤浅，只是教学生记得复习功课而已？"习"的本意是初生小鸟还不会飞翔，鸟妈妈将它推下树枝，一次次练习飞翔的意思。没有人生下来就具备各项才识，一切的学，都必须透过日常生活中的时时演练，才能够内化入一个人的生命之中。而孔子的学，远不止才能、知识的学习，而是一切学问，尤其是关于如何成为"真正的人"所应具备的道德能力。

所以孔子唯一觉得自己比别人厉害的地方，不是自己秉性比别人更加"圣"或"仁"，他说："十室之邑，必有忠信如丘者，未如丘之好学者也。"（《论语·公冶长第五》）孔子虽然身为没落贵族，但他仍可接触、学习当时专属于贵族的礼仪、音乐、射箭、驾车、文书、会计，甚至听到别人唱歌唱得好听，也一定要请对方再唱一次，自己在一旁边和边学（《论语·述而第七》）。孔子之所以能够成为如此博学的人，并非天赋异秉,只是比平常人更加好学罢了!有句话说,人生的境界不是决定于高度,而是决定于态度;而人生最关键的态度,便在于"学习",学习可以让不会的变成会的、不懂的变成懂的,它才是改变人一生命运的魔法棒。整体中国文化也是到了孔子,才有了"学"的方法的探讨,孔子自己便做过实验,发现如果光思考而不学习,是徒劳无功的;但如果光学习不思考,就会感到迷惘。

除了好学,孔子也好教,他说:"默而识之,学而不厌,诲人不倦,何有于我哉?"(《论语·述而第七》)孔子的言说没有一句虚华浮夸,别人对他的赞美,他一概婉辞,却只对教与学这两件事不曾谦让过。教与学是生活实际可以做的,并非老师站在讲台上负责说,学生坐在位子上负责听课、做笔记才叫教学;真正的教学时时处处可学,也时时处处可教,日常生活中的对话、言行身教里都是教学。

孔子在教育上最重要的创举,莫过于"有教无类";在孔子以前,所有知识的传承都只限于贵族,《礼记》里说"礼不下庶人",礼是贵族阶层优雅的生活方式;但孔子既然认定"每个人内在都有一份仁"的平等,就应该肯定每个人也都可以透过学习来提升自我,不应以阶级的政治划分来剥夺平民百姓提升自我道德涵养的机会。因为孔子不惮于反省既有制度的合理性,并勇于挑战他认为错误的成规,知识、教育方才得以普及于平民百姓中,春秋战国之所以诸子纷起、百家争鸣,也是拜孔子之赐。

孔子的教学内容并不是像今日教育几乎完全为了升学考试,充满枯燥的背诵记忆;他以《诗》、《书》、礼仪、音乐教导弟子。如前所述,《诗经》是一篇篇内容丰富多样的民歌乐章,《书经》是历史故事,礼仪是藉由身体的言行来端正、专一心志,乐则是藉由声音的共感来平和、协同众人的心,他甚至也教射箭、驾车,带有极活泼和乐的氛围;而不同的教学法中,又以达成心相感通于仁为旨归。在这样的教导里,每名学生都能成就自己的一番气象;虽然孔子当时也感慨过,来向他从学的人,不是为了谋得一技之长好去帮贵族打工的,已经很少了;但他的弟

75

子三千人，成材者七十人，也有由一介平民而成圣成贤者，如曾子后来成为宗圣，这一方面证实了孔子关于"仁"之平等的主张；另一方面也是孔子教学的成功。

今天，许多人以为传统中国保守、总是墨守孔孟思想，而造成社会无法进步。但如果我们仔细思考孔子思想的真意，便会发现孔孟思想所谈论的，都是人生的本质。孔子是最勇于探索真理，并打破旧有不合理的体制的人。孔子首开平民教育，将做人、做事的学问从贵族带到平民阶层；他发明了礼的根本为仁，提倡人人皆具有"仁"、人人皆可成为君子，并以礼来批评贵族，这些岂不是对中国文化最重要的创新？今天为了升学考试、找到标准答案的"学而不思"的教育方式，往往让人们学到皮毛就觉得自己已经全都会了、懂了，其实连骨肉都还没看到，更别说精髓了。如果能真正探研其真义，便会知道孔子的主张中自有其涵藏的深意与永恒的价值；尽管时代不同了，但我们因此就不需要孝顺父母了吗？或者面对他人就不用将心比心、面对自己就不需要尽责尽职了？只要我们愿意静下来想一想，就会发现孔子的教导，都是超越时代、关乎每一个人生命福祉的人生智慧。

2013年6月7日，长期承受社会不公的陈水总在厦门市公交车上纵火，造成47人死亡，34人受伤；同年7月20日晚上，在东莞被公安殴打致残、长期上访而不得平复的冀中星，在北京首都机场出口外引爆炸药；22日中午，北京家乐福一男子砍死1人、砍伤3人；23日早上，广西东兴市计生局闯入一男子，砍死2人、砍伤4人。多数人将这些报复性的社会案件归咎于贫富差距的扩大、政府官员贪污腐败、司法制度不公；然而，即使在西方国家，校园枪击案不也屡禁不绝吗？2011年7月22日，挪威首都奥斯陆政府大楼、财政部大楼与对面的报社发生爆炸，8人死亡、30多人受伤，两小时后，西方的乌托亚岛上，装扮成警察的安德斯·贝林·布雷维克（Anders Behring Breivik）枪杀了69人、打伤66人，多数是十五六岁参加夏令营的青少年，整桩谋杀案经过理性而精密的规划，却毫无人性可言，凶手事后并声称这样的谋杀是"残暴但必要的"。导致社会到处潜藏不安的,岂止是司法、政制的问题而已,负责培养、塑造一个人品德的教育难道不该反思吗?如果官员能够清廉自守、恪尽职责,富者能够济弱扶倾而非炫富扬财,家庭邻里能够患难相恤、贫贱相扶,社会又何须沦落至此?道德的确捉摸不着、无从打分、难以量化,但它也是一个稳定和谐社会唯一可靠的依凭;当连教育都商品化、老师只重成绩而不谈道德之时,我们该向哪里去寻找社会向上、向善的光明和希望?

16世纪,来到中国的传教士慢慢将中国的五经、四书翻译为拉丁文、意大利文、西班牙文介绍到欧洲,而在欧洲掀起了一阵"中国热"。在此之前的中世纪欧洲仍由天主教会把持,一切以教皇的旨意为依归,一个人有没有罪、能不能上天堂,完全是教会说了算,以至于神父、主教等神职可以用钱买得,普通信徒也可以花钱购买"赎罪券"来抵消所犯的过错,价格由教会决定。而宗教裁判所在13世纪以后的两三百年内,迫害了30多万人,其中被火刑烧死的便有十多万人!它的审判方式完全由不得犯人辩解,一切辩解都是狡辩,而沉默则是对罪刑的承认。因为整个中世纪的欧洲都笼罩在教会的这种恐怖统治下,所以,当欧洲学者听到世界上竟有一个不藉由宗教、神启而能让人民谦和有礼、文化先进开明,一切根据人的理性、良知,并以道德修养自己,而非不可捉摸的上帝之赐福,且历史悠久、人口众多、政治统一、司法健全的大国,无异于大开眼界。18世纪的法国,国家主要权力由教会与贵族瓜分,社会充斥着各种不公平的制度,当时最重要的思想家伏尔泰热情地宣说孔子的政治道德:"他们有最完美的道德科学,他是科学中最重要的。"他甚至作诗来赞美孔子:"他只用健全的理性在解说,他不炫惑世界而是开启心灵,他的讲话只是一个圣人,从不是一个先知,然而人们相信他,就像相信自己的国土一样。"关于孔子的译作广泛流传,法国人对中国的了解甚至比对其他欧洲国家的了解还要多,也成为自由主义者和新君主主义者证实他们理论切实可行的重要依据。

柏拉图的理想国、黑格尔的绝对精神仅只是思辨中的概念,天堂或来世则建构于宗教的信仰之上,唯有孔子的道德理性教导人觉知于自我存在的价值,并配以一套切实可行、循序渐进的修养工夫,透过这样的修养,人格内在世界的无限提升于此生此世即可达成;透过孔子,我们才获得真实的平等与自由。

孔子生于公元前551年9月28日,他的生日现在是台湾与美国的教师节。他3岁丧父,17岁丧母,从小家境清寒,一生大多时候不得志,即使一共只当了3年官,他也把握每一个机会实践他的理想,将鲁国治理得井井有条,令隔壁的齐国心生畏惧;他周游列国十四年而终究不得任用后,也不曾放弃宣扬大道的坚持,传承诗、书、礼、乐之教,编定五经,建立一套以仁为核心的价值体系、以孝悌忠信为用的教化修行方式;孔子之后两千五百年的学者,继承、阐释、演进他的思想,大体不离他的学问与道德。即如"逍遥",我们总以为是庄子的专利,实则孔子"七十而从心所欲不逾矩",不正是"逍遥"吗?且孔子与庄子的不同在于孔子提出了一套有效修行的方式,他不是炫耀学问,而是引导人走向心灵真正的自由,这才是孔子之所以为"至圣先师"的原因所在。

我每回读到孔子过世的段落,总被感动得不能自己。《史记·孔子世家》里这样记载:

> 孔子病,子贡请见。孔子方负杖逍遥于门,曰:"赐,汝来何其晚也?"孔子因叹,歌曰:"泰山坏乎!梁柱摧乎!哲人萎乎!"因以涕下。谓子贡曰:"天下无道久矣,莫能宗予。夏人殡于东阶,周人于西阶,殷人两柱间。昨暮予梦奠两柱之间,予始殷人也。"后七日卒。

孔子过世后,学生在他的坟边结庐守丧三年,之后子贡又独自守了三年。他的墓旁聚居着他的学生,成为"孔里",栽植了柏树,称为"孔林";后来汉高祖刘邦打败项羽,一路攻打到原来的鲁国地界时,鲁国里的儒生犹仍讲习礼乐,"弦歌之音不绝"(《史记·儒林列传》)。孔子一生那么努力,用百分之百的心意去学道,又用百分之百的精力去传道,更用百分之百的诚意去寻找行道的机会。虽然他所体悟的道终究无法利益当时的天下苍生,但他的思想奠定了整体中国文化发展的基石,他的教诲深入每个中国人的平常日用中,影响之深与广,举世无人能出其右。

补充引文

　　孟子曰:"人皆有不忍人之心。先王有不忍人之心,斯有不忍人之政矣。以不忍人之心,行不忍人之政,治天下可运之掌上。所以谓人皆有不忍人之心者,今人乍见孺子将入于井,皆有怵惕恻隐之心,非所以内交于孺子之父母也,非所以要誉于乡党朋友也,非恶其声而然也。由是观之,无恻隐之心,非人也;无羞恶之心,非人也;无辞让之心,非人也;无是非之心,非人也。恻隐之心,仁之端也;羞恶之心,义之端也;辞让之心,礼之端也;是非之心,智之端也。人之有是四端也,犹其有四体也。有是四端而自谓不能者,自贼者也;谓其君不能者,贼其君者也。凡有四端于我者,知皆扩而充之矣。若火之始然,泉之始达。苟能充之,足以保四海;苟不充之,不足以事父母。"(《孟子·公孙丑章句上第六章》)

　　子路曰:"桓公杀公子纠,召忽死之,管仲不死。"曰:"未仁乎?"子曰:"桓公九合诸侯,不以兵车,管仲之力也。如其仁! 如其仁!"(《论语·宪问第十四》)

　　子贡曰:"管仲非仁者与? 桓公杀公子纠,不能死,又相之。"子曰:"管仲相桓公,霸诸侯,一匡天下,民到于今受其赐。微管仲,吾其被发左衽矣。岂若匹夫匹妇之为谅也,自经于沟渎,而莫之知也。"(《论语·宪问第十四》)

　　宰我问:"三年之丧,期已久矣。君子三年不为礼,礼必坏;三年不为乐,乐必崩。旧谷既没,新谷既升,钻燧改火,期可已矣。"子曰:"食夫稻,衣夫锦,于女安乎?"曰:"安。""女安则为之! 夫君子之居丧,食旨不甘,闻乐不乐,居处不安,故不为也。今女安,则为之!"宰我出。子曰:"予之不仁也! 子生三年,然后免于父母之怀。夫三年之丧,天下之通丧也。予也,有三年之爱于其父母乎?"(《论语·阳货第十七》)

子与人歌而善,必使反之,而后和之。(《论语·述而第七》)

子曰:"学而不思则罔,思而不学则殆。"(《论语·为政第二》)

延伸阅读

徐复观:《中国人性论史(先秦篇)》第四章"孔子在中国文化史上的地位及其性与天道的问题"中第四节"仁是性与天道融合的真实内容",上海:上海三联书店2001年版。

徐复观(1904—1982),湖北人,曾任蒋介石参谋本部幕僚,官拜少将。至台湾后弃武从文,精研儒学,为新儒学一重要代表人物。徐先生的文章学术性较强,读来较为艰涩。但徐先生对孔子"仁"的讲说,其深刻透彻实是历来所罕见;读者宜反复玩味,并旁及该书其他章节,久必有得。

思考练习

我最好的朋友有什么特质吸引我? 我和他们相处最美好的经验是什么?

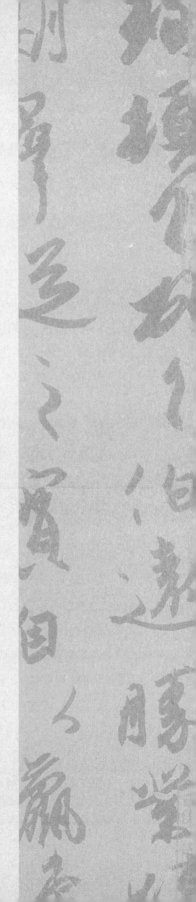

[第五章]

黄土地上的思想家

　　诸子的主张,由于其知识根源都可追溯到孔子,而儒家与道家的最高境界都是"道",所以这些思想虽然各执一端、各据其词,但总体还是不脱离道德的要求和五经的基础;在后来历朝历代与异文化相杂糅的过程中,日渐融合到难以说清楚究竟是何家何派的地步。这也是中国文化内在潜藏的融合力量,隐微却深入,温和却持久……

从周平王东迁洛邑（公元前770年）到秦始皇统一中国（公元前221年），中间550年的春秋战国时期，是中国著名的乱世，混乱的不只是各国之间为了争夺利益相互攻打，更是君臣、父子、兄弟之间为了个人的利益而不惜反目成仇、互相陷害。一切曾有的规范、约束、信仰、价值，此时全都被抛到脑后，越到战国晚期，中国越是处在空前甚至绝后的失序中，人本能的一切善与恶、贪婪与牺牲、自私与无私，在这个残酷严苛的试炼场中，暴露无遗。

然而，这样的失序也为各种思想的蓬勃生发开启了一片广阔的空间，孔子的有教无类更将知识从贵族阶层带往平民社会，二者叠加，成为繁衍、滋养各种思想的沃土，此后诸子百家如雨后春笋，或在庙堂之上，或在门生之前，或在简帛之中，提出他们的学说主张，为中国思想史在思辨与实践上，带来前所未有的深刻与精彩。

我们现在常常说春秋战国"百家争鸣"；所谓的"家"是指"思想学派"，但其实在春秋战国时期，一种主张的追随者多到足以称得上"家"的，只有儒家与墨家，其他都只能算是思想的个体户。儒家掌门人孔子过世后，他的学生如曾子、子贡、子游、子夏，发达的当到诸侯的臣子与师傅，也有不少当卿大夫的老师，将他的学说以各自的理解传承下去；到了战国，还有孟子和荀子两位大家，各传承孔子思想的一端，荀子著名的《荀子·非十二子篇》里，甚至已经将儒家分成子思孟轲、仲尼子弓两派，后来的诸子，大抵也都曾向儒家学者学习过，在儒家的思想、知识基础上开展出他们自己的一套主张。

把思想主张相近的学者归为一派的分类方式，是汉代以后渐渐产生的概念。司马迁的爸爸司马谈是第一个做这方面工作的人，他写了篇文章叫《论六家要旨》，把先秦的各种思想分成道德家、儒家、墨家、名家、法家、阴阳家六派，并且大致阐释了这六派的思想主张与优缺点。后来西汉成帝命刘向、刘歆父子校对、整理天下所有图书，分成六艺（即六经）、诸子、诗赋、兵书、术数、方技六种，加上总序就成了《七略》，这本书我们现在已经看不到了，不过还好班固把它保留在《汉书·艺文志》里；其中诸子的书籍又分成了儒家、道家、阴阳家、法家、名家、墨家、纵横家、杂家、农家、小说家，就是我们后来所熟悉的"九流十家"。

　　诸子所提出的各种思想主张，其实都是相应于春秋战国的某一现象而产生的对峙之法，如面对混乱的政治、相攻伐的时局，道家提出"无为而治"、儒家提倡"正名"、墨家提出"兼爱、非攻"；面对君王求胜心切，则有法家的重法用刑、纵横家的巧舌如簧。有人说传统中国的政治是以儒家为表相，法家为实质；但如果真是如此，又何以有"情重于理、理重于法"之说？其实诸子的主张，由于其知识根源都可追溯到孔子，而儒家与道家的最高境界都是"道"，所以这些思想虽然各执一端、各据其词，但总体还是不脱离道德的要求和五经的基础；在后来历朝历代与异文化相杂糅的过程中，日渐融合到难以说清楚究竟是何家何派的地步。这也是中国文化内在潜藏的融合力量，隐微却深入，温和却持久。

　　本章仅介绍诸子中在当时影响较大的墨家，以及此后影响深远的道家，作为我们理解古代中国思想之一斑。

一、墨　家

　　墨家的开山祖师是墨子，墨子是谁众说纷纭，司马迁对他可以说是忽略备至，《史记》里只有"盖墨翟，宋之大夫，善守御，为节用。或曰并孔子时，或曰在其后"这么寥寥几句话，不但是附在《孟子荀卿列传》的末尾，而且后来还被证实资讯错误，比如墨子应该不是宋国卿大夫，何以见得？当时楚国要去攻打宋国，墨翟走了十天十夜赶到楚国，去和帮楚国造云梯的工匠鲁班唇枪舌剑一番，终于说服楚王放弃攻打宋国；但当他打道回府经过宋国时，天下起雨来，他躲在一个小区门口屋檐下避雨，小区的保安却不让他进门，如果墨翟真是宋国的大夫，那这保安岂不是太不识相了？再者，当他南游楚国，见楚惠王大臣穆贺时，把自己比喻为"贱人"（《墨子·贵义篇》），这绝不是大夫会用的比喻；这样的错误显示到了西汉中期，墨家思想已是多么没落，以至于司马迁连墨翟的身份都搞不清楚了。

然而，在春秋战国时期，墨家可是重要的显学，孟子谈论他当时思想界的情形，说："圣王不作，诸侯放恣。处士横议，杨朱、墨翟之言盈天下。天下之言，不归杨，则归墨。杨氏为我，是无君也；墨氏兼爱，是无父也。"（《孟子·滕文公下》）这话不无夸张，但也可以看出墨家在战国时期的流行程度。战国时代人民比春秋时期更加痛苦，春秋时还有几位霸主出来维持国际秩序，礼制的约束还存有一丝气息，但到了战国，诸侯已经把所谓礼制远远抛到九霄云外了，剩下的只有血淋淋赤裸裸的利益之争，当时的统治者间风行的是法家、兵家这种立竿见影的策略，如秦国用商鞅的严刑峻法，楚国、卫国用大将吴起，齐国则用孙膑、田忌这些善于打仗的兵家；而平民阶层对生命的掌握更是身不由己，一旦国君战败、割让城池，他们就要换一次国籍；而被征召上战场时，更不知道究竟是为谁、为何而战；在这种朝不保夕的战乱相寻中，他们归向墨家的"兼爱"思想自然是顺理成章之事。与墨子相反的则是杨朱的思想，他主张"拔一毛以利天下，不为也"，每个人都只该想方设法保护自己。在极端的世界里，各种极端的思想金鼓齐鸣，似乎正好。

墨子的"兼爱"主张并不像儒家的仁根源于人的本性，而是根源于天。为什么呢？因为对于"人该怎么活"这个问题，墨子认为人都应该有一个模仿、效法的对象，就像工匠工作一定要有规矩绳墨的尺度标准一样；但谁才适合当这个模范呢？父母吗？可是天底下父母那么多，但真正的仁者却很少，如果效法父母，那么多数人所效法的其实是不仁的人；那么，效法老师吗？君王吗？天底下真正的仁者那么少，与其师法这些人,不如师法天吧! 何以见得? 天的运行广远无私,它所施的恩惠博厚而不自以为有德,它的光明长久而不衰减;天一定希望人们互相爱护、利益,而非互相讨厌、欺骗,为什么呢? 因为天对人,也是给予同等的爱护与利益啊,它不是同等地供给每个人食物与生存的空间吗?(《墨子·法仪篇》)所以人应该要像天一样,平等地爱每一个人,看待别人的父亲就像自己的父亲,不应有亲疏远近的区别。墨子与孔子的主要不同在于,他们虽然都提倡"仁",但孔子对人是信赖的,每个人心里都有一份"仁"在,只要想行仁,立即就可以;但墨子对人是不信任的,父母、师长、君王都不足以师法,更何况自己? 所以他主张要效法天,"天"才是唯一可以依凭的标准。孔子从人心出发,以自我为中心向外扩散的人伦自然有亲疏的差等;墨子从天意出发,从上天看来,每一个人都是一样的,所以是没有差别的。

可是,怎么样才能够让平凡的人具有伟大的天志呢? 这是墨子思想最大的问题所在。孔子教人的将心比心、推己及人、忠恕之道,都是日常生活中切实可行的方法;但墨子却提不出一种方式,让人可以真正地把别人的爸爸当做自己的爸爸一样来爱护、照顾。他的人格是可敬佩的,为了他人牺牲自我在所不惜,但可惜这样的思想实践起来,却是行不通的;难怪它虽然在战国时蔚为显学,但一到了西汉太平之世,就立即没落了。

从《墨子》书里,我们可以看出墨子对于工匠之事极为熟悉。许多学者认为墨子之所以叫"墨",是因为他本是受过墨刑的奴隶,墨刑就是在脸上刺青,以避免这些奴隶逃跑,混入市井抓不到人。在古代,奴隶的来源多是罪犯、俘虏,他们有些被分配到贵族家中,有些则被训练成工匠,从事大型土木建设,或者战争中的工兵,制作各种守城或攻城的器具,由于具有一技之长,他们的地位有时甚至高出平民百姓。这些工匠善于数学、力学、几何学、光学等工程原理,"小孔成像"在《墨子》书里便已经有记载了。由于对技术的熟习,墨家也有他们独创的逻辑辩证法,后来喜欢抬杠、在名词逻辑上辩驳的名家,

85

便是从墨家这里衍生出去的;但也由于出身工匠而非科学家,墨家终究是重实践更甚于理论,因而西方的科学始终没有从这些工程理论中生发出来;而他的思想中,也往往过于重视可见的物质层面,而忽略了不可见的精神世界。

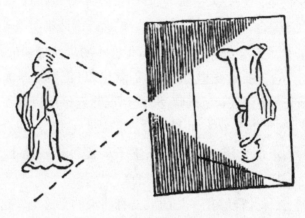

图 2　小孔成像原理(资料图片)

墨子是鲁国人,他的知识主要来自儒家,而他本身的工匠出身则令他极重视实用,两者结合,便造成墨子反对儒家的礼乐、丧葬制度,主张"非乐"、"节葬"、"节用";然而,他的考虑只局限在物质的层面,却忽略了人在情感上也有追求平衡、提升、满足的需要。在战乱的时代里,对下层人民来说,光是每天能吃饱饭就已经是天大的恩赐了,至于礼乐、丧葬,往往是承受不起的经济负担,所以墨家思想在此时还颇受欢迎;一旦到了太平盛世,物质生活得到了基本的保障,就会转而追求精神的调和,此时墨家思想便显得不足为用了。台湾有部电影叫《父后七日》,拍得很有意思,里头展示了台湾民间传统的丧礼,各种繁复的礼仪与人情世故,让与死者最亲近的家人忙碌不堪,而且要延续十多日甚至数十日,藉由这样的忙碌与疲惫,这些心里本该最痛的人无暇去细想与死者过去的种种,每天又是敲打又是念唱,在看似热闹的过程中渡过最悲痛的时期,接受死者不能复生的事实,待一切结束,回到原本的生活中,死别的悲哀才慢慢侵浸到心里;礼仪于此作为死亡冲击后的缓和,实有无可取代的心灵慰藉功效。墨家将礼仪、音乐都取消了,生命中的这些缓冲、调和没有了,人要与残酷的生离死别、悲欢交感硬梆梆地碰撞,会受不了。

　　墨家本质上仍是个特别具有宗教热忱与社会实践力的思想学派,刘德华演的《墨攻》,便是讲一名墨者为那些与自己毫无干系的弱者到处奔走、牺牲自我的无私奉献精神,可说是中国最伟大的博爱慈善家。墨家的"兼爱"与基督教所提倡的"博爱"有其异曲同工之妙,而两者的思想发源也有其类似之处。基督教根源于犹太教,犹太教原本只是犹太人的信仰;犹太人是个非常苦命的民族,他们从公元前10世纪后,便不断被地中海附近的强大民族征服与奴役,包括埃及人、巴比伦人、波斯人,乃至希腊人与罗马人,公元前13世纪末,他们在埃及当苦役时,他们当中出现了一位先知摩西,带领犹太人逃出埃及、越过红海,回到位于耶路撒冷的家园,并在西乃山上与上帝耶和华立约,就是《圣经》里的《旧约》,订下十条戒命,也就是后来的"十诫"。

　　春秋战国时下层阶级的百姓也和犹太人一样,受到奴役与不合理的对待,像牛羊一样被买卖,他们心中最容易产生的疑问便是:"贵族爱自己的家人,也推广到他的亲人朋友,但为什么就是没有办法推到我身上?""一样都是人,为什么没有人爱我?"由于爱的缺乏与渴求,这种对上帝的仰赖与广博、平等、泛爱他人的"兼爱"思想也就自然应运而生了——没有人爱我,但至少上帝是爱我的,所以我们应该像上帝一样,平等地去爱每一个人。

87

　　耶稣原本是犹太教的福音传播者之一,但他对犹太教的圣典、律法有自己的诠释,将上帝的爱扩展到犹太民族之外,最终发展成更广博泛爱的基督教,并逐渐形成一套完整的教义与礼仪,基督徒可以藉由祷告、忏悔、上教堂等各种方式来让自己的心接近神的意志,这便是基督教后来统治了整个欧洲的中世纪,而墨家思想却随着战国的结束而消灭的根本不同。

二、道　家

　　大部分人对道家的印象，都是"避世、消极、无为、唯我主义"，这些印象大抵都是相对于儒家的积极入世而来的。孔子讲忠恕、仁爱、礼乐，讲君君臣臣父父子子，他提倡每个人都回到自己生命的正轨，要努力在春秋那样的乱世里建立起一番群体的秩序，这样社会才能够和谐平顺地运作，这是一个适合"正常"社会的运作法则；可是在春秋战国那样的"非正常"社会里，关于个人、小我的部分，每个人心灵总是或多或少存在着追求自由的渴望，或者当一个人受外在条件的约束，没有办法积极入世的时候，他该如何自处？这部分孔子偶尔有提到，但到了后期儒家便越来越被忽略了。

　　道家思想补足了儒家缺失的这部分，所以在后代读书人身上，我们往往可以看到儒家与道家思想并存的情况。与儒家的积极、热情相对，道家思想正是孤独与冷淡的结合。因为孤独，所以强调个性的自由与精神的独立；因为冷淡，所以它永远不会发展为社会运动，而总是为失意的人生或追求离群索居的个体作生命的指南针。① 典型者如苏轼，年轻时本是地地道道的儒家人，但自从乌台诗案被一贬黄州二贬惠州三贬海南时，他的人生下半场也不得不到道家思想里去求解脱，所以有他著名的《赤壁赋》："且夫天地之间，物各有主。苟非吾之所有，虽一毫而莫取。惟江上之清风，与山间之明月，耳得之而为声，目遇之而成色。取之无禁，用之不竭。是造物者之无尽藏也，而吾与子之所共适。"将自我消融于天地万物之中，忘失"我"的存在，则人生便没有所谓得失成败可言，这便是道家所追求的超脱的心灵境界。

---

　　① 参见钱穆：《道家思想与西方安那其主义》，收录于《中国学术思想史论丛（二）》，台北：联经出版公司 1998 年版，第 492 页。

1. 老子

多数人都认为老子的政治理念是"无为而治",这当然没有错,但大家对"无为而治"的理解,却往往离老子的本意天差地远。"无为而治"当然不是什么都不做,试想一个国家元首每天游手好闲,这个国家能不出乱子吗? 中国历史上还真有一位皇帝奉行这种"什么都不做"的政治法则,即著名的万历皇帝明神宗,他在位48年,前几年由张居正主持国政,治理得还算可以,但张居正死后,他和内阁吵架,一气之下竟然就隐居起来,30年不理朝政,不祭祀、不见臣子,也不批奏折,有些囚犯关在牢里20年了,还没被问过一句话,中央和地方官吏只剩下三四成人数,一名宰相李廷机生病,辞呈递了120次都没下文,最后干脆来个不告而别;当时各地送来的奏折,有说皇帝20多年不管国事,天下都快"陆沉"了。若不是中国到了明代已经发展出一套完整的官僚体系,皇帝真什么都不做,岂可能维持天下30年而不分崩离析?

也有学者因此便说,所以老子的政治理想只适合小国寡民,不适合中国这样的泱泱大国;但我们别忘了,老子是周王室的国家图书馆馆长,纵使在春秋那样的乱世,尚未经秦始皇的焚书,他管理的书籍总还是当时全天下最多、最精、最全的,孔子年轻时甚至还特意前去拜访朝圣,请教周礼呢! 坐拥如许多书籍的老子,岂会不知道天下之广袤、中国百姓之众多、一国之君无所事事的危殆呢?

"无为而治"的"为"字该读为 wèi,意指"私我之目的";也就是说,老子提倡君王治理天下时应该去除掉私我的目的,不要总想着我要后宫佳丽三千、我要把天下传给我儿子、我要长生不老、我要全民感激我、爱戴我;忘掉"我",让一切事情可以依循它原本该有的轨迹去进行、一切人民可以按照他们最自在舒服的样子存活于天地,这就是自然、就是道。治理国家最要不得的,就是治理者把自己的小我看得太重,人一旦把自己放大了,就看不到别人,就会总是抱怨:"我做很多事情了,为什么你们还不满意?""我有功于你们,你们应该感激我!"看不到别人,当然就不可能知道他人真正的需要,也无法体知万事万物的自然状态,更

89

第五章 黄土地上的思想家

遑论依循天道而行了。

至于"小国寡民"章，即使学者也多有误会。其文曰：

> 小国寡民。使有什伯之器而不用，使民重死而不远徙。虽有舟舆，无所乘之，虽有甲兵，无所陈之。使人复结绳而用之，甘其食，美其服，安其居，乐其俗。邻国相望，鸡犬之声相闻，民至老死，不相往来。（《老子·第八十章》）

这里我们可以看到，老子主张的是：虽然有各种各样精美的器具，却不追求精致奢华的享受；虽然有军队甲胄，但没什么实际使用的机会；虽然有车船，但也派不上用场。老子很清楚对一般人民来说，所谓的幸福快乐不外乎有得吃、有得穿、有得住，邻居互助合作、民风淳朴，一辈子都不需要因为战乱而上战场或流离失所。我们别用现代背包客动不动要壮游的眼光来看古代，那时候没有飞机、火车、汽车，没有电视、电脑、电话，任何移动不但意味着舟车劳顿，而且，前途茫茫，路上要遇到什么豺狼虎豹、强盗疾病都是未知数，而且，从此不能去给先祖上坟扫墓，那是多么大的无奈与悲哀！"民至老死，不相往来"也不是说邻居之间不闻不问、自扫门前雪，而是大家相安无事，不必为了避难而四处迁徙。在古代，别说战乱，任何一场蝗祸水灾旱灾就可以闹得民不聊生，大家挖树根、吃小孩，一个人从生到死都不必为了一口饭远走他乡、四处奔波，就算得上是好命了；所谓"走天涯"不是勇气或胆识，而是流离飘散的艰辛与坎坷。同时我们还要注意到的是，老子不是说要毁弃器物舟车甲兵，而是要"备而不用"，该有的都有，可是要让它们"无所用之"，这才是统治者真正该着力的地方，古代"武"字原意为"止戈"，要消弭战争，让人民生命不受威胁，这岂是"什么都不做"的"无为"能够成就的呢？

至于老子所说的"道"，究竟是指什么呢？这大概是宇宙间最难用语言文字说明的一个字了。我记得有一回在家看探索频道,看到一部介绍野生动植物摄影器材演进的影片,主持人以编年体方式逐一介绍随着科技进步,各阶段摄影器材与拍摄手法的进步,并补充以各种动植物影片当例子;我看着看着竟有眼眶泛泪的冲动!自己都为自己泪点低成这样而有点不好意思。但我当然不是为了科技的进步而感动到想哭的,而是在一秒一格、快速播放植物生长的影片里,我看到了生命中所蕴含的蓬勃生机;在雪豹追逐麋鹿的屏息片段里,我看到了万物求生的本能;在展示秃鹰的精致羽翼如何达成极慢速飞翔的慢格播放里,我看到了造物者惊人的鬼斧神工;而这一切,都是"道"在世间万物的投影。这些精致的、循环的、相生相克而又自给自足的自然运作,就是道的"神妙"。

今天我们很难切身体悟"道"究竟所指为何,主要在于我们受现代科学的影响,太着重于"眼见为凭"了。一朵花,我们可以为它的各个构造命名,也可以为它的生长过程区分阶段,但一朵真花与一朵假花所带给我们生命的喜悦、对生命之美的赞颂,绝对是截然不同的;只有静心感受一切事物表象底层不可视听言动的那份无形的本质,才有可能"体道"。道不远人,但这个时代的浮躁,让我们与近在眼前的道却越来越陌生了。

所以老子说:"为学日益,为道日损,损之又损,以至于无为。"(《老子·第四十八章》)学习要每一天都有新知,日积月累才能见功夫;但修道却是要一天一天地剥损,去掉内在的执著、偏见、恶习、脾气、浮躁,让"私我"的成分越来越少,到最后完全没有了。有人会认为,没有了"私我",那"我"是谁?为什么要去除"私我"?这是一般人局限在耳目感官思维意识中来认识"我",才会担心去除了私我后就没有我了;事实上,去除了私我,那个真正天性自然的"我"才能够流露出来,就像乌云蔽日时,并非太阳不见了,只是被乌云挡住罢了;我们有时候太习惯于所谓"自我的个性",多欲、贪食、嗜睡、耍脾气,以为这就是"我",殊不知这只是天空里的乌云,拨云见日后,晴空万里的天空也还是天

91

空、更接近真正的天空，就像那个不忍心别人受伤的我，才是真正的我。一只蝎子掉到水里去，一名和尚伸手去救它，被螫了，和尚又伸手去救它，又被螫了，旁人问："它一直螫你，你为什么还要救它呢？"和尚说："螫人是它的天性，救它是我的天性啊！"我们内在本有道，但受到他人、环境的影响，便改变了我们的初衷，这就是遮蔽天空的乌云，他人见不到阳光的明媚，自己也不得不活在阴郁之中。所以老子多次提及"婴儿"、"赤子"、"孩"，以婴儿小孩为德之厚者（《老子·第五十五章》），正是因为婴儿的心灵尚未受到社会价值观、后天习气养成的影响，还处在浑朴天真的状态，既然每个人都曾经是婴儿，便都曾经有过那样天真自然的心灵，只是在成长过程中被世界改变、浸染而失去了原本的光明无邪罢了。

老子的政治哲学，是要尽可能去除掉人为的造作，他说："大道废，有仁义；智慧出，有大伪；六亲不和，有孝慈，国家昏乱，有忠臣。"（《老子·第十八章》）"绝圣弃智，民利百倍；绝仁弃义，民复孝慈；绝巧弃利，盗贼无有。……见素抱朴，少私寡欲，绝学无忧。"（《老子·第十九章》）乍看之下，老子似乎反对聪明睿智、知识学习的作用，许多人因此认为老子提倡的是"愚民"政策，这实在是冤枉，他只是提出了"缺乏圣智、仁义"与"提倡圣智、仁义"之间鸡生蛋、蛋生鸡的逻辑问题。我们试着平心想想：一个真的能做到少私欲、常素朴的人，能笨到哪里去吗？往往那些自以为聪明的人，处处用心机、耍技巧、讲利益，最终失去了他人的信任，也失去了自己真实淳朴的心，才是真正的愚者、输家；一个人真想要做到无私无欲，恐怕还要经历一番修行功夫才行。

2. 庄子

历代关于《老子》与《庄子》的注解本数不胜数，对《庄子》的理解歧异尤大。金圣叹的六才子书中，《庄子》便居其首，将《庄子》瑰丽宏肆的言语、神怪夸张的想象视为古今奇谭，实不为过。

庄子生活在战国时期，根据考证，他大约小孟子十岁。春秋时孔子所提倡的礼乐、仁德，到了战国时期都变质了，成为空有外表而没有内在实质的虚文;一个有理想的人身处这种乱世里,别说施展抱负,光是要平安活下来、感受到生命本身的快乐,便已经很不容易了。所以庄子在这个时候所思考的主题,不再是要如何治理社会国家,而是要怎么超越时代、环境,达到真正的快乐。我们现在对道家的种种消极、为我的印象,一方面是庄子在那个时代的不得已;另一方面也是我们对庄子的误解。

庄子所提出来的境界是非常高远、难以企及的。庄子的终极关怀便是"逍遥",我们一般容易从字面上理解"逍遥"为自由自在不受束缚,没人管我,我也不用管别人;孩子不要父母管,学生不要老师管,员工不要老板管,人民不要官员管;父母不用管孩子,老师不用管学生,老板不用管员工,官员不用管人民。然而,真做到了互不相管,世界就会逍遥自在了吗? 最后可能落到任性自是、无法无天、天下大乱,而非庄子"逍遥"的真正目的。

"逍遥"的真义是指永恒的、真实的快乐,唯其真实,所以永恒;唯其永恒,所以真实。世界上有永恒、真实的快乐吗? 人生里总觉得下一步会更好,真到了下一步,才知道下一步有下一步的困难要面对;高中生觉得考上大学就轻松了,上了大学才发现找工作更难,好不容易找到了工作,发现找个对象不容易,找到了对象,发现买房才是问题;买了房结了婚生了小孩,偏偏小孩不学好,健康又出问题,工作又遇上金融风暴,到底过去拼命念书,梦想的幸福快乐在哪里? 小时候读童话故事,结局总是"王子与公主从此过着幸福快乐的日子",仿佛人生只要很努力、够努力,最后就会像迪斯尼电影那样永远定格在幸福的瞬间,这种虚幻而愚蠢的鬼扯偏偏大家都愿意相信;只有《小美人鱼》勇敢地告诉读者,为真爱付出最后会让自己成为一堆泡沫,轻微得连那个自己为他付出生命的人都浑然不觉。现实人生是:我们如果不是在烦恼这个,就是在担心那个,各种念头一波未平一波又起,电视上满大街的帅哥美女,偏偏超市里排在我前后左右的都是穿着汗衫跶着拖鞋的大妈大爷。英国黛安娜王妃人生下半场过得多么抑郁、走得多么凄凉! 古今中外,

93

科技在发展,但人生的本质从来没变过,生老病死、生离死别,谁能躲得过?

那么,人生究竟要追求什么?人生里有永恒的快乐吗?庄子的"逍遥",便是对这个疑问的回答。《逍遥游》是《庄子》的首篇,开篇就拉了只神奇玄怪、又是鱼又是鸟的庞然大物出场:

> 北冥有鱼,其名为鲲。鲲之大,不知其几千里也。化而为鸟,其名为鹏。鹏之背,不知其几千里也。怒而飞,其翼若垂天之云。是鸟也,海运则将徙于南冥。南冥者,天池也。

世界上没有鲲这种鱼,就算有,它也不会变成鸟。庄子这个寓言要说什么?鲲指的是人内在的潜能。我们的形体有限,可是我们的心却有无限的可能,可以无限广大,包容天地;而我们的能力,不管在哪个专业,都有无限的潜质,只要我们愿意努力,就可以达到那样的境界,这是对人自身的肯定。这只鸟长这么大要做什么呢?他要从北海飞到南海去,我们就把它想象成它要绕过半个地球,从北极飞到南极去吧;为了要飞那么远,这只鸟得"抟扶摇而上者九万里",先往上飞个九万里,地球大气层最厚的地方也才十七公里,不过庄子也就只是说个数字,表示很高很高便是了。人生的确是要如此努力,让自己到某一个高度,到了那个高度后,做什么都会容易很多,看别人也容易看出他们的高下来。比如我刚毕业时,觉得自己的博士论文写得真好,文字用得真漂亮;可是两年后回头去看,发现实在是不怎么样,论点不太靠谱、论据不够充分,文字也别别扭扭的。之所以有这样的改变,是因为这两年间我努力看了很多论文、也写论文,程度提高了,所以看过去的自己就很容易看到不足的地方;但就算我的学术水平提高了,写论文对我来说还是一件苦不堪言的差事;我台大的恩师曾经跟我说,她写论文写了二十几年,直到最近五年才慢慢有了得心应手的感觉。做任何事情,无论眼界、能力,都得一步步努力往上爬,到了巅峰回头看,才能体会先前所付出每一分心力的意义；人生的境界也是如此，唯有到了某个高度，才能看清人生的实相。

但也不是每个人都想当大鹏鸟的，或者说，想当大鹏鸟，飞那么高、那么累的人并不多。地上的蝉和小麻雀便取笑大鹏鸟："你为什么要费那么大的力气、飞那么高呢？如果要填饱肚子，像我这样上上下下跳一跳就好了啊！就算跳不上去掉下来，也不会受伤。"一位著名的注解庄子的人叫郭象，他理解这段话的意思是：每个人性情天赋都不一样，所以每个人都有适合自己的路，如果你是小麻雀，就别拿大鹏鸟的志向来为难自己。但这是郭象的意思，不是庄子的意思，何以见得？因为庄子最后说"之二虫又何知"，这两只小虫子知道什么呢！庄子是瞧不起这些眼光短浅的人的。如果活着只是为了填饱肚子，其实真是不需要花太多力气；但人生不是只有活着就够了，我们还有理想、还想要实现身而为人的价值、还想要探索人生永恒的快乐。

庄子接下来举出了四种人，来说明他心目中的最高境界。第一种是知识、德行足以当一乡之长、一国之君的，这大概是说儒家的现实追求；第二种是宋荣子，他觉得自己比第一种人强，就算全天下的人都称赞他，他也丝毫不会高兴，就算全天下人都骂他，他也不会更加沮丧，对于自己与他人的区隔有透彻的了解，因而可以完全掌控自己的心；但即使如此，还是不够厉害，更强的是列子，他不用走路，驾着风就可以出游了，而且一出门就是十五天，要是活在现代，就能省许多油钱了！然而，虽然列子对人世间的福禄寿并不感兴趣，但他还是得靠风，是"有待"的，风一停就没戏了。最高的境界是什么呢？是"无待"，乘着天地的正气，驾驭阴阳寒暑明暗的变化，遨游在无穷的宇宙时空中，不需要凭借任何外物、不追逐名声、不讲求功劳，连自己都忘了，这种人，叫做至人、神人、圣人。

庄子这些叙述像在写科幻片剧本似的，但所谓"无待"的境界，并不是指身体的幻化，而是指心灵的自在，不需要任何外在条件，顺应天地阴阳的变化，随遇而安，这就是"逍遥"的意涵。这样的境界当然是

95

很困难的,我们想想自己生活里,稍一不顺遂便怨声载道,甚至天气阴沉就要心情不好,这都是严重的有待,怎么可能快乐得起来呢?如果不快乐就可以解决问题、改变天气,那也就罢了,偏偏不快乐只是不快乐,无法改变任何事实。永恒的快乐,是心灵可以摆脱所有一切束缚,顺利很好,不顺利也没关系,都不会影响我的快乐,这就是无待。

有人认为道家是世界上最早的无政府主义,这话对了一半。无政府主义反对一切统治和权威,提倡个体基于个人意愿的自由结合,建立互信、互助的自治团体。道家的确同无政府主义者一样,反对威权统治、追求个人自由;但无政府主义者积极于智力的活动与身体的劳动,也提倡团体合作以改善民间风俗,而率性任真的道家则更偏向闲散的生活,以至到了魏晋时期,士人好谈老庄、崇尚唯美,整日谈玄论妙不事生产,甚至发展到纤弱又颓废,最终招致西晋的败亡;基于道家思想发展出的道教,也大多要到深山古寺里去追求个人的脱俗与升仙,两者对待"个人"与"群体"的方式是很不一样的。

诸子的思想尽管相互比较下会显出彼此间相当大的差异,但当与西方思想比较时,又会凸显出他们之间的相同之处;与西方文化比起来,中国这片土地上所生发的思想都是以人为思考的核心,彻底的"人文主义",对一切的认识与解决,都要回归到人实际的生命与生活,从人出发去处理人与人、人与事物、人与天地的关系。它是生长于黄土地之上,开枝散叶后终究还是要叶落归根,回到黄土地上的人文思想。

补充引文

子墨子曰:"天下从事者,不可以无法仪,无法仪而其事能成者无有也。虽至士之为将相者,皆有法,虽至百工从事者,亦皆有法。百工为方以矩,为圆以规,直衡以水,以绳,正以县。无巧工、不巧工,皆以此五者为法。巧者能中之,不巧者虽不能中,放依以从事,犹逾己。故百工从事,皆有法所度。"今大者治天下,其次治大国,而无法所度,此不若百工辩也。然则奚以为治法而可?当皆法其父母,奚若?天下之为父母者众,而仁者寡,若皆法其父母,此法不仁也。法不仁不可以为法,当皆法其学,奚若?天下之为学者众,而仁者寡,若皆法其学,此法不仁也。法不仁不可以为法,当皆法其君,奚若?天下之为君者众,而仁者寡,若皆法其君,此法不仁也。法不仁不可以为法。故父母、学、君三者,莫可以为治法。然则奚以为治法而可?故曰莫若法天。天之行广而无私,其施厚而不德,其明久而不衰,故圣王法之。既以天为法,动作有为,必度于天,天之所欲则为之,天所不欲则止。然而天何欲何恶者也?天必欲人之相爱相利,而不欲人之相恶相贼也。奚以知天之欲人之相爱相利,而不欲人之相恶相贼也?以其兼而爱之,兼而利之也。奚以知天兼而爱之,兼而利之也?以其兼而有之,兼而食之也。(《墨子·法仪篇》)

含德之厚,比于赤子。毒虫不螫,猛兽不据,攫鸟不搏。骨弱筋柔而握固。未知牝牡之合而朘作,精之至也。终日号而不嗄,和之至也。知和曰"常",知常曰"明",益生曰祥,心使气曰强。物壮则老,谓之不道,不道早已。(《老子·第五十五章》)

北冥有鱼,其名为鲲。鲲之大,不知其几千里也。化而为鸟,其名为鹏。鹏之背,不知其几千里也。怒而飞,其翼若垂天之云。是鸟也,海运则将徙于南冥。南冥者,天池也。《齐谐》者,志怪者也。谐之言曰:"鹏之徙于南冥也,水击三千里,抟扶摇而上者九万里,去以六月息者也。"野马也,尘埃也,生物之以息相吹也。天之苍苍,其正色邪?其远而无所至极邪?其视下也,亦若是则已矣。且夫水之积也不厚,则其负大舟也无力。覆杯水于坳堂之上,则芥为之舟;置杯焉则胶,水浅而舟大也。风之积也不厚,则其负大翼也无力。故九万里而风斯在下矣,而后乃之培风,背负青天而莫之夭阏者,而后乃今将图南。蜩与学鸠笑之曰:"我决起而飞,抢榆枋(而止),时则不至而控于地而已矣,奚以之九万里而南为?"适莽苍者,三餐而反,腹犹果然;适百里者,宿舂粮;适千里者,三月聚粮。之二虫又何知!故夫知效一官,行比一乡,德合一君,而征一国者,其自视也亦若此矣。而宋荣子犹然笑之。且举世而誉之而不加劝,举世而非之而不加

97

沮,定乎内外之分,辩乎荣辱之境,斯已矣。彼其于世,未数数然也。虽然,犹有未树也。夫列子御风而行,泠然善也,旬有五日而后反;彼于致福者,未数数然也。此虽免乎行,犹有所待者也。若夫乘天地之正,而御六气之辩,以游无穷者,彼且恶乎待哉!故曰:至人无己,神人无功,圣人无名。(《庄子·逍遥游》)

延伸阅读

徐复观:《中国艺术精神》,第二章"中国艺术精神主体之呈现——庄子的再发现"第一节"问题的导出",上海:华东师范大学出版社 2001年版。

本节中,徐先生指出了儒家、道家、法家思想的特色、发展方向与最终归宿,见解独到而深刻,文字简明扼要,值得我们细思与体会。

思考练习

我欣赏的艺术是什么?它们吸引我的特质是什么?

[第六章]

文人与礼制政治的肇始

　　我们很容易将一切错误归咎于制度问题，仿佛只要在律法规章上不断修改，终有一天可以产生一个完美的制度；但天下岂有完美的制度？人心坏了，再完美的制度也能找出许多漏洞来……

　　东汉末年有位名士范滂，他出身平民，只活了 33 岁，却是中国儒林史上闪耀的群星之一。范滂从小就对自我要求特别高，乡里间大家都特别佩服他，推举他为孝廉。当时河北冀州闹饥荒，很多百姓为了生活落草为寇，朝廷派他去考察，他才刚到冀州边境，当地地方官都知道他特别清廉，不等他来查，自己就先溜之大吉了。后来他当了国防部长，收集民间歌谣谚语，奏劾了贪污舞弊的省长二十多人，皇帝秘书怀疑他公报私仇，范滂说："我弹劾的官员如果不是贪污、包小三乱来、祸害百姓，岂不是污了我的纸笔！忽然间要我举奏，我只把那些证据确凿的报上去，还没查证的，等我验明了再说。农夫要除草，稻谷才会茂盛；忠臣要除掉那些胡搞的贪官，天下才能安宁。我如果有私心，你尽可以把我当众处决。"秘书被他说得哑口无言。

　　范滂当官时，大力整肃那些不仁不义的官员，把他们逐出朝廷。他的外甥李颂在乡里之间特别惹人嫌，好不容易找宦官走后门，当上了公务员，却被范滂罢止了。朝廷里的小人都讨厌他，把他所用的人称为"范党"。后来宦官诬陷这些士人结党营私，范滂受到牵连，被关到黄门北寺监狱去；这监狱里关的大部分是大臣，狱卒跟他说："被关到这里来的人都要祭祀皋陶（舜的司法官）。"范滂说："皋陶是特别贤能的人，他知道我没罪，会帮我禀明上天；如果我有罪，那祭祀他又有什么用呢？"其他人听了他这么说，也就不祭祀了。狱卒刑求的时候，其他人关久了都一身病，挨不了打，范滂便自告奋勇先上前挨打；宦官拷问他为何结党时，他大义凛然地说："我听孔夫子说：'看到善行要赶紧去做，好像就要来不及一样；看到恶行就像摸到刚烧开的滚水，要火速离开。'我只是想奖励贤能，让其他人效法看齐，罢黜坏蛋，我以为这就是正道，想不到竟变成结党营私！"后来宦官也被他感动，将他无罪释放了。

当时桓帝在位，宦官和外戚把持朝政，范滂也知道时机不对，英雄无用武之地，便辞职回家去了；他回到家乡时，路上塞满了上千辆马车，都是来迎接他的。然而，到了汉灵帝时，宦官和士人之间的矛盾加剧，党人一批批受到株连，县里的执法官收到抓范滂的诏书，回到官舍关起门来号啕大哭，范滂听说，便知道是为了他，就自己去衙门报到；县长看到他吓了一跳，官也不当了，要和他一起亡命天涯，但范滂说："我死了，祸患就到此为止，我不死，不但要连累你，我的老母亲不也要跟着我一起流离失所吗？"于是从容就义。这便是东汉末年著名的党锢之祸，也是中国有史以来第一次大规模的学生运动。党锢之祸时，京师的太学生已经发展到三万多人，相当于今天北京大学全校本科、研究生的总数。桓、灵二帝常常不明就里，受宦官的蛊惑而惩处清廉能干的大臣，太学生则年轻气盛不怕蹈死，往往聚集数千人到宫廷抗议、上书请愿，并和在野的读书人联合起来形成社会舆论，对皇帝与宦官施压，希望以自己的行动涤荡天下，肃清寰宇。政治中最重要的是人才，人才的养成也最难，而一旦养成了就是栋梁，可以支撑起天地间的精神气节。东汉末年之所以人文荟萃、精神勃发，知识分子充满人格操守与道德勇气，追根溯源，却要从汉武帝开创的文治政府说起。

一、文治政府

101

在开始讨论传统中国的政治体制前，我们必须先厘清所谓"封建旧社会"这个概念。"封建"一词来自上古中国，指周天子依照爵位等级将领土分封给诸侯的"封土建邦"制度；20世纪初，在现代中国大量翻译西方学术著作的过程中，"封建"被用来翻译欧洲罗马帝国于5世纪灭亡后，代之而起、绵延近一千年的封建王国政体——Feudalism；这样一个轻易的借用，却造成了今日多数中国人对自身传统政体笼统而错误的概括,差之毫厘,谬以千里。

一方面,中国政体并非三千年不变,"封土建邦"的西周礼制,早在春秋战国诸侯相攻伐中渐渐分崩离析。距今两千年前的秦始皇便已改行郡县制,所有大小官吏均由皇帝指派;除了西汉初期刘邦曾短暂地恢复分封制之外,中国便一直都是君主集权的郡县体制,其间或有世族的形成或官吏升等考核上的演进,但从未回到西周封建制却是不争的事实。

另一方面,我们今天之所以将传统中国政体统括为封建制度,更是受到西方的影响。18、19世纪,西方历史学者根据欧洲自身的历史发展,提出了人类社会的"四阶段论",即由原始社会到奴隶社会,进而封建社会、资本主义社会;随后马克思在这样的基础上加入了共产主义社会,形成了历史进程"五阶段论"。在后来实践中,他们发现短时间内实现所谓"共产主义"社会是有困难的,于是又提出了共产主义存在的初级阶段——社会主义。这六阶段也成了今日多数中国人理解自身历史传统的主要方式。

然而,这样西法中用的生搬硬套、削足适履,却也让我们对自身历史的理解充满了误会。原始社会或许是中西文化共同的起源状态,但在此后的各自发展中,却有着截然不同的样貌。西方的奴隶社会主要是指希腊罗马时期,由战俘、罪犯、被征服者、因债务而被出卖的自由民组成的奴隶,构成社会的主要生产者;在雅典城邦中,奴隶占了人口的3/5以上,而雅典公民甚至不足1/5。相对地,在西周封建社会中,奴隶固然存在,但并非人口的主要组成,生产者多数为平民自耕农,在井田制度下为自己也为封建领主耕作,依然保有人身的自主与自由。在中国两千多年的律法中,不曾出现过将奴隶视为可交易的"物"的相关规定;或有人将考古上普遍发现的以人殉葬、人牲祭祀视为奴隶社会的实证,但这两者一是社会生产力的组成模式,一是信仰体系的行为方式,其实是没有关联的。

此外,西周封建制在本质上与欧洲中世纪的封建体制具有全然不同的意义。周武王打败商纣王后，除了分封自己的姻亲外，也一一为夏、商遗民规划领土或保留原居地，允许他们在领地内延续自己的宗教信仰、政治习惯，比如孔子的先祖是商王，到了周朝，便被封在宋这个地方；这样的封建制度，除了蕃卫天子的功能外，也蕴含了礼的差等与尊重异己，在"家天下"的同时，更有历史文化的存续意味①；西方的封建政体源出于日耳曼蛮族侵占欧洲土地，各族首领化身为国王，将土地分封给他的战士，战士化身为贵族，为国王提供军队与税收，贵族与国王、国王与国王间长年为了领土而大打出手，但这些战争与平民百姓是一概无关的。

在秦汉之际，传统中国政体的统治者组成经历了极大的变化，西周封建时期由贵族组成，贵族与否的关键是血统；春秋战国渐渐加入了富学养、有才干，或者能说善道的平民学者，但都只是客卿的身份；秦始皇统一天下后，丞相建议效法西周，分封诸子在燕、齐、荆等地，以免鞭长莫及、管辖不到，李斯却反对说："周文王、周武王封了一大堆王室子弟，可是他们的子孙越来越疏远，最后竟像仇人一样互相攻击，周天子也拿他们没办法。今日天下因为陛下而一统，应该设置郡、县直接管理，赏赐给儿子、功臣一些赋税就好了，这样管起来方便，天下也能够安宁啊！设置诸侯，会造成以后更大的麻烦。"当时人说他"陛下有海内，而子弟为匹夫"（《史记·秦始皇本纪》），彻底打破了由贵族组成政府的旧体制。汉高祖刘邦时，一度恢复封建政体，将土地分给和他一起打天下的军人和部分皇亲国戚，比如封韩信为淮阴侯、封张良为留侯，并任命萧何为丞相；直到汉武帝时，渐渐用文人取代封建贵族和军人子弟，收回各诸侯封国改建为郡县，方才完成了由文人组成的文治政府，此后两千年大抵皆如此。

文治政府的创建，主要来自汉武帝丞相公孙弘的建议。公孙弘本

103

---

① 参见钱穆：《中国文化史导论》，台北：商务印书馆1993年版，第30页。

是市井小民,年轻时当过狱卒,后来回家养猪,对后母特孝顺;40 多岁才开始读《春秋》,到了 60 岁时,汉武帝刚即位,一改汉初的黄老道家思想,招聘儒家贤良博学的人才,公孙弘因此进入政府机关开始了他的公务员生涯。汉武帝因为他擅长对策,请他担任博士官;他穿衣服只穿最平常的布衣,吃饭不吃肉,节俭又会说话,特讨武帝欢心,一路当到了丞相,封为平津侯。博士官是战国才开始的官职,主要是平民学者参与议政,各国网罗为政府顾问,有薪水无职权;秦始皇设博士 70 人,本来主要是让他们参与政治、历史、教育、文化这些国家重要决策,但因为与皇帝意见不合,以及皇帝兴趣的转变,渐渐就被神仙、长生、文学、辞赋、阴阳、黄老、法家各门各派的学者取代了。汉武帝特别喜欢儒家思想,把先前已有的乱七八糟各种专业的博士官请回家,设立了“五经博士”,这就是著名的“罢黜百家,独尊儒术”;这些博士研究古代典籍,回到战国时博士官讨论政治、历史、教育、文化的正经问题上,公孙弘还给他们创造了新任务,就是要开班授课教徒弟,这就是中国最早的国立大学——太学的起始。

太学学生来自各地平民百姓,只要 18 岁以上、相貌言行端正、孝顺父母、尊敬长上、在乡里间名声不错的,就由地方长官察举推荐为孝廉,可以到太学就读;一年后毕业考,能熟习一本经书以上的,就到中央朝廷当官,成绩其次的可以到地方当官,那些考不好的就回家吃自己,而挂掉、不成材的浪费国家资源,要加以处罚。这个制度发展到东汉更加健全,各地方无论汉族或少数民族,每 20 万人就可以推荐一人到太学读书,从而参与政治,实现了全民皆可藉由提升自己的学养品德进入政府机构的政治平等。前文所举的范滂便是孝廉出身,在他当时选举的资格发展为四项:敦厚、质朴、逊让、节俭。汉代孝廉察举制虽然后来也难免徇私用亲的流弊,但在两汉四百年中,的确为国家找到、培养了不少具实才、有品德的士人,而非只会背书考试的书呆子。

反观今日公务员的考录、晋升制度,所谓官二代在公务员中尽占便宜;近十年来,我们看到了“90 后”湘潭市岳塘区发改局副局长王茜,25

岁的山东金乡县鸡黍镇女镇长韩寒,27岁的湖南湘潭县副县长徐韬。但就在这同一时代,2000年,北大毕业生陆步轩辞职转行卖猪肉;2006年,另一位北大毕业生陈生也养起猪卖起肉来;2013年3月,42岁的台湾政大博士生宋耿郎辞去助理教授工作转行去卖鸡排。我们固然可以声称这是个人选择的自由,但国家培养一名北大学子或博士需要耗费多少资源?这一方面导因于制度的不公,有才者不得其位;另一方面也是由于现代人凡事以个人为考量,有能者只想为自己多赚钱而不想为更多人带来福祉,教育被贬值为个人谋生营利的手段;缺乏感恩与反思的社会,即使贴上自由、平等甚或民主的时髦标签,也摆脱不了内在的空洞虚浮。

有人提出仿效美国私校制度,收取高额的学费,以杜绝教育资源的浪费,迫使学生努力学习;但这样的举措也容易抑制社会阶层的流动,导致穷人有志向学却无法负担学费。我所任教的学校,学费并不低廉,但学生的学习态度却未必因此而更加自励;而我在北大学习时,曾旁听过一堂著名历史学者的文物鉴赏课,班上每周出现的面孔十多张,一次点名时,应到且实到的只有一人,我们与老师才发现,这些每周按时报到的竟都是旁听生。问题的关键始终不在于教育的昂贵或廉价,而在于我们对待教育乃至人生的态度。

二、儒家的理想政治

105

自从20世纪西方文化进入中国学者视野后,将传统中国定义为"君主专制政体"日渐成为一种趋势,乃至今日已是大众共识;这样的理解,其实是来自西方的以偏概全。

18世纪启蒙运动在欧洲掀起了一片对中国的崇敬与狂热,但这样的中国热没有维持太久,并非所有启蒙运动中的思想家都对中国抱以肯定的热情。1748年,法国思想家孟德斯鸠发表了对此后两百年西方政治建构影响深远的著作——《论法的精神》，其中比较了西方古代与现代的政体，以及东方的政治制度、生活方式；他以中国为东方专制主义的典型，并概括出其中最大的两个特点：一是由于东方人民的惰性，其政体一成不变，这也是当今我们将传统中国笼统地称为"封建旧社会"的缘由；二是东方专制政体的基础建立在人民的恐惧上，统治者要求百姓绝对服从，如同牲畜，没有自己的情感与思考，这也形成了今日对传统中国人的"奴性"印象。

孟德斯鸠没有为这两点提出它们的合理脉络，他这些论断的根据也来自从不知有中国的古希腊人亚里士多德对东方政治形态的定义——亚洲幅员辽阔，如不行使专制极权，就会形成割据局面。如果我们回到亚里士多德时代去搜索"东方"的定义，便会知道它所指的实为波斯帝国而非中国；在这种全然建立于恐惧与奴役、缺乏美德与荣誉的体制中，专制者一意孤行，以他喜怒无常的心情决定一切。但实际的中国不但有着悠久而优良的法律，更有一套完备的监察系统，在此政体下，中华民族生活的普遍精神以"礼"为标志；后来许多人如鲁迅，将这种礼仪教化一概抹为"礼教吃人"，或者过于片面地将孝顺理解为父亲对子女的奴役，但孟德斯鸠却看到了子孝的另一面是父慈，以父子之间紧密的慈爱与敬重为核心，扩大至君臣、官民，整体社会都是在这样一体两面的架构里完成的。

在《论法的精神》里，孟德斯鸠体现却不曾解释他对中国政体理解的矛盾。他指出，无须晓之以理，中国礼教仅藉由日常生活的行为规范，这些上下长幼彼此互敬互爱的情感，便在中国人心深处屹立不倒；也由于这种立基于礼教的情感，中国的立法者通情达理，中国人民性情温和、重视伦理与道德①。这些对中国人基本精神的评价如果正确，我们就难以理解他关于中国奴役的独裁专制政体的定义如何立得住脚；孟德斯鸠在书的最后也说："中国的政体是一个混合政体，因其君主的

---

① 参见李猛：《孟德斯鸠论礼与"东方专制主义"》，《天津社会科学》2013 年第 1 期。

广泛权力而具有许多专制政体因素,因其监察制度和建立在父爱和敬老基础之上的美德而具有一些共和政体因素,因其固定不变的法律和规范有序的法庭,视坚忍不拔和不顾风险说真话的精神为荣耀,而具有一些君主政体因素。……如果说,因疆域之大而使中国是一个专制政体国家,那么,它或许就是所有专制政体国家中之最佳。"①这个结语或许较他先前武断的归纳更接近真实的传统中国,我们从今日各国政治险象环生的现代政体看来,传统中国集三种不同体制的优点于一身的政治系统,或许是更好而非更坏的选择。

自 1840 年鸦片战争伊始,中国节节败退于西方的船坚炮利,各种割地赔款,引起了西方人对中国整体的轻蔑,孟德斯鸠关于中国专制独裁政体的以偏概全,竟成了中外想当然尔的公认事实。可悲的是,此后两百年的西方与中国学者,延续并放大了孟德斯鸠对中国专制政体的错误定义。误解事小,但从此中国人失去了对自身文化的自信,而世人失去了对一种美善政体的认识,这才是更大的遗憾!

汉武帝创建的文治政府,囊括了专制、美德与荣誉三种特质,这种独特政体奠基于儒家的政治理念,起始于孔子的"正名"主张,完成于董仲舒的名学体系。② 有人认为董仲舒是个为虎作伥、将原始儒家思想偷换为统治者统治工具的伪儒者,但如果我们真正明白董仲舒以儒家学说所建立的一系列政治思想与实践方式,我们就会明白:统治者才是儒家思想的政治工具。

---

① 孟德斯鸠:《论法的精神》,许明龙译,北京:商务印书馆 2010 年版,第 785 页。
② 20 世纪初,中国人发现西方一切科学的根源在于逻辑,他们便回到中国传统学术中,要找到与之相对应的理论,于是他们找到了先秦的"名学",胡适的博士论文《先秦名学史》,便是该时期以西方逻辑学概念、方法、框架来研究先秦名学的代表作;在接下来的一个世纪里,我们对于名学的理解,大底不出此范畴。然而,先秦名学并不等于西方的逻辑学,中西文化在思维模式的基础上本来就天差地别,不可能直接比类。实际上,先秦名学的内涵,除了我们现在所熟知的惠施、公孙龙一派注重"事实判断"、逻辑辩论的"知识型名家"外,更有注重"名"作为"价值判断"的"政论型名家"。参见曹峰:《对名家与名学的重新认识》,《社会科学》2013 年第 11 期。

第六章 文人与礼制政治的肇始

　　董仲舒的专业是《春秋》学,《春秋》是孔子藉由寓褒贬于史实来体现其"正名"思想的成果,董仲舒加以整理成《春秋繁露》,提出政治的基本功能,便在于社会整体秩序的建立,而建立秩序最重要的是要有一套是非标准,"名号"就是这套是非标准;有了这样一套标准,每个人才能够在天地间确定自己的位置,恰当拿捏应对进退的言行分寸,分辨什么该做、什么不该做、什么一定要做、什么不用做。比如《论语》里头孔子曾经评价微生高这个人"不直",因为当有人去向微生高借酱油时,他自己没有,却转去向邻居借来,再借给他,这就是不直;每个人都有善意、都想当好人,但如何当个恰到好处的"好人"? 怎样的行为才恰如其分? 这一切都应该根据彼此的"关系"来判断。类似的事情也发生在我的学生身上,甲的室友乙因为将自己的学费赌光了,不敢跟父母说,便向甲借了一大笔钱去交学费;但这笔钱乙一直没有还,后来甲便不高兴了,要向乙的母亲说;乙也不高兴,要求甲别去说,但他又还不了,两人因此闹得很不愉快;问题的关键就在于双方没有衡量彼此的能力与关系,失去了分寸。这虽然只是小事,但人生中经常困扰我们的,往往不是天大的事情,而是这些鸡毛蒜皮的琐碎烦恼,其根源就是没有把握好彼此之间的"度"。

　　为了让这套是非标准具有其合理性与权威性,"名号"的终极标准还当来自"天",而非根据某人的好恶。"天"是中国人一切思维哲学上的根源,以天为根据所建立起的政治体系,将君王也包括在内,君王应以身作则,努力符合这套名号系统对于身份与行为的要求标准;如果无法做到,便是失职,如果差得太远,那就是无道昏君,人民自可推翻他、换个人来做。有了"名",就有了"份",也就有了相应的行为规范与准则;名为天子,就该以天为父亲,对天尽孝,而我们知道在很早以前,天就已经代表了人民全体的意志,所以对天尽孝,就是照顾好天下百姓;名为诸侯,就该谨慎自己的行为来拥护天子;名为大夫,就应忠信敦厚、讲求礼义,让自己成为比一般市井凡夫更良善有能的人,好教化百姓;名为士,就要做好分内之事;名为百姓,就要好好接受上位者的教化。

古人不讲权利或义务,他们只问:"我是谁? 我该做什么? 我该怎么做?"

在董仲舒的名学体系中,"正名"是根本,"教化"是方式,"天"是师法的对象,透过"圣人"的诠释,使天命昭显,众人才能效法;人的本性是质朴的,必须藉由教化来引导、塑造;人的各种欲望就叫作情,没有规范就会失去节制。所以君王向上遵循天意,不可胡作非为;往下教化百姓,成就善良品德;同时端正律法礼仪、讲明上下关系、使欲望情感有所节制,这三者就是政治最重要的原则所在。(参见董仲舒:《天人三策》)

在儒家理想政治中,"教化"的重要性远胜于法治;而这样的教化,并不仅止于学校的正规教育,更重要的是君王的以身作则。《大学》里记:"上老老而民兴孝,上长长而民兴悌,上恤孤而民不倍。"上位者能够孝敬、尊重长者,人民就会具有孝悌精神;上位者慈爱幼弱孤儿,人民自然善良淳厚;上位者动静观瞻,人民一切都看在眼里、有样学样;从子女模仿父母,到百姓模仿君王,都是这样的教化功能。

今天,"民主"仿佛是不容置疑的普世价值,而"民主"的定义则是领导者由全民选举产生;但如果我们愿意从这种既定观念中抽身而出,冷静思索,便会发现这种"民主"的荒谬,也能够理解为何在许多所谓"民主"的国家里,人民的日子其实并没有传说中的越来越好。

2010 年起,台湾苗栗县竹南镇大埔里掀起征地风波。起因于 2008 年政府通过新竹科学园区扩大计划,征收农田与民宅以兴建厂房,2010 年因申请者的合并,取消了此计划,但苗栗县政府还是继续执行征收,破坏农地、强拆民宅,政府的反应竟是尊重地方自治。2013 年 7 月 18 日,苗栗县政府趁民众北上抗议之际,强拆了四户民宅,县长后来甚至额手称幸,公然在媒体前说:"天赐良机!"这样的品德究竟是怎么当上县长的? 着实让民众傻眼;人民只好不断走上街头,但数次抗争后,政府竟保持沉默。回过头来,我们不禁想到:苗栗县长不也是苗栗县民选出来的吗?

人民选出的领导者往往就任没多久，人民就发现他并不适任；人民只好走上街头抗议自己选出来的领导者，好的情况是领导者有所改善，但往往只是治标不治本，坏的情况便是人民得继续忍受到下次选举。然而，下次选出来的人，就能够保证一定适任吗？到最后，所谓的"民主"仿佛是一场赌注，赌输了就全民买单；有什么办法可以保证赌赢的几率吗？没有。我们不禁要问，这一切究竟所为何来？

我们很容易将一切错误归咎于制度问题，仿佛只要在律法规章上不断修改，终有一天可以产生一个完美的制度；但天下岂有完美的制度？人心坏了，再完美的制度也能找出许多漏洞来。对古代中国人来说，重要的是本质而非形式，如果所谓人民选举的民主政治无法带来真正的幸福快乐，徒然耗费庞大的社会资源，那为何要坚持这样的政治形式？西方的政治理论发展到最后，我们似乎只剩下民主与专制两种选择，顶多加上日本或英国的君主立宪。然而，真的没有其他可能了吗？所谓的民主真的是我们最好与唯一的出路吗？中国在两千年前所发展出的这套体系，或许值得今日的我们作为借镜。

要找到一个人来管理国家整体的运作，他不但要决定国家未来的走向、维持社会的安定、人民生活不虞匮乏，乃至精神文化的富足与发展，绝非易事。传说中，在尧考虑将天下交给舜之前，经过了缜密而长久的观察、审慎的思考与判断，他不但听取民间关于舜的事迹与评价，还委派任务给他以考核他的能力，甚至把自己两个女儿嫁给他，好贴身收集情报。结过婚的人都知道，一个男人在外头光鲜亮丽没什么，真正难得的是老婆真心诚意觉得他好、是个人才、愿意保荐给自己爸爸。姑且不论这个故事究竟是神话还是史实，我们可以看到儒家理想中的政治，统治者绝对不是热热场子、喊喊口号、游街拜票、开些空头支票就可以当选的；更何况一般平民百姓只懂得养家餬口，对统治者既没见过面，也不清楚他真实的人品、才能、操守，这样如何可能选出一名适任的人选？现今所谓"民主"，充其量不过就是让百姓在因统治者的不适任而受罪时，有人可以归咎罢了——毕竟当初是自己要投票给他，或者是自己没有坚决反对其他人投票给他啊！但这种后果自负的"民主"，实际上是不负责任的伪民主。我们大可扪心自问：我想要的是幸福快乐、和谐稳定的生活，还是几年一次的选举权，但选举后的生活安顺与否无法预料？

虽然有人会说，这是没有办法中唯一可行的办法；但儒家政治理想所追求的，绝非这种凭运气、赌博式的政治，而是人民福祉的最高保障，所以有正名、有美德、有教化、有荣誉。我们别以中国近两百年军事上的成败来论英雄，就两千多年的历史演变来说，中国文化所创生的政治环境远比欧洲整体更加稳定，也更具有人文的自觉。儒家主张"民本"，君王权力的合法性时时受到儒家政治理念的监督，如果君王无法德化天下，那么他的权威便遭到儒家读书人的质疑，人民甚至可以推翻他，另立新君。整部《大学》几乎都在谈论君王应该如何恪尽己职；孔子作《春秋》，对当朝诸侯、大夫的言行直言批判；子贡直接指出鲁哀公的错误，并预言他将客死异乡，这需要多大的道德勇气？但于他们来说，却是再自然不过的事情。"民本"并不等于今日所谓的"民主"；从选人、培训，到监察、弹劾，以道德为核心，以自律、自觉为精神，一步步审慎恭敬、明白笃实，创造出的文治政府，才称得上是真正能够为人民服务的民主政体。尧、舜的禅让制度、天下为公才是孔子心目中最理想的政治模式，由贤人选拔贤人，尽全力确保一直都是有德又有才的人为最高领导；夏禹、商汤、周文王、武王的"家天下"只能算是次一等的小康社会，这些在《礼运·大同》篇里便有清楚的界定。

曾经有学生问我：儒家那一套"仁政"思想，显然不合世用，中国从秦始皇之后两千年的政治，实践上都是采用法家思想。这实在是对儒家思想的错误印象；孔子50岁时有三年的时间得以当官、一展长才，他在三年内不仅为鲁国收复失土、恢复礼制，并让鲁国风俗淳厚至"路不拾遗"，远近地方的人都把家搬到鲁国来。隔壁齐国大臣听说了他的政绩而感到恐惧，担忧鲁国不久便要称霸而威胁齐国，便送了漂亮舞女80人、骏马30匹给鲁国国君，离间鲁君与孔子。中国历来备受称颂的有道明君,无不是遵循儒家的政治理念修养自身、勤于政事而成就美名;紫禁城里各宫殿的牌匾,不外乎"建极绥猷"(太和殿)、"允执厥中"(中和殿)、"正大光明"(乾清宫),都是正宗的儒家思想。岂可说儒家的政治理想不切实用!

三、礼制经济

依照马克斯的说法,封建社会之后应接续以资本主义社会。然而,中国周代的封建社会在春秋战国逐渐崩解后,代起的秦汉却并没有发展出资本主义,乃至此后千年,中国都没有产生实质意义的资本主义。

"资本主义"一词最早可以追溯到 1848 年马克斯与恩格斯共同发表的《共产党宣言》,其后英国小说家威廉·梅克匹斯·萨克雷(William Makepeace Thackeray)使用了 capitalism 这个词来表示拥有大量的资本。1904 年,马克斯·韦伯发表的《新教伦理与资本主义精神》,以这个词来形容生产制度。尽管它的定义至今仍是众说纷纭,但大抵不脱私人资本、私人操作、自由市场三项原则,说到底,就是主张人们藉由自由的货币贸易来追求个人或公司的最大利润,生产与价格由自由市场决定,不管公共责任、不受国家管控。相应于资本主义而起的是社会主义,主张国家应插手资金的流动与市场的价格,不可任由资本家剥削劳工。极端的资本主义与社会主义在今日社会都不存在,人民对两者的偏好随经济情况而定,美国的共和党偏向自由主义经济政策,和华尔街的金融集团有紧密关联,民主党则偏向社会主义,更重视政府对底层人民的救助与社会制度的革新。拜资本主义、功利主义之赐,世界运转的核心逐渐由"人"变成"利";一切事物的最终目的都是要追求"最大利益",成为这个时代、这个世界运行的法则;经济理所当然要追求利润,国家应该保障人民的最大利益,甚至国与国之间的交往,"利"字也赤裸裸地摊开来讲。

然而，在传统中国文化观念中，"利"是其次的，"义"才是首要。《论语》里记孔子很少谈及"利"，以利益为目的的行事，最终多导致怨恨，"放于利而行，多怨"、"君子喻于义，小人喻于利"（《论语·里仁》）；《孟子》开篇第一章记孟子去见梁惠王；惠王一见到他便说："老先生不远千里来看我，就像其他术士一样，也有什么方法来利益我的国家吗？"司马迁读到这里，往往掩卷叹息："利诚乱之始也！"（《史记·孟子荀卿列传第十四》）一切祸乱的根源，在于人人只将眼光放在"利"字上；但孟子不卑不亢，告诉惠王说："您何必说利呢？我也只是和尧舜一样，有仁义罢了。君王关心'如何利益我国'，大夫关心'如何利益我家'，士、平民关心'如何利益我自己'，上下互相争夺利益，国家岂不危乱！如果一个人把'利'放在'义'的前面，那么他不去巧取豪夺，是不会满足的，这样的社会如何能够稳定？但如果能够提倡仁义，子女不会遗弃父母，臣属也不会背叛君王，这不是国家更大的利益吗？"

我的学生往往会跟我说："老师，这个社会是很现实的！"我总回答："所以呢？"我们不否认"逐利"是人的本能，但我们不该忘记"仁义"也是人的本能；发挥逐利的本能，一个人未必会成就富人；但发挥重义的本能，一个人不但不会穷困，还能够成就君子乃至圣贤。将"义"放在"利"之前，并不等于从此落魄潦倒，而是在做任何事之前，先问问自己：这样正当吗？或许有人认为这是虚伪，人天生的本能就只有考虑自身利益而已；但人真的只能、只该想到自己的利益吗？而在一个人人追求自身利益的社会里，人有可能活得安稳自在吗？即以最切近的自己来思考，若有人说："我跟你交朋友，这样你会获得许多好处，而我也会有相应的利益。"我们即使接受这段友谊，也难以真诚相待；那些我们真正珍惜、愿意为他们付出的朋友，往往是曾经为我们付出、不计较利益得失的人。但为什么到了现实社会、国家，我们反而就处处都要讲利益、宣传利益、追求利益呢？一个人人追求利益最大化的社会，结果就是掺杂了三聚氰胺的毒奶导致国人不敢食用国内生产的奶粉，屡禁不绝的地沟油令人闻油色变，水污染造成近五百个癌症村的悲剧，

113

空气污染也让许多城市笼罩在雾霾的阴影中,还有居高不下的房价更大大增加平民百姓的痛苦,人人彼此争利的下场,就是大部分人失去了安乐生活的可能,弥漫的不快乐也陷社会整体于诡谲不定的氛围中。

"经济"两字在传统中国的意思是"经世济民",其重点不在于GDP节节攀升,而是通过社会的进步,使每个人的生活可以丰衣足食。董仲舒早已指出:"太有钱会导致骄傲,太穷就会忧愁;忧愁到最后可能去偷盗,骄傲到后来便会暴乱,这是人之常情。圣人将使有钱人足够展示他的高贵而不至于骄傲,没钱的至少可以养家活口,不至于忧愁烦恼,以此为原则来调节均衡。"(《春秋繁露·度制第二十七》)儒家是讲均产的,但并不是要求绝对的平均,不许稍有差异;而是在某一宽度里求均衡,在此宽度中,穷人应有一最低线,富人也应有一最高限度,不仅救贫,还要抑富,大富与大贫一样有害。2001年,陕西神木县还是贫困开发的重点县;2008年,由于中国工业快速发展,煤炭需求大量增加,神木的优质煤炭瞬间成为抢手货,炒煤矿与高利贷相互助长,瞬间膨胀了神木县的财富,产生了两千位亿万富翁,以及全县的免费医疗和教育,县里充斥典当行,甚至一个21个房间的招待所里便有4家典当行,融资与高利贷借款成为全县运动,老人把几十万的退休金全部投入融资,农民掏出一生的积蓄,抢着赶上快速发财的列车。2012年,神木县的生产总值甚至超过千亿,跃居全国经济第26强,相应而生的是各种奢侈摆阔的荒唐行径,诸如搭飞机只为了去吃顿火锅的"80后富豪"乔秀峰、空运二十多辆加长型林肯轿车来办百万元婚礼的"集资大王"刘旭明;然而,同一年煤价大跌到近乎开采成本价,神木近百处矿区停产,其他相关工厂也陆续停工,两千多家地下融资机构悄悄消失,三百亿元的民间资金凭空蒸发,上千名融资人掀起"跑路潮",甚至纷纷自杀,经济荣景昙花一现,神木县从高峰迅速坠回深谷,可叹的是,平民百姓一点一滴攒下来的毕生积蓄再要不回来,人与人之间单纯的信任也找不回了;邻近县城的酒店拒绝神木人入住,担心他们在酒店里自杀带来晦气。来得容易,去得也快;钱最容易败坏人心,尤其不务正业而来的暴富,就像走钢索,一不小心就跌个粉身碎骨;这些道理人人会说,但总要亲身证明后才愿意死心塌地地相信。

儒家的经济理论如同他的政治理论,都以人心的实际情况为考量,以幸福和乐的社会与人生为理想,从不就经济而论经济,不使经济与人生脱节,这便是礼制思想主导的经济观,一切有节有度,而以"人该怎么活"为核心;《小戴礼记·礼运篇》里所记"人不独亲其亲,不独子其子,使老有所终,壮有所用,幼有所长,矜寡孤独废疾者皆有所养。男有分,女有归。货恶其弃于地也,不必藏于己。力恶其不出于身也,不必为己",便是这种理想社会的写照。

汉代实行"重农抑商"政策,包括商人不能穿丝质的鞋、出门不能乘车、坟墓、住家都有规制,并对商人征收重税,极大抑制了资本主义的萌芽;汉武帝时统一铸造五铢钱、将盐铁收回国营、均输平准等经济政策极大增加了汉朝的经济基础。后来为了弥补挞伐匈奴、开辟边疆的兵费,以及宫廷一切迷信、奢侈的浪费,武帝以各种手段括削富人财产;到了武帝末年,均产几乎变成普遍的破产,而直接导致王莽的改制变法:将土地收归国有、解放奴隶并禁止买卖,盐、铁、酒再次收回官卖。此后,解放奴隶、重农抑商、控制经济、不使社会有大富大贫,便成为中国自秦汉以来最主要的经济政策,中国两千年来没有实行西方意义的农奴制度,也没有产生资本主义。

逐利是不学而能的,重义同样也根植于人心。2013 年 7 月 3 日,深圳一妇人捡到上亿元的裸钻,反复煎熬后情愿交出,因为有比财富更重要的东西,就是心的安适自在,这是再多钱都买不到的。喜马拉雅山上的小国不丹曾是全球最快乐的国家,不丹国王旺楚克 1972 年上任后,致力于思索治国之道;1980 年,他提出了以"国民幸福指数"(Gross National Happiness,GNH)取代"国民生产总值"(Gross National Product,GNP),作为衡量施政的方针与目标,强调精神与物质的同步发展,乃至宁可选择环境保护与传统文化,拒绝经济的快速发展;1974年,不丹第一次开放外国观光客入境,1999年引进了电视机,2008年国王主动请辞,不丹举行了破天荒第一次人民选举;然而,随着物质文明的引进与所谓现代化的进程,不丹人民却越来越不快乐,越来越多年轻人涌入首都廷布追逐都会生活,失业率因而攀升,过去几十年不曾烦恼过的犯罪问题也随之而来:酒后驾车、酗酒嗑药、心灵空虚……花花世界的种种烦恼,这个国家的年轻人一样也不得幸免。我们并非提倡过原始生活,但不丹的例子告诉我们:物质的享受、金钱的追求,并不能带来更多的快乐;真正的快乐来自足够温饱的物质,与更重要的——一颗淳厚、丰富、知足、感恩的心。

如果我们愿意平心思考,很容易便会发现,经济不可能不断发展;资源的过度开采,只是让世界更快趋于毁灭罢了。不断地追求富裕,并没有办法带来真正的均富,而只是造就了贫富差距、环境污染、道德败坏。司马迁说:"富无经业,货无常主。"(《史记·货殖列传》)自古以来,连家国天下都可以易主了,更何况财富呢?我们清明节上山扫墓时,看到一些坟头上或有镶字,不外乎"祖德流芳"四个字;祖产无以流传、祖爵也难以为继,"富不过三代"是一次次被印证的事实;只有祖先的德行,能够悠久地流传后世,庇护后代子孙不至于沉沦,也才能够维系家业于不坠。

以"利"为运作核心的社会,诸如法律、医学、金融、管理、贸易的科系就特别红火;但以"人"为核心的社会,修身、历史、哲学、文学、美学才是重点。在礼制思想的政治与经济政策下,中国人的最高人生追求不是大富大贵,而是读书成德,或者做官利益天下百姓,或者教书传承文化、批评时政;武帝时太学生只有五十人,西汉末年已发展为上万人,东汉末年更有三万人之多;中央如此,地方更是不在话下,到处都设有学校,郡国的叫学,县城的叫校,乡里的叫庠,村落的叫序;私人授徒也为数不少,知名学者弟子动辄上千名,知识分子成为这个国家的灵魂与

116

良心。

范滂从容就义之前，与母亲道别，请母亲不要为他伤心。范妈妈说："李膺、杜密是当朝贤臣，他们都因党锢之祸而死；你今天能够与他们齐名，就算死了，也没有遗憾了。既然有了美名，还想要长寿，怎么可能呢？"范滂回头跟儿子说："我想教你别做坏事，因为坏事本来就不该做；我想教你多做善事，可是我一辈子从没做过坏事，却也落到如此下场啊！"一千多年后，苏东坡母亲教小东坡读《后汉书》，读到了范滂，不禁叹息。小东坡问妈妈："我如果当范滂这样的人，您准许吗？"苏妈妈答道："你可以当范滂，我怎么就不能当范妈妈呢？"

一部中国史，以利之眼观之，则尽是分赃、妥协；以气节观之，则尽是人的尊严回荡天地之间，千载之下犹撼人心弦。两千多年，当然有肮脏污秽，也有光明磊落，端看我们愿意如何认取它。

补充引文

始皇置酒咸阳宫，博士七十人前为寿。仆射周青臣进颂曰："他时秦地不过千里，赖陛下神灵明圣，平定海内，放逐蛮夷，日月所照，莫不宾服。以诸侯为郡县，人人自安乐，无战争之患，传之万世。自上古不及陛下威德。"始皇悦。博士齐人淳于越进曰："臣闻殷周之王千馀岁，封子弟功臣，自为枝辅。今陛下有海内，而子弟为匹夫，卒有田常、六卿之臣，无辅拂，何以相救哉？事不师古而能长久者，非所闻也。今青臣又面谀以重陛下之过，非忠臣。"始皇下其议。丞相李斯曰："五帝不相复，三代不相袭，各以治，非其相反，时变异也。今陛下创大业，建万世之功，固非愚儒所知。且越言乃三代之事，何足法也？异时诸侯并争，厚招游学。今天下已定，法令出一，百姓当家则力农工，士则学习法令辟禁。今诸生不师今而学古，以非当世，惑乱黔首。丞相臣斯昧死言：古者天下散乱，莫之能一，是以诸侯并作，语皆道古以害今，饰虚言以乱实，人善其所私学，以非上之所建立。今皇帝并有天下，别黑白而定一尊。私学而相与非法教，人闻令下，则各以其学议之，入则心非，出则巷议，夸主以为名，异取以为高，率群下以造谤。如此弗禁，则主势降乎上，党与成乎下。禁之便。臣请史官非秦记皆烧之。非博士官所职，天下敢有藏诗、书、百家语者，悉诣守、尉杂烧之。有敢偶语诗书者弃市。以古非今者族。吏见知不举者与同罪。令下三十日不烧，黥为城旦。所不去者，医药卜筮种树之书。若欲有学法令，以吏为师。"制曰："可。"（《史记·秦始皇本纪》）

公孙弘："为博士官置弟子五十人，复其身。太常择民年十八以上，仪状端正者，补博士弟子。郡、国、县、道、邑有好文学、敬长上、肃政教、顺乡里、出入不悖所闻者，令相、长、丞，上属所二千石（指太守），二千石谨察可者，当与计偕，诣太常，得受业如弟子。一岁皆辄试，能通一艺以上，补文学、掌故缺；其高第可以为郎中者，太常籍奏即有秀才异等，辄以名闻。其不事学若下材及不能通一艺，辄罢之，而请诸不称者罚。"此后，汉代之公卿大夫，以至于吏员，彬彬多文学之士矣。（《史记·儒林列传》）

子曰："孰谓微生高直？或乞醯焉，乞诸其邻而与之。"（《论语·公冶长》）

董仲舒："天令之谓命，命非圣人不行；质朴之谓性，性非教化不成；人欲之谓情，情非度制不节。是故王者上谨于承天意，以顺命也；下务明教化民，以成性也；正法度之宜，别上下之序，以防欲也；修此三者，而大本举矣。"（《汉书·董仲舒传·天人三策》）

孟子见梁惠王。王曰："叟，不远千里而来，亦将有以利吾国乎？"孟子对曰："王何必曰利？亦有仁义而已矣。""王曰：'何以利吾国？'大夫曰：'何以利吾家？'士庶人曰：'何以利吾身？'上下交征利，而国危矣！万乘之国，弑其君者，必千乘之家；千乘之国，弑其君者，必百乘之家。万取千焉，千取百焉，不为不多矣；苟为后义而先利，不夺不餍。""未有仁而遗其亲者也，未有义而后其君者也。""王亦曰：仁义而已矣，何必曰利？"（《孟子·梁惠王第一章上》）

董仲舒："大富则骄，大贫则忧。忧则为盗，骄则为暴，此众人之情也。圣者则于众人之情，见乱之所从生。故其制人道而差上下也，使富者足以示贵而不至于骄，贫者足以养生而不至于忧，以此为度而调均之，是以财

不匮而上下相安,故易治也。"(《春秋繁露·度制第二十七》)

延伸阅读

钱穆:《秦汉史》,北京:三联书店 2004 年版。

李猛:《从古代政治到现代社会》演讲(网上可以找到书面整理)。

思考练习

如果我是一间跨国大公司的总裁,我录用人才的标准前三项依序是什么?

［第七章］

新民族的融合与新宗教的传入

　　一部中国史,以利之眼观之,则尽是分赃、妥协;以气节观之,则尽是人的尊严回荡天地之间,千载之下犹撼人心弦。两千多年,当然有肮脏污秽,也有光明磊落,端看我们愿意如何认取它⋯⋯

汉代以察举孝廉来选拔人才的方式，可以保证政府官员都是才德兼备的读书人；而在儒家提倡的同心圆推扩式的人伦观念下，一人得道鸡犬升天，当官后照顾子女兄弟或姻亲故旧，致力于家族的壮大是当仁不让的义务；而且上一代当官，下一代自然会有更多教育资源与人脉联系，久而久之，这些人便形成以教育、文化维系家族声望的新贵族，也就是"门第士族"。这样的士族到了汉朝末年已经数不胜数，随着时局的日渐动荡而更加固守家族的堡垒，以本宗亲族为主干，团结乡里百姓，筑雕建堡，经济上自给自足，武力上自卫自保。

在北方，从汉武帝以来便陆续有游牧民族迁居中原，聚集于长城内外；魏晋时期，这些胡人的势力已经到达关中，也就是今天的西安一代，对西晋首都洛阳造成一定的威胁；在"何不食肉糜"的晋惠帝当政期间，皇族内部为了争夺执政权而掀起长达16年的八王之乱，导致社会动荡、民生凋敝、国力衰竭，北方杂居的胡人便趁势而起，兴兵南下；公元304年开始，中原进入五胡十六国的乱世。虽然不少士族仓皇南迁，但更多大族选择留在北方继承祖业，比如河北清河崔氏，可说是留下来的世家大族中的第一名门，北魏时期的崔浩更将这个家族的声望带到顶峰，也坠到谷底。崔浩父亲崔宏已是北魏拓跋氏的吏部尚书，专管文武百官；崔浩历经北魏道武、明元、太武三朝，当到国防部长，一次次帮明元帝出谋划策，终至统一北方；太武帝时又多次力排众议，击败夏、柔然、北凉等西北边境大患，解除了北魏南北腹背受敌的困境，并打通西域商道，活络了经济与文化的交流。

当崔浩建议太武帝攻打北凉时，群臣里以出使过北凉12次的李顺最为反对，他对北凉情况了若指掌，也曾经成功预言北凉沮渠氏的败亡，深受太武帝信任；但李顺早已被北凉收买，多次阻止太武帝攻打北凉。

这回,他谎称:"从北魏到北凉的一路上,冬天积雪深达好几米,春夏积雪融化,从山上流下来,当地居民引水进渠道来灌溉农田。如果北凉人听到我们大军到来,一定会阻断水渠,让我军没水喝,方圆百里内土地没水,寸草不生,我军难以久留。"崔浩听了,立即反驳道:"《汉书·地理志》说凉州的畜产是天下最丰富的。如果没有水草,牲畜怎么繁衍? 而且汉朝绝对不会在没有水草的地方盖城池、设郡县。更何况高山冰雪融化,顶多只能浸湿地表,怎么可能灌溉农田呢? 还挖渠道呢! 你这话真是鬼扯淡!"太武帝后来听从崔浩,率兵攻打北凉,一路上看到水草茂盛,便更加信任崔浩了,甚至曾经召集所有尚书,命令他们以后军国大计不能决定的,一律先征询崔浩,才能付诸实行;他甚至会到崔浩家去咨询国是,顺便尝尝他的家常菜,而崔浩也可以到皇帝寝室去对谈。

尽管崔浩才华出众、聪明过人,却也有他不可退让的执拗,而这样的执拗便将功高不可一世的他送上了黄泉路。如前所述,崔浩出身于北方第一高门清河崔氏,他在胡人治理下不但企图恢复门第士族的贵族地位、为氏族分别高下等第,而且对门第的出身有强烈的偏执,曾经一次推荐士族子弟数十人直接担任县长,太子劝他:"先前征召的人也都是很不错的人才,他们当秘书、小吏那么久,都还没有升职,是否先升他们为县长,这些新人先补他们的缺? 况且县长应该要用有经验的人才好啊!"但崔浩不听,中书侍郎(相当于今天的中央机要局副部长)高允听到这件事,预言他恐怕要因此招来杀身之祸。

太延五年(公元 439 年)十二月,太武帝命令崔浩和高允等人编修国史,并叮嘱他要照实记载,不用避讳;崔浩公务繁忙,大部分写作都交给其他人,他只负责主编和最后的褒贬润色。本来修国史就修国史,写完呈给皇帝交差也就算了,偏偏参与写作的著作郎闵湛、郗标出了个馊主意,让他把这部《国纪》刻在石头上,甚至谄媚地建议他把自己注的《五经》也刻上去;太子大概没看过国史内容,竟也赞同,于是费银 300万两的"碑林"就这样矗立在天坛东边 3 里处,方圆 130 步,来往行人自由观赏、议论纷纷。可惜的是,并非每个人都可以坦然面对过往的,尤其鲜卑贵族大部分出身都不怎么光彩，祖先不是放牛的就是赶羊的，与汉族这些士族门第放在一起简直就是牙签比鸡腿，脸都不知道往哪儿摆了，恼羞成怒下，一状告到太武帝面前，说崔浩"暴扬国恶"。太武帝大怒，下令捉拿崔浩等人，亲自审问。

与崔浩一同被审的还有高允。高允是太子的师傅，太子一听说师傅要被查办就急坏了，赶紧找他到东宫，交代他隔天一起去面见皇上，皇上问话时，太子说什么他跟着应答就是了，千万别多嘴。高允搞不清状况，隔天和太子上朝，太子先发话："高允这个人一向谨慎小心，地位又低，国史案全是崔浩干的，请免了高允的罪吧！"太武帝于是把高允叫进去，问他："国史全是崔浩写的吗？"想不到高允不领太子的情，老老实实说："不，崔浩管的事多，没时间写，只抓个纲要，大部分都是我和其他人写的。"太武帝转向太子："你看，高允的罪比崔浩还重呢！怎么能免掉呢？"太子急了，说："高允那是见了陛下，心里紧张，所以胡言乱语。我刚刚还问他来着呢！"太武帝又转向高允："是这样吗？"高允还是很不识相："我犯了罪，怎么还敢欺骗陛下呢？太子只是想救我的命，其实他没问过我，我也没跟他说过。"太武帝看到高允的忠厚老实，心生感动，于是赦免了他的罪。

然而，崔浩就没这运气了，他面对皇帝时已经吓得面无血色，皇帝说什么都说是，其实对自己到底犯了什么罪都搞不清楚。太武帝大怒，要高允起草一份诏书，把崔浩满门抄斩，连同家里童仆以上 125 人都要诛五族；高允回办公室后，犹豫了半天，写不出一个字来，太武帝派人再三催促，他只好又去面见皇上。他进了宫，对太武帝说："我不知道崔浩是否还犯了其他罪，如果只是国史这件事，按道理不至于死嘛。"太武帝又被他惹火了，大喝一声让武士把他捆绑起来，后来太子求了半天，皇帝气消了才放人。出来后太子实在忍不住了，埋怨高允说："人应该要见机行事才是，我替您求了半天，您反而去自找罪受，我到现在想来还有点害怕呢！"高允回答道："崔浩在这件事上有私心，这的确是错的；但编修国史，记帝王活动、朝政得失，这没有错。更何况国史是我和他一起编的，出了事怎么能全推到他头上呢？殿下一心救我，我很感激；但要我为了活命而违背良心，这我是做不来的。"后来，崔浩满门一百多人抄斩，太武帝还说："若不是高允，恐怕要再杀上千人呢！"崔浩最后被囚在木笼里，送到城南行刑，卫士几十人在他头上小便；以崔浩的地位之高、权力之重，竟被抄家、凌辱至此，有史以来恐怕只有这么一人。

与崔浩同是北魏重臣的高允，行事风格和崔浩截然不同。高允在明元帝、太武帝之后又继续辅佐了文成帝、献文帝、孝文帝一共五位皇帝，享寿98岁。除了忠厚老实外，高允往往直谏不讳，他注意时政，曾说服文明太后广建学校、阻劝文成帝大兴宫室，婚娶丧葬依循古法，只要于民于政有益，大小事他都勇于进谏，且能井井有条地说出一番道理来；比如婚礼依循古礼这件事，他便说："古礼记载，嫁女儿的人家三天不灭掉烛火，娶媳妇的人家三天不奏乐；找女婿注重的是品德、道义的门风，选媳妇要选贞洁娴静的女孩子；先有媒人说亲，再送聘礼，集合亲戚朋友来表示慎重之意；古人对待婚姻是如此严谨。而今，各王子才满15岁，就赐给他们妻子，搬出去自己住；而许配给他们的女子不是年纪太大就是太小，或者是因罪入宫的，实在没有比这更失礼的了。"有时皇帝听了不舒服，便让他先出去，自己消了气想一想，觉得有道理，还是找他来商谈，特别礼敬他，常常早上进宫，晚上回家，有时甚至在宫里住上好几天，朝中大臣都不知道他们说些什么。

虽然蒙获皇帝如此的信赖与器重，但高允从不要求升官晋爵，有一天文成帝发现高允已经27年没升官了，他的手下官升得比他高的都有100多人，不禁感慨，向群臣说："君王就像父亲一样，父亲做错了，儿子怎能不跟父亲说，却向外到处宣扬呢？高允才是真正的忠臣啊！我做错的，他当面直说，就算我不乐意听，他也不逃避。你们这些常在我左右的，什么时候跟我说过正经话了？你们只是每天拿着弓箭刀枪在一旁伺候，等我高兴时趁机讨官职、求赏赐，不过是站立的功劳，竟也封王封侯。高允拿一支笔，辅正整个国家。你们难道不觉得羞愧吗？"北魏的官吏都没有工资,只能靠皇帝的赏赐或经营田产谋生;高允虽然因功劳不少而得到过许多赏赐,但都分给手下的士兵了,自己生活窘迫到有时得让几个儿子上山砍柴、摘菜才能维持生计。

后来文成帝听说了高允家里非常贫苦,吓了一跳,亲自到他家察看,发现院子里一片荒凉,只有草屋几间,床上的被子都是麻布做的,家人穿的棉袍是旧棉絮做的,厨房里只有一些盐和青菜,忍不住叹息:"古人的清贫也不至于到这地步吧!"便赏给他大量绢帛、稻米,还任命他的长子为官;高允推辞不成,最后还是把一切赏赐都分给了亲戚朋友。文成帝时,尚书窦瑾因事被处死,他儿子窦遵亡命山林,老婆焦氏充当官奴婢,后来因为太老就免罪了;当时窦瑾的亲朋好友避之唯恐不及,没人敢收留她,高允虽然家里贫苦,仍怜悯她老而无依,留她在家;六年后窦遵被赦免,才把她接走。

高允年轻时信佛,曾经出家一阵子,博通经史、天文、占卜,尤其喜爱《春秋公羊传》。他的四十年老友说,从没见过他发脾气,总是为别人想得多,而从不为自己想;他外表看来柔弱,内在博学明辨,平常木讷得像是不会说话,但一说起事理来,是非对错清楚明白,声音洪亮,听到的都说好,缺的就只是显阔摆谱罢了。他喜欢音乐,听到有人唱歌弹奏,常常跟着打节拍;又信仰佛、道思想,经常给大众开讲座,个性极简素,不滥交朋友,对人循循善诱,有空时便拿着书看。

崔浩与高允正可代表中国文化在汉代之后的两种走向。崔浩出身北方第一旺族,对于这样的出身他深感自豪,甚至不顾一切要任用门第士族来担任官吏。我们切莫将士族等同于今天少数官二代、富二代——学识才干不知有没有,拼爹炫富一点不让人;古代世家大族培养出来的小孩不仅必须知书达理,从小耳目习染下也颇明白为官处事之道。但也因为门第士族这种保守的趋向,平民百姓的教育日渐无人问津,官职逐渐被这些世家大族垄断后,一般平民百姓无处接受教育,就算有幸读了书,也没有发挥所长的舞台,于是,佛教的传入便适时地带来了平民教育的弥补与人生出路的解答。

一、佛教的传入与兴盛

佛教始祖释迦牟尼佛本是公元前 6 世纪时,印度与尼泊尔边境释迦族的王子悉达多·乔达摩,他出生时,有智者预言他长大后必定成佛(古印度已有"佛"之名,意为觉者,后来才专指佛陀);他的父亲净饭王为了避免悉达多太子出家修行,严禁他离开皇宫,更在他 16 岁时为他迎娶邻国美丽的公主,生下一个儿子;然而,悉达多天性聪颖,喜爱沉思,在 29 岁那年,他偶然间看到了衰弱的老人、呻吟的病人和送葬的队伍,从此,生老病死这些人生必不可免的苦难,便在他脑海中盘旋不去,他为此遍寻经籍,但知识与王位都无法解决人生必然经历的痛苦,最后,他在月夜里骑马离开王宫,出家修行。

为求解脱之道,悉达多遍访名师,但一切老师的教导都无法让他满足;他随后与其他苦行者在竹林中苦修六年,瘦得骨瘦如柴,到了 35 岁,他知道苦行是没有办法达到解脱的,于是转往菩提伽耶,在菩提树下进入禅定,7 天后的第七夜,他夜睹明星,证悟了人生的正道。此后,佛陀穷毕生之力将他的领悟所得传授弟子,从鹿野苑教导之前一同苦行的五位伙伴开始,逐渐形成一个大型僧团,经常追随在他身边的弟子便有 1200 多人,直到他 80 岁过世前,都在恒河流域为大众阐说佛法,"佛法"即是佛陀为一切众生开悟成佛所教导的方法。有人因此会认为,所以佛陀在开悟前的苦行,都是白受罪啰?所谓"踏破铁鞋无觅处,得来全不费工夫",没有下过"踏破铁鞋"的苦工,便想"得来全不费工夫",所得到的会是最危险、最不靠谱的;现代人很容易被一些气功大师、占卜大师所骗,其实不外乎想抄快捷方式、走小道的心理。佛陀的苦修苦行,正示现了他脚踏实地从不懈怠的努力,与寻求正法无比坚定的决心。其实别说佛陀的苦行程度,光是拿今日高三孩子准备高考的那份拼劲来学礼仪道德,不出三年,中国肯定路不拾遗、夜不闭户。

图 3　佛陀苦行像（资料图片）

　　南朝天台宗的创始者智顗大师将佛陀的说法分为五个时期,即"五时说法",第一期是华严时 21 天,即鹿野苑讲说《华严经》,这部经典卷帙浩繁,深奥难懂,可说是佛陀证悟心得的博士论文。但这些心得对一般人来说太艰涩了,为了适应大众的根器,佛陀接下来改从劝说大众脱离六道轮回、往生西方极乐净土说起,共 12 年,为阿含时,主要讲说了四圣谛、十二因缘法。谛是真理之意,四圣谛即苦、集、灭、道,为人生不变的四项真义;由于人心的贪嗔痴作祟,累积各种造成苦的原因(集谛),最后导致人生的种种痛苦(苦谛);为了从诸般痛苦中解脱,便要求道、学道、修道(道谛),以认知世间无常来断除对自我的执著,看透人生实相而超脱于一切导致痛苦的根由(灭谛);这四圣谛后来也成为一切佛法的原则,其终极目标便在于离苦得乐,不求此生的快乐,只求来世的解脱。

阿含时之后8年,佛陀改为致力启发弟子从追求自我的解脱转向渡化一切有情众生,让弟子的心境从厌离红尘的罗汉提升为不离世间的菩萨,主要讲说《维摩诘经》等,是为方等时。这个时期的修行法为六度波罗密,"波罗密"的意思是"到彼岸",也就是从痛苦烦恼的人间到清静无染的净土所需要的六种方法,分别是布施、持戒、忍辱、精进、禅定、智慧,这是菩萨的责任,也是财富。佛陀告诉弟子,真正令人产生恐惧的,不是生死或红尘本身,而是对了脱、净土的执著,如能将心量拓展至包容一切有情众生,则可超越我执,不需追求往生西方,而致力于化娑婆世界为莲花邦。

方等时之后是22年的般若时,佛陀主要讲最不容易理解的自性本空、般若智慧,佛经如《金刚经》;此时期佛陀告诉弟子,为化众生而常驻人间的菩萨,即使在五浊恶世里,心中也自有一方不来不去、无人可夺的清静自在地,那就是心的无所挂碍,不是害怕承担,而是能够清除内心的成见、私欲,如此方能看清人、事的本质,相应产生正确的认知与处理方式;净土不在西方、不在人间,而在心中。

佛陀成道前的最后8年为法华时,主要经典为《妙法莲华经》,他肯定众生皆具有佛性,并为弟子一一授记,预告他们于几世后必将成佛,并讲说成佛之道;正唯人人内在都具备了成佛的潜质,所以修行才有意义。佛教教义与基督徒信仰上帝不同,佛陀不要求跟随者信服他,而要他们不断地质疑,甚至质疑佛陀所说的话,直至找到最终的真理为止;佛教可能是在哲学上最为缜密的宗教,关于时间、空间、人生一切,都有极详细的分析与应对之道,一般民间百姓的求神问卜、消灾祈福,只能说是心理慰藉,并非佛法的实义。

佛陀灭度后,由大弟子大迦叶(音shè)在王舍城主持,记忆力最好的阿难和其他弟子记诵出佛陀的教导,集结成经和律,成为后来流传的佛典。百年之后,僧团内部因为对修行方法的意见不同,争议不断而再次集结,最终僧团分为上座部与大众部两派,后来又从这两派不断分出

129

更细的派别。公元1世纪左右,大乘佛教兴起,他们认为佛陀根据弟子的不同资质,而给予不同的指导,其中接受四圣谛的弟子因为亲自得到佛的教导,以成就阿罗汉为最高目标,而称他们为声闻乘;没有亲自聆听佛陀说法,却也能凭借自己的努力而证悟的,便叫独觉乘。这两种人专注于自己的解脱,无心帮助他人,所以称为小乘,说白了就是车子比较小,只能搭载自己一个人;被称为小乘的僧人不同意"小"这种贬抑的说法,便自称为上座部佛教。大乘弟子认为修行应该以帮助有情众生离苦得乐为目标,即使力量微薄,也要心怀智慧与慈悲,致力于帮助他人。他们因为一心一意要帮助众生,所以回过头来更精进自己、提升自己的能力,这样的人就是菩萨,菩萨才是成佛唯一的路;因为要引渡众生,所以车子要大,便自称大乘。

上座部佛教与大乘佛教在东汉末年一同传入中国。一开始中国百姓弄不懂佛教的教义与佛陀究竟是什么,传法僧人为了帮助中国人了解,便以中国本有的词语和概念来解释佛法。而在当时民间同时发展的还有道教思想,两者的理念也是最接近的,于是佛教便附会道教而传播,一般百姓也弄不清佛、道的不同,在寺庙里甚至可以见到释迦牟尼佛与太上老君一同供奉的情景。

东汉末年董卓之乱、黄巾起义、三国混战、永嘉之祸等一连串的灾难都让百姓一步步远离平静和乐的生活,人生变得越来越难以预料。这时候,佛教出离人生的思想便派上了用场,它能抚慰人民疲惫的心灵,满足最基本的消灾祈福、求神问卜的心理需要,并将此生的希望寄托于来世的信仰;同时,学校教育凋零,学问知识的传承局限在门第世族之内,北方汉人知识分子持续遭到胡人的打压,南方知识分子则多崇尚清谈、讲玄学,不问世事,更别说担负教化百姓的职责,想要学习的平民百姓只能转向佛寺,寺院里不仅有僧人讲学论道,还有藏经阁提供大量佛经与各种典籍,出家僧尼往往不需承担赋税、徭役,还有朝廷拨派的田赋税收以供应他们安心修学,因而佛寺中涌进了各种或真心或假意的修行者,《魏书·释老志》中记北魏(公元540年)时,北方佛寺多达 3 万所,僧尼 200 万人,盛极一时;山西大同云冈石窟、河南龙门石窟便是这个时期所开凿的,佛教蔚然成风。

除了大型佛窟的雕琢外,魏晋南北朝时期对佛教在中国的发展奠定了重要的基础,一方面是大量佛经的翻译让佛法可以迅速为中国人所认识。东汉末年到唐朝开元的五百年间,共有译者 176 人,译出了经典 2278 部、7046 卷,如西域龟兹(音 Qiū cí)人、佛教五大译师之一的鸠摩罗什翻译的《金刚经》、《法华经》、《摩诃般若波罗蜜经》、《维摩诘经》,至今仍是重要的译本;另一方面是许多学贯儒、释、道思想的修行者,深入研讨佛教教义与中国原有的思想,创发各种理论,五百年间出于中国僧人之手的撰作多达三四百种;北朝的著名僧人慧远(公元 223—416 年),年轻时精熟儒家经典与老庄思想,后来折服于当时的高僧释道安,便于恒山出家,24 岁登坛说讲,引用庄子概念来解释佛教义理,令对佛法不得其门而入的信众茅塞顿开;后来他奉师傅之命南下过江传法,辗转定居庐山,名士谢灵运特别尊敬他,为他在寺院里开了东西两个池塘,种满白莲花,因而他所创立的净土宗也称为莲宗;还有提出五时说法的智𫖮大师创立了天台宗,各种派别在此时纷纷而起。南北朝时这些僧人、居士或儒者研究佛学,本质上是立足于中国固有思想去探讨佛教教义的,纯粹是学理上的思辨,丝毫不见有抵抗排斥的成分,而更多是研究、融合、扩大中国文化的深度与广度;在各宗派大师、士大夫学者的长期努力下,完全中国化的佛教——禅宗终于在唐朝产生,而中国文化也自觉或不自觉地选择了与儒家推己及人思想更加接近的大乘佛教作为主要的信仰。

131

二、佛教与政治

佛教的兴盛,在北朝与南朝引起了不同的反应。

北方胡人与汉人杂处,胡人作为统治者,身份地位自是高于汉人,但在政治、文化上又的确远低于汉人，而不得不倚重汉人为臣僚，帮他们规划政治体系的百官架构与运作的模式。这种高下相倾的不协调，一方面导致宗教上，胡人更愿意选择同为外来客的佛教；另一方面，汉人瞧不起胡人，虽然在政治上不得不与胡人合作，但宗教上，他们更愿意支持本土的道教。崔浩便是强烈拥护道教的重要人物。

当时北方的道教以寇谦之为首，他改革了天师道，成为北天师道的代表人。寇谦之的改革包括反对东汉末年黄巾之乱以来，修行人日益严重的称官设号、聚众参政、叛逆君王或谋害国家的行为；引进儒家君臣忠义、父慈子孝、夫妇贞谅、兄弟和顺等五常之德，并以礼为规范；也引入了佛教六道轮回的概念，模仿佛教礼仪设立道坛、诵经持戒等修行法；并整顿教内组织，废除教职世袭制，改为选贤举能。在崔浩的推荐下，寇谦之被北魏太武帝奉为"帝王师"，为他在首都建立道场，甚至改元为"太平真君"，各种军国大事都须先征询他的意见才能做决定。

崔浩本身其实是个强烈的儒家主义者，不信老庄，更不信佛法，将释迦牟尼佛等同于胡人的神祇，曾经说"何为事此胡神"；他大力支持寇谦之、主张废除佛教，北魏太武帝在他的影响下也强力排斥佛教。太平真君七年(446 年)，太武帝率军到长安去镇压，在一所寺院里发现武器，震怒下杀了全寺僧人；崔浩更劝太武帝下令焚毁长安所有寺院、捣毁佛像、杀掉僧尼，寇谦之觉得这样杀业实在太大，苦劝他不要这样做，崔浩不听；太子尊崇佛教，将诏书缓了两天发出，放出风声让远近僧尼得以逃跑或还俗，经书财宝等先行收藏，所幸伤亡不是太大。直到太武帝驾崩前，五年内北魏境内再不见僧尼；后来又有北周武帝的灭佛，和唐武宗灭佛，史称"三武之祸"。

有人说崔浩之所以死得那么惨，是因为他对胡汉之间的高下分别不肯妥协、瞧不起文化低落的鲜卑人。当时太原大族王氏遗传齄(音 zhā)鼻，就是今天所说的酒糟鼻，崔浩侄女嫁给王家的王慧龙，崔浩见到王慧龙时，一看到他鼻子就赞叹道："果然是王家人！这是真正的贵种啊！"这种由于历史与文化长期累积而形成的贵族派头，自是以武力侵占中原的鲜卑人难以追赶上的,看在眼里,也就更不是滋味了。

后来的北周武帝又有一次灭佛,他原本也信仰佛教,但更偏向儒家;当时出家僧人越来越多,但大部分是贪图免缴税金且还有国家供给,导致国库收入减少,甚至还常常惹是生非,北周武帝日渐对此不满。公元566年起,他七次召集文武百官和沙门、道士辩论儒释道三家的先后优劣,佛教与道教的领袖甚至上书互相攻击,后来太武帝召集所有人在大德殿里亲自说讲《礼记》,明白宣告他心里真正的选择就是儒家;到了574年,他下令禁止佛教信仰,连带道教也受牵连,所有僧尼、道士勒令还俗,钱财、寺院赏赐给王公大臣,一时间北方佛寺、佛像一扫而空,僧人逃奔到江南。佛教与道教在北方的消长,表面上是佛、道之争,骨子里实则是胡、汉相抗或政治问题。

相对于北朝宗教与政治的难舍难分,南朝的佛教就单纯多了。他们更着重于义理上的探讨,大多是纯粹的信仰或学术研究,而不掺杂政治因素。梁武帝的崇佛程度在中国皇帝史中算得上是个奇葩,他年轻时多才多艺、博学多闻,接受了正统的儒家教育,在军事、政治上都很有一套,甚至与当时著名文士沈约等人合称竟陵八友,诗文唱和往来、书法、下棋、占卜、骑马、射箭,无一不是他的长项,即使当了皇帝后,还是经常看书到三更半夜;也由于他的提倡,南朝梁文化的发展达到东晋以来的最高点。公元520年,梁武帝将年号改为普通,这一年也被视为梁朝国势的分水岭,梁武帝开始信佛,并于8年后到同泰寺出家,三天后返回,大赦天下,并改年号为大通,之后他又多次出家,朝廷大臣不得不花费巨资将他赎回;他广建佛寺,鼓励民众信佛,史上记载当时首都建业城(今南京)里佛寺便有五百多间,僧尼十万多人;唐代诗人杜牧的《江南春》诗句"南朝四百八十寺,多少楼台烟雨中",正是描绘南朝佛教的兴盛与衰败。武帝皈依佛教、斋戒修行、讲经盖寺,甚至写有佛学著作数百卷之多,融合了儒、释、道三家思想,开创了"三教同源说";最后由于忽略了政治,导致世局大乱,自己受困饿死,成为南朝佛法的一大打击,而这些都显示他对佛教是打从心底的虔诚信仰,而非出于政治考虑的利用。

南朝士人大多热衷于佛、道哲学的研究与讨论，除了前文曾提及的、在庐山为慧远大师种了两池莲花、笃信佛法的谢灵运外，还有写作《文心雕龙》的刘勰。刘勰虽是南朝刘氏的后代，但传到他时已家道中落，他只得寄食于上定林寺，一生精研佛典与儒家思想，30多岁写成中国文学批评史上最重要的著作——37000字的《文心雕龙》，他因此书而受荐仕宦梁朝，一生未娶，最后出家为僧。书圣王羲之则是家族世代一直有着信奉五斗米道的传统；他是东晋大丞相王导的侄子，除了擅长书法外，也喜欢道教学说，经常交往道士、服食丹药、讲究炼性；道教讲"炼精化气、炼气化神、炼神还虚、炼虚合道"，道士们追求长生不老，成天研究金属矿物，想让人吃了身体轻飘飘的，最后直接飘上天成神仙，这些在南朝士大夫群里可都是流行的养生术。南朝世家大族也喜欢清谈，《易经》、《老子》、《庄子》取代五经成为读书人之间的畅销书，没读过《庄子》、在聚会沙龙上说不出一番见解来，是会被人瞧不起的。

南朝不曾有过大举的灭佛行动，士大夫尤其喜爱研讨佛理，他们大多为在家居士，带着真切的向往，思索如何以佛教或道教哲学代替儒家思想，作为乱世人生中的心灵依归。当时历久不衰的热门议题是灵魂的有无，佛教讲六道轮回、前世因后世果，对佛教徒来说，人当然是有灵魂的；但儒家只着眼此生，人只应就眼前可见的实际去努力，而不应幻想一个不可证实的世界，孔子回答子路问死，直言告诉他："未知生，焉知死？"（《论语·先进第十一》）儒家不肯定也不否定死后的世界，但将人的眼光拉到最切近的此生与此身，所以只讲"心"，只要在自己的心上下工夫，做到问心无愧，这样就可以了。梁武帝天监六年，中书侍郎范缜厌恶佛教依附政权、以势压人，提出了《神灭论》，认为神就是形，形就是神，有身体就有神，生命一旦结束，神也就消灭了，主张物质才是实在的，精神只是附着在物质上、随着物质的生灭而生灭的；《神灭论》一出，朝野喧哗，曹思文、萧琛作《难神灭论》，梁武帝也作《敕答臣下神灭论》，甚至组织僧俗六十多人发表文章围攻他；反对他的人说："这个人真是可悲啊！竟然不知他祖先神灵的去处。"范缜反击道："你才可悲哩！你知道你祖先神灵的去处,却不能自杀去跟随他们!"从这样的一场风波,我们可以看到佛教在南朝知识分子之间的流行,与义理讨论之兴盛。

由佛教、道教思想而来的种种讨论,都让中国知识分子重新思索、厘清传统儒家思想的真实意涵,并在对话、融合过程中为中国文化开创出一片更广阔的思想空间。

三、中国文化面对外来文化的态度

两汉统一四百年(公元前 221 年至公元 189 年),是中国继春秋战国乱世之后,前所未有的全盛局面;此下三国、魏晋南北朝的分裂割据直到隋灭了南朝陈再度统一中国(公元 190 年至 588 年),又开启了另外四百年的中衰期。在这四百年间,中国虽然国土四分五裂、国力衰弱、政治混乱,民族胡汉夹杂,宗教莫衷一是,但我们可以看到传统中国文化面对异民族、异文化的态度,以研究、吸收、同化代替抵抗、排挤、异化,而在文化与思想上呈现一种勇猛精进、积极进取的姿态,不卑不亢。

在第一章里,我们曾说古代中国人重视文化更胜于血统,在春秋战国交战的过程中,不仅完成了政治上的统一,还完成了血统上的第一次大融合;而这样的观念到了南北朝时再一次发挥作用,高允担任太子师傅,深受太子敬重,并藉由他本身的才学与人品,将传统中国文化传授给胡人,也因为真实看到汉文化的高明之处,才会有后来北魏孝文帝的汉化政策,包括迁都洛阳、改易汉姓与籍贯、鼓励胡汉通婚,更进一步促进了民族的融合;鲜卑人治理中原,发现了"马上得天下,不可马上治天下",不得不依循中国本有的郡县制度与百官政体,最后也承认儒家思想更适合用于建立社会整体的秩序。

135

北方历经分合混乱的局面,先是五胡十六国的割据、后有北魏的统一、后来又分裂为东魏与西魏,其中东魏代嬗以北齐、西魏代嬗以北周,这些朝代全是胡人为国君,但汉人士族作为中国文化的继承者与保护者,所建立起的政体都是在传统汉文化的基础上加以改良的。胡人在统治中原的过程中迅速汉化,到了唐朝,所谓的胡人不再是指鲜卑人,而是西域或更远的波斯人,原本乱华的五胡,至此已融入中华民族的大家庭里。

在南方,从北方南下的门第世族虽然崇尚清谈,不知不觉间也担任起中国文化推广者的角色,长江以南原本较多蛮夷聚居,文化程度落后于北方,但这许多知识分子的南下,在东晋、宋、齐、梁、陈期间掀起思想界儒道释的大讨论,与文学自觉的兴起、文学写作的蓬勃发展,带来的艺术眼光、思想的博大、深邃、缜密,让南方民族更彻底地融入了中国文化圈。

我们从知识分子普遍面对佛教的态度,也可看出传统中国对外来异文化,主要抱着好奇、学习的心态,藉由研究与吸收,使自己的文化更加壮大。中国与西方的交流不曾断绝过,从出土的历史文物中即可管窥一斑,如广州出土的南越王墓中有一个"蒜头纹银盒",盖子和盒身上呈现的是蒜头形的交错凸纹,沿着盒口边缘上下各有一圈穗状花纹,是典型的波斯银器造型;南越王是西汉时期南越国第二代国王赵眜,去世于公元前 122 年,可见西汉时中国与中亚间已有交通往来。

汉代张骞出使西域,打通了长安与西域间的商道,形成了著名的丝绸之路。魏晋南北朝佛教由陆路与海路来到中国,当时的西方便是今日的印度。从三国末年到唐朝中期五百年间,中国前往天竺取经的僧人姓名可考的便有一百多人,如我们熟悉的《西游记》唐僧取经,便是以唐代玄奘大师为原型。玄奘大师不仅有艰苦卓绝的毅力,远赴天竺带回了 657 部佛经,存藏在长安城大慈恩寺里(即今大雁塔),还花了十几年的时间潜心翻译佛经,并开创中国佛教的法相唯识宗。这种对佛理的努力付出与深入研究,并非只根源于虔诚的信仰或心理的安慰,

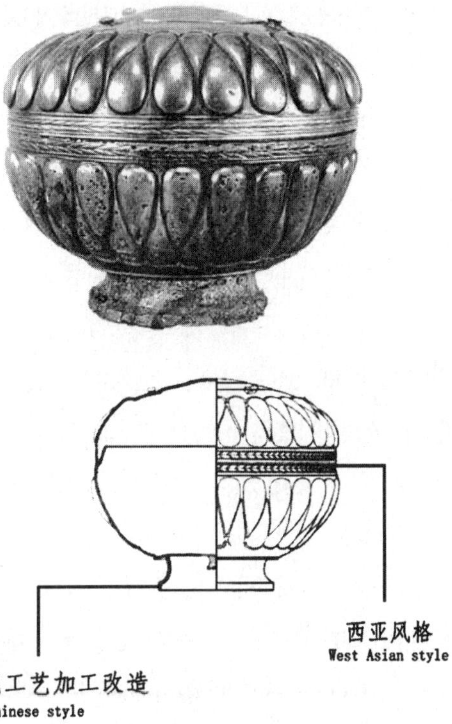

图 4　广州南越王墓出土银盒(陈睦天制)

西亚风格
West Asian style

中国传统工艺加工改造
Chinese style

而是来自对真理永不放弃、毫不妥协的追寻精神,更多的是理智清明、
严谨深沉、热情执著的人生态度。

　　唐代之后,无论是蒙古人建立的元朝,还是满族人建立的清朝,刚
开始时虽然都是异族、异文化,但在几百年内很快地汉化,他们的文化
或者被汉文化吸收,或者被融合。到如今,中国人一贯书写的文字还是
两千年前的文字,说的语言还是两千年前的语言,读的经典还是两千年
前的经典,当中或有改变,也只是语言文字自身的发展,而非受异文化
或异民族统治的影响。经历了这许多民族与文化的交融混杂,中国文
化也证明了它的可大可久、生生不息,就像一条大河,中间插进了支流,
在两河交汇处固然要掀起一番波澜或旋涡,但融合后不会改变它的本

137

质,而更添壮阔,成就了中国一体多元的多民族国家①。

1840 年与 1856 年两次鸦片战争后,中国再次打开国门。面对西方的入侵,中国全面溃败的不只是军事、政治,更在思想文化上丧失自信,不仅否定自己的过去,还找不到未来的方向。在这 170 年里,中国文化走过了中体西用与全盘西化的过程,中国政治经济也尝试了西来共产主义、资本主义的模式,而今犹仍在努力寻找未来的出路。从两千年来中国文化面对异文化时所选择的姿态,我们可以看到中国文化本身所秉持的开放态度。开放并不意味着放弃自己原有的一切,而是重新检视自己的机会,不如人的,就学习他人长处;比别人好的,就要精益求精;更多时候,未必是长短高下的区别,而是同中有异、异中有同;透过学习、研究、比较,让本文化更丰富、坚实、风雨不侵。

此外,我们也可以看到儒家文化经历了两汉的实践后,已然成为中国文化的主体、内化为中国人的生活方式本身。儒家算不算宗教? 这是历来学术界讨论、争议极多的问题;而这样的问法,其潜在思维就是从西方文化的角度出发。"宗教"在西方是极重要的议题,欧洲中世纪的黑暗时期延续近千年,一个个封建小王国衰亡兴迭,政治上四分五裂,却因为教会的庞大组织而仍可视为一完整的文明;换言之,中世纪的欧洲是统一在宗教而非政治底下,每个人纳税给不同的国王,却信奉着相同的教宗。1073 年,罗马教廷教宗额我略七世(Gregory VII)宣布此后各地主教由他亲自指派,而罗马皇帝亨利四世却回应以该职位应由"朕"继续安排,教宗一气之下开除了他的教籍,从此皇帝不能参与弥撒,也不能得到教会的任何服务。我们或许无法感受到那样的损失意味着什么,但全国人民因此再不需要听从皇帝的命令,亨利四世不得不穿越寒冬的阿尔卑斯山脉,来到意大利北方卡诺莎城堡求见教宗,他

---

① "多元一体格局"概念由费孝通先生在 1988 年的论文《中华民族的多元一体格局》里提出,意指中华民族由多民族组成的观点。

穿着平民服装,在风雪中等了两三天,方才能够跪在教宗面前请求宽恕,终于恢复了他的统治权①。正因为宗教对西方文化来说如此重要,当欧洲人面对其他文化时,"这个文化的宗教是什么?"理所当然成为其探索的首要提问。从西方的基督信仰来定义宗教,必备条件便是对超自然的理解与对神的依赖;但在中国,整体思维却完全不是这么一回事。

《中庸》开篇即说:"天命之谓性,率性之谓道,修道之谓教。"意思是天所赋予每一个人的,就叫作"性",也就是天理良心、良知良能;依循此天理良心去做人做事,这就是"道";而人非圣贤,虽有此本心,但念头的生起、转变,言行举止应对进退间未必都能合乎节度,所以要修,修者改也,修改自己的心念言行以合乎道,这就是"教",它的本意是指教化而非宗教。每个人的气性不同,适合的修行方法就不同,也就衍生出各种各样的教法,有人喜欢不问原因只要执著相信、一往无前便可安顿身心,有人必须以学理、知识的铺垫探索来建立起生命的价值体系,无论教法为何,其旨归不外乎引导人心回到最初的自性,一切言行皆合矩度,这就是道。

因此,相对于西方的宗教至上,在中国,最重要的不是宗教,而是教化;我们可以说"教化"就是中国人的信仰;所以孔子谈自己的优点,除了"学之不厌"外,另一项就是"诲人不倦",不断地学习改变自己,同时不断地教化改变他人,这就是撑持人生航行万里的帆桅与舵桨,而其指南,便是天赋灵明的"仁"。

139

以孔子为始的儒家文化,本来讲求文武兼备、礼乐平衡,到了南朝,由于社会的动荡,士人避世清谈,却日益呈现委靡纤弱的气象。北方胡人与南方荆蛮都为中国文化注入了新生命,佛教的传入也为中国人带来另一种世界观。原本与中国传统儒家的孝道相悖反的佛教出家思

---

① 参见约翰·赫斯特:《你一定爱读的极简欧洲史》,席玉苹译,台北:大是文化2010年版,第186—187页。

想,波澜不惊地被中国读书人转化为精神上的脱俗与升华,因而中国在家居士多,士大夫修身、齐家、治国的同时研习佛、道思想,是再自然不过的事。南朝齐士人、文学家、书法家张融过世的时候,交代子孙为他入殓时左手放《孝经》与《老子》,右手置《小品法华经》,这正是儒释道三家融合于一人的典型。

补充引文

季路问事鬼神。子曰:"未能事人,焉能事鬼?"敢问死。曰:"未知生,焉知死?"(《论语·先进第十一》)

时竟陵王子良盛招宾客,缜亦预焉。尝侍子良,子良精信释教,而缜盛称无佛,子良问曰:"君不信因果,何得富贵贫贱?"缜答曰:"人生如树花同发,随风而堕,自有拂帘幌坠于茵席之上,自有关篱墙落于粪溷之中侧。坠茵席者,殿下是也;落粪溷者,下官是也。贵贱虽复殊途,因果竟在何出?"子良不能屈,然深怪之。退论其利,著《神灭论》。以为:"神即形也,形即神也,形存则神存,形谢则神灭。形者神之质,神者形之用。是则形称其质,神言其用,形之于神,不得相异。神之于质,犹利之于刀,舍刀无利。未闻刀没而利存,岂容形亡而神在!"此论出,朝野喧哗。子良集僧难之而不能屈。太原王琰乃著论讥缜曰:"呜呼范子!曾不知其先祖神灵所在!"欲杜缜后对。缜又对曰:"呜呼王子!知其祖先神灵所在。而不能杀身以从之!"其险诣皆此类也。子良使王融谓之曰:"神灭既自非理,而卿坚执之,恐伤名教。以卿之大美,何患不至中书郎,而故乖剌为此!可便毁弃之!"缜大笑曰:"使范缜卖论取官,已至令仆矣,何但中书郎邪?"(《梁书·儒林列传·范缜传》)

延伸阅读

许理和(荷兰语:Erik Zürcher):《佛教征服中国》,第一章"绪论"之"三、有教养的僧人",南京:江苏人民出版社 2003 年版。

作者根据公元530年释慧皎编纂的《高僧传》,以数据统计的方式推导出:在公元4世纪时,寺院的实际领导人皆来自有文化的士大夫阶层,而有教养的僧人则几乎都来自社会底层,甚至不少是孤儿,不知俗姓与籍贯。我们于此可以看到原本由门阀世族建立起来的严格阶级制度逐渐消失,寺院取代了太学,成为学术与文化的中心。

思考练习

日常生活中,我发现自己哪些观念或行为是受到儒家思想的影响?又有哪些观念或行为受到佛教或西方文化的影响?

141

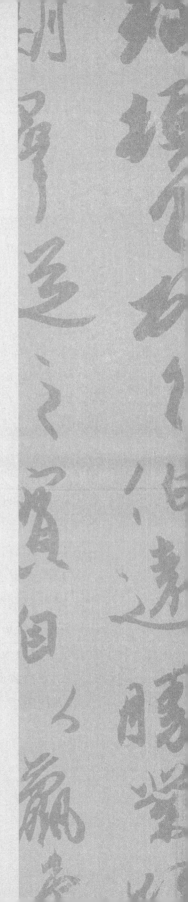

[第八章]

唐代政法与中国艺术精神

一百多年来,中国被西方人以西方的标准定位为第三世界、发展中国家;但远在一千三百年前的唐朝,中国早已是当时世界的中心,中国文化是全世界最优秀的文化;中国被西方打败不过是近两百年的事,今日中国人大可不必妄自菲薄,只要吸取教训、补强不足,重返汉唐盛世自是指日可待……

今日西安的兴庆公园，一千两百年前是唐朝的兴庆宫。兴庆宫相当于今天北京的中南海，是唐玄宗居住与处理政事的主要地方，也是当时世界的中心。在兴庆公园里，1979 年矗立起一座纪念中日友好的汉白玉纪念碑，仿唐的方柱形碑上，一侧题着一首李白的《哭晁卿衡》诗；另一侧则是日人阿倍仲麻吕的诗句《望乡》；晁衡就是阿倍仲麻吕，也就是此碑所纪念的、一名大半生都在中国度过的日本人。

阿倍仲麻吕出生于公元 698 年，是日本孝元天皇的后裔，聪明好学、多才多艺，在日本时已熟习中国的书法、诗歌、剑术、经学，19 岁时以第一名考上了第九批遣唐留学生，与其他学问僧、政府官员、船员557 人分乘四艘船前往中国，从扬州上岸，辗转来到长安。阿倍仲麻吕到了长安后便即进入太学学习，之后并顺利考上了科举，从此开启了他在大唐王朝将近半个世纪的公务员生涯。他从校书当起，相当于今天的国家出版社编辑，后来又担任玄宗皇子的老师，唐玄宗赐名晁衡，礼遇倍至。仲麻吕在 733 年曾一度申请回国，但未被批准；20 年后的公元 753 年，离家 37 年、已然 56 岁的仲麻吕再次申请回到日本，玄宗终于应允，并特别派遣使者护送他回国。

仲麻吕经历了唐玄宗朝长安城最鼎盛的时期，认识了李白、王维、储光羲等大诗人，经常一起出游玩耍、作诗相和。他曾经送给李白一件日本衣，李白为此在《送王屋山人魏万还王屋》诗里写道："身着日本裘，昂藏出风尘。"在最后与诗友告别的宴席上，仲麻吕写下了五言诗：

衔命将辞国，非才忝侍臣。天中恋明主，海外忆慈亲。
伏奏违金阙，骈骖去玉津。蓬莱乡路远，若木故园林。
西望怀恩日，东归感义辰。平生一宝剑，留赠结交人。

图 5　阿倍仲麻吕纪念碑（资料图片）

对故乡的无尽追忆与长安的繁华岁月,在当时仲麻吕心中,是复杂的百
感交集,此去归乡,谁也没想过再回来,面对这些朋友,是生离,也是
死别。

　也是这一次,他来到扬州延光寺邀请鉴真大和尚一同前往日本传
法,这是鉴真和尚第六次也是最后一次渡海;然而,这回航行没有来时
的顺利,他们在海上遭遇大风暴而被冲散,其他三艘船后来都各自回到
日本,唯有仲麻吕的船漂到了今日的越南,上岸后又遭到当地土人杀
害,170 多人只剩下 10 多人生还。仲麻吕大难不死,历经千辛万苦,两
年后终于又回到了长安,从此归乡路断,再回不去了。当仲麻吕的船在

第八章　唐代政法与中国艺术精神

海上遭难的消息传回长安时,李白听到极为伤心,以为从此天人永隔,作了《哭晁卿诗》;"日本晁卿辞帝都,征帆一片绕蓬壶。明月不归沉碧海,白云愁色满苍梧。"这首诗与阿倍仲麻吕在苏州上船前所咏的《三笠山之歌》:"天の原 ふりさけみれば 春日なる 三笠の山に いでし月かも"①便是西安阿倍仲麻吕纪念碑侧所刻的两首诗。

唐朝是个多元文化的时代,除了日本,离中原更近的朝鲜也是深受唐朝文化影响的国家,南方的安南、西方的大食、波斯,都有留学生与商人来往中国;当时广州的外国商人便有 10 万人之多。日本京都的建立完全仿照长安城,先后派到中国的遣唐使便有 13 位,随同大批优秀的留学生和学问僧来学习唐朝文化,举凡建筑、医学、音乐、舞蹈、书法、绘画、诗歌、文字、政体、律法、宗教、天文、历算、教育、娱乐等无不学习,返国后结合原有的基础,创造出文化上更辉煌灿烂的平安时代。

一、唐代科举制度与政法体制

唐朝之所以能够对四邻影响如此广大深远,科举制度实居重要角色。科举制度开始于公元 605 年的隋代,一直延续到 1905 年满清结束前六年,历时 1300 年,是中国沿用最久的公务员选拔制度。

唐朝的科举有许多种类,主要是明经科与进士科两种。明经科的考试内容大抵是背诵五经,不需要太多个人创意或才华,录取的人数也较多,一百多人可取十几人;进士科则考诗赋,考生就特定题目临场写作,录取人数较少,两三千人只录取二三十人。为了从众多考生中脱颖而出,应试的诗赋就不能只是吟咏风花雪月,但也不能硬梆梆地讨论国家大事,而必须在美丽的字词中融入个人的品德、才华、情感,同时展现学识、理想、对家国天下的看法,其困难可想而知。所

---

① 翘首望东天,神驰奈良边,三笠山顶上,想又皎月圆。

以有"三十老明经,五十少进士"的说法,50 岁可以考上进士,都算年轻的了;阿倍仲麻吕 34 岁便考上进士科,在日本人中绝无仅有,即便中国人也不多见。

与汉代察举制度相较,科举取士更能够避免官吏徇私舞弊的可能;也由于科举而相应产生了专职考生这行业,"十年寒窗无人问,一举成名天下知"便是这种职业考生的写照;汉代察举以乡里舆论和个人才学来取士,在正常情况下录取的官员更加具有孝悌忠信的实质品德与做人做事的真才实学;科举制度让读书人的注意力偏向文字书本,而脱离生活中的具体实践,当然儒家思想的价值观念在几百年的演习过程里早已融入中国人的日常生活中,但与汉代充满生命力的实学相比,科举制度影响下的读书却已成为谈说讨论的知识,而非影响生命的日用之学。

然而,科举制度毕竟是最公平的办法,且不论杜甫生不逢时遇上李林甫弄权而不幸没考上,就一般情况来说,依才学高下来决定身份地位,毕竟比依与生俱来的血统更令人心服口服。在这样的制度下,就算是宰相的儿子,如果考不上科举,一样得自谋生路;而朝廷里的官吏告老还乡后,回到童年成长的农村里,闲来无事开班授课,帮助地方文化水平的提升,造就几名秀才、举人;中国在科举考试与告老还乡两种制度的人才循环下,完成了整体文化向基层扎根的深入性与向各地区扩展的普遍性,从而促进了全国文化的统一与社会整体的阶层流动。

另外,邻近国家也尽可以派人来参加中国的科举考试,考上后一样可以担任中国官吏。除了阿倍仲麻吕外,名将高仙芝则是高句丽人;由于中国一千多年来一直是东亚最强的国家,邻国的读书人都愿意学习中国文化,也因此,中国文化透过这些最聪明的学者快速向外传播,越南、朝鲜、日本也都仿效科举制度订立自己国家录取公务员的方式,越南甚至一直沿用到 1919 年。欧洲启蒙思想家对于科举制度甚为推崇,法国经济学家魁奈指出,中国的科举制"使工匠子弟也能当上总督"、

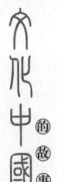

"中国无世袭贵族,官爵仅靠功绩与才能获得"①。

与科举的成熟相应的,是文官体制的健全。唐玄宗开元二十三年
(公元735年)成书的《唐六典》里,记载了唐代政府的整体组织架构,
分为三省六部,中书省与门下省负责发布与审核命令,尚书省则负责执
行,下辖吏、户、礼、兵、刑、工六部,每部各有四个司,管理全国一切大小
事。这样的制度在战国时期的《周礼》中便可见其雏形,以天、地、春、
夏、秋、冬六官分管360种官职,将政治、经济、教育、军事、法律、工程等
在一个理想的架构里运作。我们可以说,唐朝的文官体制便是先秦儒
家理想政治制度的具体实现,此后,宋元明清都沿袭这个架构而稍有
调整。

在整个文官体制中,最受西方与现代学者推崇的,莫过于谏议制
度。这种不畏权贵、秉忠直谏的士大夫精神,从孔子首开其风气,便随
着中国儒家文化的传承而不曾断绝,前文提到过的东汉末年范滂、北魏
的高允,都以这样的精神而受人景仰,杜甫生平担任过的最高官职左拾
遗,就是个小谏官。他追随唐肃宗逃难到凤翔,当时刚卸任的宰相房琯
喜欢听门客董廷兰弹琴,偏偏董廷兰收贿,肃宗借此要杀掉房琯;但杜
甫从没忘记自己身为谏官的职责,当即上书直谏,把肃宗气得下令连他
一起杀了,幸好继任的宰相张镐出面相救,才保住杜甫小命,放逐归乡。

魁奈在《中华帝国的专制政体》书中谈道:"中国的法律无论什么
时候对劝谏皇帝的惯例都给予鼓励,监察机构和最高官吏们可以自由
地、无所畏惧地劝谏。"②这样的描述或许言过其实,但整个南北宋时
期,没有一名官员或文人因为直言不讳而被砍头,却是昭昭史册的事
实。中国传统政体在公元7世纪便达成了这样的政治制度,在全世界

① 弗朗斯瓦·魁奈:《中华帝国的专制政体》,谈敏译,北京:商务印书馆1992年版,第
64、44页。
② 弗朗斯瓦·魁奈:《中华帝国的专制政体》,谈敏译,北京:商务印书馆1992年版,第
74页。

是绝无仅有的。这个制度甚至透过阿拉伯世界传到地中海,再辗转移植到英国,东印度公司(British East India Company)便是第一个接受这种取人与审核制度的英国私人公司。

　　唐代法律在中国的法律史上具有其代表性,不但宋元明清大抵在唐律的基础上加以改良,当时东起日本、西到葱岭、南至安南、北及蒙古,也都实行唐朝律法。传统中国律法最主要的价值,在于它对善的追求;善的特定意涵在于仁义,表现在立法的精神上,便是"防患于未然"与"存心乎博爱"两项原则。① 比如《唐律疏议卷二十七·杂律》里规定,看到火灾发生,祸及房屋、财产时,必须赶紧告诉邻近的人,并一同救助;如果不通告也不救助,罪责比纵火减两等,相当于要关一年;卷二十八中则规定当邻居被抢、杀时,协助通告却不救助的,杖罚一百下;听到声响却不救助的,罪减一等;没办法赶去救援,也应该立刻通知官府,如果不通告,视同不救。法律不外乎人情,因而法律在制定与裁判时,必须考虑实际的社会影响;唐律的"重人品,重等级,重责任,论时际,论关系,去贪污,定主从,定等次,重赔偿,重自首,避操纵"②,实是公元7世纪时全世界最先进的律法。

　　2006年在南京的街道上,一名老人下公交车时摔倒了,在她之后下车的彭宇急忙上前扶起,并将她送到医院,更给了她两百元作为医疗费。然而,老人后来状告彭宇将她撞倒,法官认为若不是彭宇撞倒,他为何要给钱,因而判彭宇补偿老人四万元。这一案件中,彭宇无法证明自己的清白,法律也无法证明彭宇有罪,法官的裁断看似为弱势的老人争取权益,但此后中国各地人做善事前都得犹豫再三,生怕为了一时的善意而惹上官司甚至还要赔钱,于是有了2011年11月的深圳"小悦悦事件",小女孩被车撞倒后又再次遭到碾压,十八名路人经过却视若无

---

① 参见张中秋:《传统中国法的道德原理及其价值》,《南京大学学报》2008年第1期。
② 钱穆:《中国文化史导论》,北京:商务印书馆1994年版,第155页。

睹,最后由拾荒的老妇人送到医院,却已回天乏术。2013年8月上海高温,一名老人中暑昏倒在滚烫的柏油路上,甚至也没有一个人敢上前扶起;这样的悲剧在中国层出不穷,2006年彭宇案的判决对于中国社会的世风浇薄,实有推波助澜的作用。

科举制度固然有其不可免的流弊,清朝知识分子在"文字狱"的威胁与"八股文"的僵化下,日渐失去了义理思辨与理想实践的热情;但任何制度都不可能是完美的,晚清士人的僵化并非科举制度的问题,而是社会整体价值取向的问题。现今的高考制度让中国小孩从上小学开始就必须不断地背书、做题,将生活中大部分时间用在准备考试与练习考试上,标准答案式的考试方法也让学生的思考简单化、标准化,失去了创意与好奇心,而几乎所有考生都不用承担家务、不需要讲求父慈子孝兄友弟恭,不讲体贴与同情、尊重与沟通,学问变成死的,学生对学习厌烦至极,一旦脱离学校、不再需要考试,就不愿意再拿起书本、享受阅读的乐趣,甚至从此停止学习,这是一个文化要保持其生机、不断精益求精最致命的伤害,而这种教育培养起来的学生也难以感受到学以致用、生命脚踏实地的喜悦,容易崇尚浮华的物质享受与虚无的高谈阔论;家长教育孩子唯有竞争与赚钱,孩子学到的便只是事物的价格而非价值。

台湾十多年前实行的是统一的高中联考与大学联考,当时能够进入一流名校就读的学生中,八成都是普通人家的子弟。后来教育当局参考美国体制而掀起一番改革,将入学方式多元化为申请入学与指定考试或基测、学测等,但这些改革却持续遭到学者的非议,对美术、音乐等才艺的要求变相地让出身贫穷的小孩更难以翻身,改来改去,只是令社会趋向更严重的贫富对立。再好的制度,都会被自私偏邪的人心搞砸。台湾的全民健康保险制度就是一个最好的例子。健康保险开始于1995年,本来是为了帮助贫穷无力负担医药费的弱势阶层,立意是极正面极良善的,但使用起来却是无比浪费与不合理,官商勾结、制度不全,某些不肖医生与病人串通伪造病历冒领健保费,也有许多病人因看病便宜,便"医比三家不吃亏",看病如同逛超市,一天三家,导致台湾医生不堪负荷,纷纷投向医学美容、眼科、皮肤科等医疗纠纷少、赚钱快速的科别,妇产科、内科、外科、小儿科四大科别已呈现近"四大皆空"的状态。

在知识分子普遍提倡甚至信仰"制度"的今日社会,我们亦应意识到"人心"于其中的关键作用。不良的制度会败坏人心,但优良的制度也未必能够取代人心的教化,唯有并重体制、律法与教育、道德,方能成就社会整体的和谐。

二、禅　宗

在科举制度盛行的唐朝,产生了许多专职考生,这些考生戮力于准备科考,为求清静,许多人跑去依傍寺院,不但环境清幽、作息正常、师友聚集,每天寺方还供应三餐。读书人赴京赶考的路上也大多在寺院里挂单,后来改编为戏曲的《西厢记》,原型来自元稹的《会真记》(又名《莺莺传》),主角张生便是在前往京师的路上寄宿于普救寺,而认识了女主角崔莺莺。科举考试虽然也考五经,但多着重于背诵,很少读书人用心去探求其中精神;真正花读书人脑力与心力的是诗赋所需要的创意与掌故,神话传说与历史故事成为读书人目光焦点所在,佛学的探讨也蔚为风气,几乎每位士大夫都熟读《华严经》与《法华经》,文人聚会时记不起五经不要紧,但听不懂佛机禅理,那可就逊掉了。也因为诗赋取士的影响,读书人已不像汉朝人那样注重人品气节、刚正光明,而更崇尚风流倜傥、才华横溢,像杜甫这种纯儒气息的爱国诗人可说是难得一见,不过杜甫走苦情路线,汉代如范滂则更属于刚毅派。

佛教从东汉末年传入中国后,大盛于魏晋南北朝时期,在南北文士

151

与僧人反复思索与辩论下,结合中国本有思想而发展出许多不同流派来,比如阿倍仲麻吕前往扬州力邀的鉴真大和尚便属于律宗,在此之前还有天台宗,天台宗之后更有禅宗,禅宗可说是佛教完全中国化的代表,已经失去了佛教原本强烈的出世意味,而完全与日常生活结合,在日常事物中认取生命本质的活泼自然。

禅宗初祖是达摩,达摩是释迦牟尼佛第二十八代传人,他在梁武帝时乘船东来,之后印度便被穆斯林占领,佛教因而在天竺绝迹,其传承从此移转到中国来。达摩在广州上岸后,听说梁武帝信奉佛法,便去拜访他;梁武帝盖了许多佛寺、造了许多佛像、印了许多佛经,也鼓励百姓出家学佛,自以为功德无量,便问达摩:"我做了这么多佛事,我有多少功德?"达摩回答道:"实无功德。"布施本是为了让人摆脱对名利的执著,将心扩展到包容更多他人,从而忘掉小我的烦恼忧苦,梁武帝的提问显然透露出他对自我和功德的执著,因此虽然做了很多佛事,但实际上心是没有任何改变的,所以达摩说他没有一丝一毫的功德。梁武帝又继续问:"什么是功德?"达摩答道:"功德是清净圆融的智慧,对无常有限的小我无所执著,这不是世俗行善可以达到的。"梁武帝丈二金刚摸不着头脑,达摩知道梁武帝志不在真正的佛法,便一路往北走,来到嵩山少林寺,在寺后头面壁静观了九年,少林寺后来便成为禅宗的祖寺。

达摩面壁期间,二祖慧可慕名而来。慧可俗名叫姬神光,本是儒家学者,但一直无法从儒家经典中找到解脱之道,40岁时听说了少林寺的"壁观婆罗门",便前来拜达摩为师;然而,达摩整天面壁,对神光不理不睬,神光忖度:古人为了求法,就算敲开骨头抽取骨髓,或者跳下悬崖去喂老虎也在所不惜,这应该是大师对我的考验吧!于是仍日日随侍在侧。太和十年(486年)十二月九日,深冬里下起了大雪,神光站在雪里守候了一天一夜,雪积到了膝盖,他还是坚定不移,达摩心生悲悯,终于开口问他:"你一直站在雪里,究竟求什么?"神光流着泪回答道:"只求和尚慈悲,为众生讲说佛法。"达摩说:"佛法高深精妙,岂是小功德小聪明、轻率心傲慢心可以求得?"神光听了,立即拿利刀砍下了自己的左臂,放在达摩面前,以示自己求法的决心。达摩终于被打动了,为他讲说佛法,并赐给他法号慧可。后来人常常误以为禅宗是轻松的学问,但从慧可壁前立雪与断臂求法的决心,我们可以看到禅宗的修行一点也不轻松,甚至是刻苦到不近人情的地步。现在少林寺后山上还有个立雪亭,纪念这份轰轰烈烈的求法精神。

　　慧可成为禅宗二祖,之后传给三祖僧璨,再传给四祖道信,其后是五祖弘忍,最后是六祖慧能(亦作惠能)。六祖慧能是禅宗最具戏剧性的祖师,他本是南方一名不识字的樵夫,一天他砍柴、卖柴结束后,回家路上在茶棚下听到有人讲说《金刚经》,他当下若有所得,问明了讲者从何处学习佛法,便将母亲交托给邻人,自己从广东走了三十几天,来到湖北黄梅山东禅寺拜见五祖弘忍。五祖见到慧能,一开始并不以为意,问他是哪里来的、来做什么,慧能回答:"我是岭南新州人,不远千里来到这里,只求作佛,不求其他。"弘忍说:"獦獠(南方蛮人)也想成佛?"慧能随即回答:"人虽然有南北之分,但难道佛性也分南北吗?只要能够明心见性,就是福田。"弘忍一听,知道他根基深厚、悟性颇高,但唯恐其他弟子心生嫉妒,惹来杀身之祸,便对他大喝:"你这个蛮子还挺能言善道啊!去柴房干活吧!"便让慧能在后院里做粗活。

　　一日,五祖召集众弟子,宣布道:"你们整天只知道求福田,不知道生死解脱大事。如果自性迷失,积福又有什么用处?你们各自去参悟参悟,写个偈语来我瞧瞧。如果掌握了佛法的根本,我就把衣钵传给他,当第六代祖。快去快去,一思量就错了!"众人退下后倒没打算花心思写偈语,都觉得衣钵肯定非大师兄神秀莫属,他现在都能帮师父开讲了,大家等着以后靠大师兄就是了。神秀知道大家等着看他的偈语,但又想到若写偈语求法还说得过去,若求衣钵可就落俗套了,跟凡人没差别。这可怎么是好?他思前想后,苦恼了四天,写好的偈语捧到五祖门口转转又退回来,来来回回十三次,人都要晕了,忽然心生一计:写在墙上！如果五祖说写得好，就出来认领；如果说写得不好，那就枉费他这些年的工夫了！于是半夜捧着灯将他的偈语写在南堂墙上："身是菩提树，心如明镜台；时时勤拂拭，莫使惹尘埃。"

隔天众人看到了偈语，赞不绝口，五祖接到消息，走过来看了良久，才微微点头说："依此修行，可以避免堕入地狱，对解脱轮回大有帮助。"并让弟子默念持诵。神秀心上石头终于落了地，隔天半夜三更被叫到五祖房间，想着该是要传衣钵，可怎么是这诡异的时间呢？想不到五祖竟告诉他："你的偈没见到自性，只在门外站着，还没进门。""无上的智慧应该是不假思索的，要在当下看到自己的本心。你再去想想，重新作偈。如果可以，我就把衣钵传给你。"神秀一时像是五雷轰顶，回去后怎么也想不出到底哪里出了问题。

有一天，在伙房里工作了八个月的慧能听到有人朗诵神秀的偈语，便请他引路去观看，但慧能不识字，恰巧旁边有位江州刺史副佐张日用来此参观，便请他帮忙读出来。慧能仔细听了，摇头说："这首偈没见到自性。"并请张副佐写下他的偈语："菩提本无树，明镜亦非台；本来无一物，何处惹尘埃？"弘忍再次听到消息，赶到堂前，看到围观众人啧啧称奇的表情，唯恐慧能遇害，便脱下鞋子擦去偈语，边擦还边说："没见自性啊！没见自性！"

这是禅宗里最著名的公案，衣钵后来悄悄传给了慧能，慧能拿了衣钵一路南逃，隐姓埋名；之后由他口述、弟子记录的《六祖坛经》，成为中国唯一一部非佛陀所说的佛经；禅宗自此分为南宗与北宗，南宗由慧能主导、讲顿悟，北宗是神秀带着众师弟、讲渐修。只知修行却不知自性何在，固然修了也白修，但许多人只讲明心见性当下成佛，却不肯脚踏实地老老实实地修行，却也是漫无边际，徒增狂妄与轻慢。禅宗衣钵由一名完全不识字的南方野人获得，实是跌破众人眼镜，而这也是为了打破佛教界日益在文字上求佛法、讲究名相、争夺权位的陋习。佛教发展到唐代，几乎已是家家观世音；元和十四年，法门寺打开了珍藏佛骨舍利的地宫，唐宪宗迎佛骨入宫供奉三天，一路上万人空巷。韩愈看不下去,写了《谏迎佛骨表》来僻佛,后来也不了了之;俗人追求福禄,僧人追求权位,看重名相钱财更胜于真理智慧,五祖弘忍还必须几番装腔作势来保护慧能,佛门中人都可能为了衣钵不惜杀人灭口,情势的危急与僧德的败坏可想而知。

禅宗完成了中国佛教在学理与形式上的改革,它不像西方的宗教改革要流血动兵、突破重重艰险,而是在有学识的出家僧人与在家居士的讨论辩难中,不费一兵一卒便完成了。禅宗的修行理念是"不立文字,教外别传;直指人心,见性成佛",文字、经典都不是真正的佛法,智能也不是从文字书本中求,而是要在人生日用、生活实境上认取;禅宗讲参禅悟道,明白自性的话就算文盲也能豁然开朗,不明白的话读遍千经万典也没有用。由于这种不重文字、宗教等形式的理念,禅宗修行者多为居士,完全脱离了原始佛教出世厌离的心态,而呈现一片活泼的生机,修行者所需致力的不是外在形式的讲究雕琢,而是内在心性的开悟明朗。

三、中国艺术精神

禅宗既然不以文字传法,主要的教学方式便是"参公案",所谓"公案"是指祖师的一段故事或言行。禅宗第一公案当属释迦牟尼佛在灵鹫山法会上当着众人面前拈起一朵花来,却默默不说一句话,所有人都莫名其妙,只有大弟子迦叶尊者破颜微笑;并非佛陀要故弄玄虚,而是真正的佛法智慧实在无法用语言文字传达。唐宋之际禅宗大为流行,几乎所有读书人都会去寺院里找和尚参禅悟道,比如苏东坡与佛印禅师是好朋友,两人经常一起谈禅论道,一天苏东坡觉得自己参禅有得,便得意地写下一首诗:"稽首天中天,毫光照大千。八风吹不动,端坐紫金莲。"写完立即让书僮送过江去给佛印;东坡本来满心期待着佛印的赞美,但佛印看了之后只是微微一笑,拿来红笔写下"放屁"两字交

由书僮带回;苏东坡看了斗大的"放屁",不由得怒火中烧,立即上船过江去找佛印理论,岂知到了门口一看,大门深锁,门上贴着一张纸,写着"八风吹不动,一屁打过江"。虽然这段趣味横生的故事可能是杜撰而来的,却很能说明当时文人与禅师之间的密切来往。

苏门四学士之首的黄庭坚也有一段公案故事。黄庭坚当时去找晦堂禅师,禅师举《论语》中"孔子谓弟子:'二三子以我为隐乎,吾无隐乎尔。吾无行而不与二三子者,是丘也。'"这段话,请黄庭坚解释。黄庭坚讲了一番,禅师说不是,他思来想去,又说了另一番,禅师还是不同意,黄庭坚说到都怒了,两人沉默了许久。当时夏天刚过去,秋天慢慢有了些凉意,院子里满溢着花木的香气,禅师便说:"你闻到木樨香了吗?"黄庭坚说:"闻到了。"晦堂禅师说:"我对你没有任何隐瞒啊!"黄庭坚于是豁然领悟。香气无法用文字来描述,但它就在那里;一如孔子的心志、人格是言语难以传达的,但在举手投足、乃至眼神的质感、说话的音调中,自然表露无遗。

在中国传统文化里,人本身是个整体,任何外在的表达都是内在心境的体现,比如我们会说一个人"眼睛很有神"、"气色不太好",或者"感觉带点阴气",这些感觉无法丈量或具体描述,但确实存在。现代人受西方理性主义影响,一切都要量化才觉得踏实,即使是质,也必须是可以量化的质,一幅画画得多好,得看它在拍卖会上喊出多少钱;一件衣服设计得多有质感,取决于吊牌上的标价,现代人眼里只有价格没有价值,对清风明月、花香鸟语这些免费的无价之宝却都熟视无睹了。北京从2012年12月起持续遭到严重的雾霾污染,空气虽然不要钱,但花钱也买不到清新的空气,这是现代人做梦也想不到的。

禅宗对"自性"的认取与对"道"直截了当的体悟,深深地影响了中国的艺术发展;这些言外之意、弦外之音、画外之象,正是中国艺术所致力追求的最高境界。香港学者谭家哲先生曾经这样描述一段他自己学习围棋的奇特经验:

在勤于习棋之数年中,我每清晨早起打谱。从古谱至今谱,从日本传统至中国传统。记得一次,在摆丈和晚年与秀和之棋谱时,至第三十九手,时晨光由窗外映照在棋盘上,我眼前突忽观见一京都石园之观景景象,其空间之美是如此难言,我实不知这是幻象抑古人之境界。①

　　谭先生是法国巴黎大学的历史哲学博士,在学术著作中写出这样一段经验,当不是哗众取宠、故弄玄虚。他的这段描述让我想起《史记·孔子世家》里,孔子学鼓琴于师襄子的故事。故事大致是说孔子向师襄子学琴,练习了十天还不换曲子,师襄子忍不住催他:"可以换一首了。"孔子却回答:"我对曲调已经熟悉了,但还没掌握其中的技巧。"于是又练了几天,师襄子又说:"你的技巧已经掌握得不错了,咱们换一首吧!"孔子却又说:"但我还没掌握到其中的志趣!"好吧!继续练。过了几天,师襄子又忍不住来催促:"你已经掌握其中的志趣了,现在行了吗?"孔子说:"我还没领会其中的人格精神!"一段时间后,孔子忽然眼望远方、悠然有所深思,缓缓说道:"我得到他的为人了,他肤色黝黑、身形高大,眼神明亮深邃,就像统治四方的君王,不是文王谁能做这样的曲子呢!"师襄子听了赞叹不已,离开座位向孔子拜了两回,说:"您说的正是周文王做的《操》曲啊!"

　　现代人的学习,往往急着向下一课、下一曲、下一本书前进,不停地累积知识或技巧,却无法掌握到其中的纲领脉络,更遑论其中蕴含的精神人格;孔子一心向琴曲深处追寻,从旋律到技巧,再到精神、人格,这方才是"学"的真义;而他最后得文王之为人,甚且形容出文王的样子,这与上文谭家哲先生摆棋谱时望见京都石园的经验,岂非异曲同工之妙!

　　这样的感悟并非空谷跫音,伯牙子期的高山流水,正是不藉言语而

---

①　谭家哲:《论语与中国思想研究》,台北:唐山出版社 2006 年版,第 13 页。

经琴音得以心意相通的例证,这就是"心领神会"。明朝徐上瀛的《溪山琴况》里,将琴音分为和、静、清、远、古、澹、恬、逸、雅、丽、亮、采、洁、润、圆、坚、宏、细、溜、健、轻、重、迟、速二十四种,这二十四个字不但可以形容琴音,拿来形容人的气质、眼神、字迹、绘画,而且也是一体通用的。日常生活中,熟悉的好友或家人间,也很容易在一个眼神或口气中了解彼此当下的所思所感,或者听脚步声、开门关门声,就知道是谁来了,这种细微的感受、生命的相通也是我们以自身经验便可以印证的。

庄子《庖丁解牛》故事里,庖丁解释自己分解牛的诀窍,在于"由道进乎技",他一开始看到的是整头牛,三年后再也看不到牛的整体,而是肌理节膝,十九年来,已经练到"不以眼睛观看,而以心神相会"的境界。类似的经验也可在现代人的纪录中看到,如德国哲学教授奥根·海瑞格(Eugen Herrigel,1884—1955)。他为了真正了解文献中所记载的东方神秘体验,决定到日本学箭术,从拉弓、正确地呼吸学起,花了无尽的心血以达到在肌肉完全放松的情况下维持拉弓的饱满;然后学放箭,但放箭并不是练习如何瞄准轴心,而是要忘掉思虑标靶、乃至射箭这件事,让内心保持一无所求的空明状态。真正的放箭是箭自己射出去的,这种境界超越知识、技巧、感官、意识,而以绝对专注的心灵处于当下,这种"绝对专注"包括忘掉对手、忘掉手中拿的弓与箭,乃至忘掉"我"。

又如中国古代家具也都蕴含着道。魏晋南北朝之前还没有高椅子,所有人都是跪坐在地上;就算唐朝之后高脚椅慢慢普遍,也都是木头做的,古人不用弹簧床垫,只用木板床,连枕头都是硬梆梆的瓷器。中国三四千年来何尝没有棉絮布帛,但却不曾制作舒适的沙发或软绵绵的厚床垫,主要是中国文化不是以追求舒适为主的文化,它甚至是刻意追求不舒适的,身体的安适简直是一种堕落,一个人坐无坐相、站无站样,就是不敬,对他人不敬还是其次,己心的放纵安逸才真正危险,无法时刻维持在专注谨敬的状态。或许有人会问:一定要时时刻刻保持专注吗？那不会很累吗？所谓"差之毫厘，谬以千里"，怕的不是片刻的懈怠，而是心志松弛日久，累积成习性，要改便很困难了。中国工艺追求实用，其重心也不在刻意雕琢，而在于器物呈现的气韵，中国历代工艺最高的时期非宋代莫属，现今留存宋代汝窑的瓷器不到百件，它们在淡雅质朴中蕴藏着细致的情韵，实为中国工艺之最高境界；后来清代的夸张雕琢，虽然巧夺天工，却已失去了中国文化含蓄蕴藉的精神。日本传承了中国许多文化的精髓，包括最为人熟知的茶道、剑道，乃至花道、书道、琴道，一切事物只要做到最高境界，皆合乎道。

中医在古代也是一种技艺。我们今日讲养生，想到的一定是中医而不是西医。西医不讲养生的，顶多呼吁人们多运动、饮食正常；中医则更加强调防患于未然，"愚者闇成事，智者睹未形"，愚笨的人，灾难临头了还不知道；而有智慧的人，在事情还没形成之前就预知征兆。这正是我们在《易经》里便可以看到的"道"。现代人喜欢熬夜工作、喝酒应酬，这样的人往往肝最容易出问题；为什么熬夜、喝酒最伤肝？中国古人认为人体是个小宇宙，相应于天地的大宇宙，天地有日夜寒暑，人体也有它的日出而作、日入而息。体内气的运行随着十二时辰而不同，人体因而必须依循十二时辰作不同的事情。比如五点到七点的卯时，气走到大肠经，就应该起床，喝喝水散散步，好顺利排便；七点到九点的辰时，气走到胃经，此时应该吃早餐，好让胃里有食物可供消化；一般得胆结石或胃病的人，许多是因为不吃早餐，该时间分泌的胃液无处作用，便侵犯胃壁，或凝结为石。晚上十一点到隔天凌晨一点的子时，气走到胆经，胆经是身体最重要的一条经络，影响体内细胞的新陈代谢，所以有人说这时间睡的是"美容觉"。

有些人因为中医擅长养生，而认为中医的效果较慢，这也是误会一场，如果遇到真正专业的中医师，一般疾病大概两帖药就痊愈了。1613年来华的葡萄牙神父曾德昭，在他为欧洲人介绍中国的《大中国志》书里，记载了中国医师的看诊，原文如下：

159

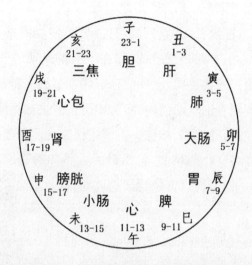

图6 十二时辰气走经络图(陈睦天制)

在江西省,我们有一位神父害了重病,医生摸脉后能说出他的痛是增是减,病情有无变化;我还听见有几个葡萄牙人肯定地谈到其他的病例。诊脉后他们马上开方子,……只开两服,一服早晨服,一服下午服。他们还写明要用多少水煎服,如何服用,何时服用,治病常常十分成功。

我要谈一位神父在南京城监狱里生病的事。他一开始生病,便马上派人请来一位医生,但发现他的药方无效,又去请另一位,第二位医生的药仍无效果,病越发严重,基督徒们再派人去请一位更有名望的医生,医生尽管很不愿意去那种地方,但在恳请之下他还是去看了那个病人。他诊过病人的脉搏,作了一般的观察,检查了病人的胸部,发现上面布满斑点,他得了麻疹。于是,医生立即开了三服药,一服病人早晨服,第二服午后一个时辰服(这是一种丸药,使病人上了四次厕所),晚上服第三剂。病情仍严重,神父到晚间已经到了不能说话的地步,都认为他要死了,但他熬到了早晨,突然很快好转。等到医生来诊脉时,发现他已不再发烧,于是告诉他病已治愈,只需节制饮食,以待恢复体力。情况就是这样,不久神父完全好了。①

中医不像西医，要微观地探究细菌、病毒、基因等，而是宏观地谈阴阳、寒暑、湿燥，中医的最高境界在于平衡的身体感，不湿不燥，不寒不热，所以有些胖子在西医看来除了体重过重，没有什么毛病，但在中医看来，可能是气血循环不良，肾功能失调而无法顺利排水，导致体内湿气过重，才形成虚胖体质，这样的人要减重，关键不在减肉而在减水；又如经常跷二郎腿的人，很容易骨盆倾斜，翘右腿的话，骨盆就会向左倾，脊椎为了平衡，不得不向右斜，久而久之脊椎就会长成 C 字形，所以古人特别强调坐姿要端正，现代人常常坐沙发，坐久身体蜷缩起来，不但脊椎歪掉，任督二脉气血也不流通，当然会出问题。一般人多以为"中医"之名意思是"中国的医学"，但其实它指的是追求至中、不偏不倚的医道；而这样的医道，正是中国传统核心思想——"道"在医学上的体现。

儒家思想经过两汉与魏晋南北朝的实践与转化，已彻底融为中国文化的骨干，建构起中国的政治、经济、社会、人际交往等的框架与原则；但儒家思想毕竟过于阳刚，用于建立人与人之间的共通架构与社会大群的规范秩序固然是合宜的，但对于人内在情感的渴求与独特个性的抒发，却有所不足，孔子的诗乐之教在两汉察举及隋唐科举制度形成后早已失传，而此后中国艺术精神的发展，便主要受到禅宗与道家思想的影响，逐渐走向"极静"的文化；在静定中追求富有哲理的人生体味。

我们现在习惯凡事讲"斗争"，要为权利斗争、为自己的、家人的、民族的、国家的利益斗争；但在古代，"斗争"是个非常负面的概念。中国古人受佛、道的影响，很早便看穿了人生实则是洞穴里火光投射在墙壁上的幻影，一切艺术、学问、哲理都是要帮助人藉由幻影来认识人自

161

① 曾德明：《大中国志》，何高济译，北京：商务印书馆 2012 年版，第 86—87 页。

身的主体,并透过自己的真实本体进而体悟天地间运行不坠的道。在这种观念底下所定义的人生最高境界是和谐,除了人与人间的和谐外,更重要的是自己内在的和谐。《中庸》首章说:"喜怒哀乐之未发,谓之中;发而皆中节,谓之和。"人心一切情感发出来,都要合乎中道、合乎人与自己、他人、宇宙的和谐。中和之道,是中国文化对人生的最高追求。

100多年来,中国被西方人以西方的标准定位为第三世界、发展中国家;但远在1300年前的唐朝,中国早已是当时世界的中心,中国文化是全世界最优秀的文化,唐太宗被尊为"天可汗",即天下的共主,远近国家都要前来学习唐朝的一切;中国被西方打败不过是近两百年的事,今日中国人大可不必妄自菲薄,只要吸取教训、补强不足,重返汉唐盛世自是指日可待。

补充引文

梁普通八年丁未岁九月二十一日也,广州刺史萧昂具主礼迎接。表闻武帝,帝览奏遣使赍诏迎请。十月一日至金陵,帝问曰:"朕即位已来,造寺写经度僧不可胜纪,有何功德?"师曰:"并无功德。"帝曰:"何以无功德?"师曰:"此但人天小果有漏之因,如影随形,虽有非实。"帝曰:"如何是真功德?"答曰:"净智妙圆体自空寂,如是功德不以世求。"帝又问:"如何是圣谛第一义?"师曰:"廓然无圣。"帝曰:"对朕者谁?"师曰:"不识。"帝不领悟。师知机不契,是月十九日潜回江北。十一月二十三日届于洛阳当后魏孝明太和十年也,寓止于嵩山少林寺,面壁而坐终日默然,人莫之测,谓之壁观婆罗门。时有僧神光者,旷达之士也,久居伊洛,博览群书善谈玄理,每叹曰:"孔老之教礼术风规,庄易之书未尽妙理。近闻达摩大士住止少林,至人不遥,当造玄境。"乃往彼晨夕参承。师常端坐面墙,莫闻诲励。光自惟曰:"昔人求道敲骨取髓刺血济饥,布发掩泥投崖饲虎。古尚若此,我又何人?"其年十二月九日夜天大雨雪,光坚立不动,迟明积雪过膝。师悯而问曰："汝久立雪中,当求何事?"光悲泪曰："惟愿和尚慈悲,开甘露门广度群品。"师曰："诸佛无上妙道,旷劫精勤,难行能行,非忍而忍。岂以小德小智轻心慢心,欲冀真乘徒劳勤苦?"光闻师诲励,潜取利刀自断左臂,置于师前。师知是法器,乃曰："诸佛最初求道为法忘形。汝今断臂吾前,求亦可在。"师遂因与易名曰慧可。光曰:"诸佛法印可得闻乎?"师曰:"诸佛法印匪从人得。"光曰:"我心未宁,乞师与安。"师曰:"将心来与汝安。"曰:"觅心了不可得。"师曰:"我与汝安心竟。"(《景德传灯录》)

惠能严父,本贯范阳。左降流于岭南,作新州百姓。此身不幸,父又早亡,老母孤遗,移来南海,艰辛贫乏,于市卖柴。时有一客买柴,使令送至客店。客收去,惠能得钱,却出门外,见一客诵经。惠能一闻经语,心即开悟。遂问客诵何经,客曰:"《金刚经》。"复问从何所来,持此经典,客云:"我从蕲州黄梅县东禅寺来。其寺是五祖忍大师在彼主化,门人一千有余,我到彼中礼拜,听受此经。大师常劝僧俗,但持《金刚经》,即自见性,直了成佛。"惠能闻说,宿昔有缘,乃蒙一客,取银十两,与惠能,令充老母衣粮,教便往黄梅参礼五祖。惠能安置母毕,即便辞违。不经三十余日,便至黄梅,礼拜五祖。祖问曰:"汝何方人,欲求何物?"惠能对曰:"弟子是岭南新州百姓。远来礼师,惟求作佛,不求余物。"祖言:"汝是岭南人,又是獦獠,若为堪作佛?"惠能曰:"人虽有南北,佛性本无南北。獦獠身与和尚不同,佛性有何差别?"五祖更欲与语,且见徒众总在左右,乃令随众作务。惠能曰:"惠能启和尚,弟子自心,常生智慧,不离自性,即是福田。未审和尚教作何务?"祖云,"这獦獠根性大利。汝更勿言,着槽厂去。"惠能退至后院,有一行者,差惠能破柴踏碓。经八月余,祖一日忽见惠能曰:"吾思汝之见可用,恐有恶人害汝,遂不与汝言,汝知之否?"惠能曰:"弟子亦知师意,不敢行至堂前,令人不觉。"祖一日唤诸门人总来。吾向汝说:"世人生死事大。汝等终日只求福田,不求出离生死苦海。自性若迷,福何可救? 汝等各去自看智慧,取自本心般若之性,各作一偈,来呈吾看。若悟大意,付汝衣法,为第六代祖。火急速去,不得迟滞。思量即不中用,见性之人,言下须见。若如此者,抡刀上阵,亦得见之。"众得处分,退而递

163

相谓曰:"我等众人,不须澄心用意作偈,将呈和尚,有何所益?神秀上座,现为教授师,必是他得。我辈谩作偈颂,枉用心力。"诸人闻语,总皆息心,咸言我等已后,依止秀师,何烦作偈。"神秀思惟:"诸人不呈偈者,为我与他为教授师,我须作偈,将呈和尚。若不呈偈,和尚如何知我心中凡解深浅。我呈偈意,求法即善,觅祖即恶,却同凡心,夺其圣位奚别?若不呈偈,终不得法,大难大难!"五祖堂前,有步廊三间,拟请供奉卢珍,画《楞伽经》变相,及五祖血脉图,流传供养。神秀作偈成已,数度欲呈,行至堂前,心中恍惚,遍身汗流,拟呈不得,前后经四日,一十三度呈偈不得。秀乃思惟:"不如向廊下书著,从他和尚看见,忽若道好,即出礼拜,云是秀作;若道不堪,枉向山中数年,受人礼拜,更修何道。"是夜三更,不使人知,自执灯,书偈于南呈心所见。偈曰:"身是菩提树,心如明镜台,时时勤拂拭,勿使惹尘埃。"秀书偈了,便却归房,人总不知。秀复思惟:"五祖明日见偈欢喜,即我与法有缘;若言不堪,自是我迷,宿业障重,不合得法,圣意难测。"房中思想,坐卧不安,直至五更。祖已知神秀入门未得,不见自性。天明,祖唤卢供奉来,向南廊壁间绘画图相,忽见其偈。报言:"供奉却不用画,劳尔远来。经云:凡所有相,皆是虚妄。但留此偈,与人诵持。依此偈修,免堕恶道。依此偈修,有大利益。"令门人炷香礼敬,尽诵此偈,即得见性。门人诵偈,皆叹善哉。祖三更唤秀入堂,问曰:"偈是汝作否?"秀言:"实是秀作,不敢妄求祖位。望和尚慈悲,看弟子有少智慧否?"祖曰:"汝作此偈,未见本性,只到门外,未入门内。如此见解,觅无上菩提,了不可得。无上菩提,须得言下识自本心,见自本性。不生不灭,于一切时中,念念自见。万法无滞,一真一切真。万境自如如,如如之心,即是真实。若如是见,即是无上菩提之自性也。汝且去一两日思惟,更作一偈,将来吾看。汝偈若入得门,付汝衣法。"神秀作礼而出。又经数日,作偈不成,心中恍惚,神思不安,犹如梦中,行坐不乐。复两日,有一童子于碓坊过,唱诵其偈。惠能一闻,便知此偈未见本性,虽未蒙教授,早识大意。遂问童子曰:"诵者何偈?"童子曰:"尔这獦獠不知。大师言,世人生死事大,欲得传付衣法,令门人作偈来看。若悟大意,即付衣法,为第六祖。神秀上座,于南廊壁上,书无相偈。大师令人皆诵,依此偈修,免堕恶道。依此偈修,有大利益。"惠能曰:"我亦要诵此,结来生缘。上人,我此踏碓,八个余月,未曾行到堂前。望上人引至偈前礼拜。"童子引至偈前礼拜。惠能曰:"惠能不识字,请上人为读。"时有江州别驾,姓张,名日用,便高声读。惠能闻已,遂言:"亦有一偈,望别驾为书。"别驾言:"汝亦作偈,其事希有!"惠能向别驾言:"欲学无上菩提,不得轻于初学。下下人有上上智,上上人有没意智。若轻人,即有无量无边罪。"别驾言:"汝但诵偈,吾为汝书。汝若得法,先须度吾,勿忘此言。"惠能偈曰:"菩提本无树,明镜亦非台,本来无一物,何处惹尘埃。"书此偈已,徒众总惊,无不嗟讶,各相谓言:"奇哉! 不得以貌取人。何得多时使他肉身菩萨。"祖见众人惊怪,恐人损害,遂将鞋擦了偈。曰:"亦未见性。"众以为然。次日,祖潜至碓坊,见能腰石舂米,语曰:"求道之人,为法忘躯,当如是乎?"乃问曰:"米熟也未?"惠能曰:"米熟久矣,犹欠筛在。"祖以杖击碓三下而去。惠能即会祖意,三鼓入室。祖以袈裟遮围,不令人见。为说《金刚经》,至"应无所住而生其心",惠能言下大悟,一切万法,不离自性。遂启祖言:"何期自性,本自清净;何期自性,本不生灭;何期自性,本自具足;何期自性,本无动摇;何期自性,能生万法。"祖知悟本性,谓惠能曰:"不识本心,学法无益。若识自本心,见自本性,即名丈夫、天人师、佛。"三更受法,人尽不知,便传顿教,及衣钵。云:"汝为第六代祖。"(《六祖大师法宝坛经·自序品第一》)

孔子学鼓琴师襄子,十日不进。师襄子曰:"可以益矣。"孔子曰:"丘已习其曲矣,未得其数也。"有间,曰:"已习其数,可以益矣。"孔子曰:"丘未得其志也。"有间,曰:"已习其志,可以益矣。"孔子曰:"丘未得其为人也。"有间,有所穆然深思焉,有所怡然高望而远志焉。曰:"丘得其为人,黯然而黑,几然而长,眼如望羊,如王四国,非文王其谁能为此也!"师襄子辟席再拜,曰:"师盖云《文王操》也。"

庖丁为文惠君解牛,手之所触,肩之所倚,足之所履,膝之所踦,砉然向然,奏刀騞然,莫不中音:合于《桑林》之舞,乃中《经首》之会。文惠君曰:"嘻,善哉! 技盖至此乎?"庖丁释刀对曰:"臣之所好者道也,进乎技矣。始臣之解牛之时,所见无非全牛者。三年之后,未尝见全牛也。方今之时,臣以神遇而不以目视,官知止而神欲行。依乎天理,批大郤,导大窾,因其固然。技经肯綮之未尝,而况大軱乎! 良庖岁更刀,割也;族庖月更刀,折也。今臣之刀十九年矣,所解数千牛矣,而刀刃若新发于硎。彼节者有闲,而刀刃者无厚,以无厚入有闲,恢恢乎其于游刃必有余地矣,是以十九年而刀刃若新发于硎。虽然,每至于族,吾见其难为,怵然为戒,视为止,行为迟;动刀甚微,謋然已解,如土委地。提刀而立,为之四顾,为之踌躇满志,善刀而藏之。"文惠君曰:"善哉! 吾闻庖丁之言,得养生焉。"

延伸阅读

[德]奥根·赫立格尔:《箭术与禅心》,鲁宓译,桂林:广西师范大学出版社 2007 年版。

思考练习

我愿意以谁作为我生命中的典范? 我选择他的原因是什么?

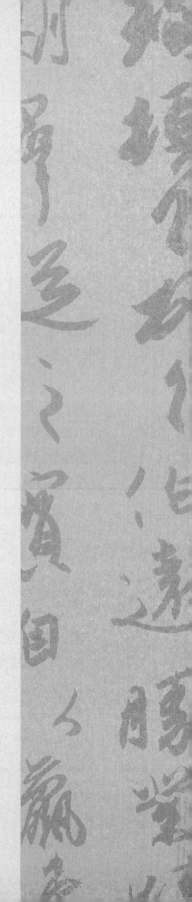

[第九章]

教化政治与儒学的复兴

在西方,人心还有宗教可以依循,即使宗教的力量已日渐微薄,却也仍撑持着它摇摇欲坠的价值;但在当代中国,问题便严重许多。中国人既不习惯西方的宗教信仰,自身传统的价值体系也在"文化大革命"中破坏殆尽,于是问题就出现了:人心怎么办? 人的幸福该往哪里找?

　　吴飞先生是北京大学哲学系教授,他在哈佛大学攻读人类学博士时所写的论文《自杀作为中国问题》,是我强力推荐给学生与朋友的优秀现代中国学术著作。这本书从 2002 年加拿大医生费力鹏发表的论文《中国的自杀率:1995—1999》说起,该文提出了中国的自杀率是美国的两倍之多,并且大部分自杀发生在农村的妇女、老人与年轻人中,迥异于西方的典型——城市、中年、男性。

　　当与马克斯、韦伯并称法国社会学三大奠基人的涂尔干(Émile Durkheim)提出的自杀学说,完全无法解释中国人的自杀模式时,要理解中国人为什么自杀,只能实际去问那些自杀的中国人。吴飞先生深入到华北各地的农村、县城考察,并从诸多现象中归纳、整理出中国文化发展下中国人特殊的思维模式。首先,他发现中国农村的自杀,在本质上大多根源于爱;从爱衍生出怨,乃至赌气、撒娇,更进一步转为吵架或表面看来的恨,自杀多半是这样的场景:平常相爱的夫妻两人,一言不合吵了起来,一时想不开,赌气拿农药灌入口中,另一方也狠下心来,要喝大家喝,要死一起死;或者是恨铁不成钢的母亲,对总爱泡游戏厅、屡劝不听的孩子束手无策,一气之下喝农药自杀。① 在这些场景中,自杀手段之所以被选择,根本上还是因为自杀者深信对方是爱自己的,如果是漠不相关的路人,不会有人期待牺牲自己宝贵的生命能对他造成多大的影响或冲击。

　　然而,在这些爱、怨、恨交织的自杀底层,往往是更深刻的社会文化;正如书中所举的农村老者所说:"女的为什么这么爱自杀? 就是因为妇女的地位太高了。"他的女儿在与丈夫吵架中自杀,原因并非我们

---

① 参见吴飞:《自杀作为中国问题》,北京:三联书店 2007 年版,第 10 页。

过去所以为的妇女地位低、长期受压迫，反而是因为在现代政治中，人人都被赋予了维护人格尊严、自由意志的权利，因而遭到一点委屈便无法忍受。"过去儿媳妇就跟奴隶似的，公婆怎么打骂都可以，那是受多大的苦？那时候她怎么不自杀？现在，人们地位都平等了，有点小别扭，动不动就喝药。""现在的人，气性太大了。"①自杀的原因或许未必纯粹是"气性太大"，但从这当中，吴飞先生勾勒出自杀的底层思维，在于追求或妥协"独立人格和面子"之间的两难；当依循传统伦理、秩序建立的生活失去了权威的约束，幸福并未如期降临，日子反而变得更加艰难；坚持尊严与让步转念之间的抉择，竟比过去儿媳妇的逆来顺受更不容易。这当中似乎存在着吊诡，但高自杀率的事实却明摆在眼前。

当自杀者送到医院时，他们的病历上并不会写明"自杀"，而是"农药中毒"、"甲胺磷中毒"等；而在公安局里，只要一个人被判定为自杀而非谋杀，公安局就不会再进一步过问自杀的原因，换言之，政府和健康部门都无权过问个人活得幸福与否；然而，个人的幸福并不因为这些冷漠而无足轻重，反而是让人以一瓶农药结束生命的要紧大事。这便牵涉现代政治的理念，在于保障人们的意志自由、人身安全与维持健康的福祉，但一个人要怎么活、该怎么活，却是现代政治极力回避的禁区。

"人心政治的这个困境，其实就是现代性本身的一个困境，也是善恶之争本来的一个含义。现代国家和古希腊的城邦不同，并不以人们的德性提升为根本目的，而是小心谨慎地划定了自己的职权范围。"②英国政治哲学家托马斯·霍布斯（Thomas Hobbes）于1651年出版的《利维坦》中，提出了现代国家概念，认为人在自然状态下是"孤独、贫穷、龌龊、粗暴又短命"③的，必然尽一切所能保护自己免于死亡，也尽

169

---

① 吴飞：《自杀作为中国问题》，北京：三联书店2007年版，第45页。
② 吴飞：《自杀作为中国问题》，北京：三联书店2007年版，第50页。
③ 该书全名为《利维坦，或教会国家和市民国家的实质、形式和权力》，利维坦本是《旧约圣经》中所记载的一种类似鳄鱼或鲸的怪兽，在这本书中比喻强势的国家。参见［英］霍布斯：《利维坦》，黎思复、黎廷弼译，北京：商务印书馆1986年版，第95页。

一切力量攫取世界上每样东西。为了满足人对死亡的恐惧与对物质的欲求,国家因而成为被赋予无限威权的机器,负责把自然界、疾病、他人或自己所可能造成的各种危险摒除门外;但在其他方面,比如人民幸福与否的问题,国家是完全不管、也不能管的;个人的幸福,若不靠上帝,就只能靠自己。建立在利维坦理论上的现代国家,的确替人的身体取得空前的保障,却也令人的心灵遭遇前所未有的荒芜;这情况就像是将一个没有地图、指南针的人放到一望无垠的原野上,告诉他:"你是自由的,你爱干嘛就干嘛,没人管得着你。"这种自由带来的未必是幸福,反而更可能是无所适从的恐惧、无法无天的冲撞和无边无际的迷失。

在西方,人心还有宗教可以依循,即使宗教的力量已日渐微薄,却也仍撑持着它摇摇欲坠的价值;但在当代中国,问题便严重许多。中国人既不习惯西方的宗教信仰,自身传统的价值体系也在"文化大革命"中破坏殆尽,于是问题就浮现了:人心怎么办? 人的幸福该往哪里找? 眼前可见的答案是"钱"。我的学生在我告诉他们"钱不是万能的"时,不经思考就能够脱口而出:"没有钱万万不能!"人人转向追求自利与经济的情况下,中国便在十年内创造了惊人的经济发展荣景;但经济的高速发展并未同时带来幸福快乐,2013 年 7 月 13 日《南方周末》报道,中国平均每年有 28 万人死于自杀,200 万人自杀未遂,而持刀杀人、摔死婴儿、蓄意纵火等报道更是屡见不鲜,厚厚的戾气与怨气盘旋在中国上空,甚至有愈演愈烈的趋势。

"如果不能为人们找到一条不但自由,而且淳厚;不但高贵,而且快乐的过日子的道路,我们哪怕不会堕落成一个没有出息的民族,也会变成一个冷酷的国度。关心人心的政治,不是可不可能的问题,而是无论如何要完成的任务。"①这是吴飞先生在一系列调查、思索与分析后所提出的结语,正是当代中国知识分子面对传统文化的断裂与现代政治的困境,所发出的最恳切的呼吁。

---

① 吴飞:《自杀作为中国问题》,北京:三联书店 2007 年版,第 55 页。

西方学者曾提出"冰山理论"，这个理论在心理学或社会学上都适用，即指面对任何人、事、物，我们所能见到的都只是一小部分而已，比如现象、事件、或稍微深层的模式，事物大部分是潜藏看不到的，包括结构与心灵状态。吴飞先生这部《自杀作为中国问题》正是体现冰山理论的典范之作；他从中国自杀问题的表象层层深入，分析了自杀者的思考模式，更进一步探讨当代中国的政治理论与传统文化之间在结构上的格格不入，最终提出了中国人心灵上所面临的困境，及中国文化的终极追求——如何幸福快乐的活着。

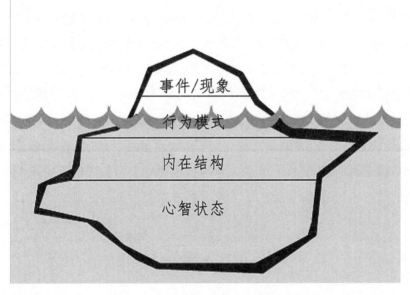

图7　冰山理论示意图（陈睦天制）

　　传统中国文化与当代中国政治在结构上的格格不入，主要在于二者对政治的定义，及政治与其他领域之间关系的不同认知。现代政治理论强调宗教不得干涉政治，但这样的政治理念并非一开始就是如此；将宗教摒除于政治之外的观念，最早或可溯源至1960年肯尼迪竞选美国总统时的演说。或许是美国民众对于中世纪罗马教廷插手欧洲各王国政治领域的忌惮与反感，肯尼迪竞选时所面临的最大挑战，便是对他可能将个人的天主教信仰与国政混为一谈的质疑;面对这样的质疑,肯尼迪在竞选演说中选择与质疑的声音站在同一阵线,表明:"我相信,总统应该视其宗教信念为私人事务,无论面对什么议题,避孕、离婚、言论审查、赌博……,总统的决定将只根据良知、只考虑国家利益,而不受教宗的压力或影响。"然而,政治真的能够只凭良知而不管道德吗? 一个人的良知真的能够不受他的宗教所左右吗? 这种自由主义影响下形成的政治理论,到了2006年,受到欧巴马强力的反思与抨击:"世俗主义者要求信徒在进入公共领域时把宗教留在门口,这是不对的。事实上,美国史上的历代大改革者,如道格拉斯、林肯、布莱安多罗西黛、金恩博士,其背后动力不仅来自信仰,在为使命辩护时也频频使用宗教语言。所以,说我们不该把'个人道德'带进公共辩论,实践起来简直是一种荒谬。根据定义,我们法律本来就是道德的法典化,其道德大部分来自犹太基督教的传承。"①现代政治的形成,从《利维坦》中概念的提出到现代国家的实践,不过四百多年,这期间经历了人类史上最黑暗的20世纪,发生了两次世界大战,仅有少数国家幸免于难,直至今日,它仍持续遭到质疑与挑战,政治应该摒除宗教吗? 政治能够不管道德吗? 我们过去所被灌输的信念,未必就是标准答案。

一、中国的教化政治

对中国古人来说,"政者,正也"(《论语·颜渊第十二》),政治最重要的功能是要端正人心、为人们指出一种正确的生活方式,并架构一套合理的社会制度。这样的"政治"并不局限于政治人物的操弄,而是从上到下弥漫在每个人的日常生活中。曾有人问孔子:您为什么不从政呢? 孔子回答说:"《尚书》说:'孝啊! 真是孝啊! 还能友爱兄弟。'

---

① 参见迈可·桑德尔:《正义:一场思辨之旅》,台北:雅言文化2011年版,第275页。

只要在家里能够实践孝悌,一切端正有条理,这也是为政啊!何必一定要从政呢?"(《论语·为政第二》)"政治"的本质在于引导人走上幸福快乐的道路,而非权力、名位、利益的竞逐争斗,只要能够让人民活得好,那就是政治的完成;但这个"活得好"却又极不易达到,并非拥有了健康、安全与自由,就等于拥有了幸福,通往幸福的路,走起来比想象中要艰难许多。

《论语·为政第二》里记载孔子对两种政治方式的区别:"以政事来引导人民、以刑罚作为人民行为的底线,那么人民只求免于刑罚,却培养不出羞耻之心;如果能够以道德来引导人民、以礼仪作为人民言行的标准依凭,那么人民不但知耻,还会有高尚的人格。"因此,高明的政治虽然有政事法规,但更强调道德;虽然有刑罚,但更强调礼乐;"道德"虽然难以丈量、捉摸不着,却是政治最终也是唯一的依靠。如果能够以道德来从政,那就像北极星一样,只要素位而行,一切人、事都会如宇宙群星般,围绕着他有秩序地运转(《论语·为政第二》)。而在这种以道德为主体的政治中,教化是最重要的政治方式。

司马迁的《史记》首开《循吏列传》,太史公说:"法令所以导民也,刑罚所以禁奸也。文武不备,良民惧然身修者,官未曾乱也。奉职循理,亦可以为治,何必威严哉?"能够依循天理、对百姓循循善诱的官员,就是循吏。《循吏列传》里太史公胪列了五人,包括我们前文提及的、对死人都能谨守礼仪的春秋郑国子产,子产当上郑国宰相一年后,游手好闲的浪荡子不再寻花问柳,头发花白的老年人不再需要干重活,小孩也不用下田耕作了;两年后,市场上买卖公平、童叟无欺;三年后,家家户户晚上不用关门,路上掉了东西也不会被人捡走;四年后农民直接把农具留在田里就行了,不用担心被偷走;五年后男人不用服兵役,遇到丧葬之事也会自发执行相关礼节。子产治理郑国 26 年,死时百姓哭啼哀号,忧心太平岁月从此一去不返。

汉代不少儒家官员怀抱着孔子"君子之德,风;小人之德,草。草上之风,必偃"(《论语·颜渊第十二》)的政治理想,在所统辖的地区力行教化,四川的文翁便是最著名的一位。文翁在汉景帝末年时担任蜀郡的太守,仁爱而喜好教化。他治理时的四川因地处偏远,颇有蛮夷之风;为了奖励地方青年向学,他挑选县里一些聪明有才的公务员,亲自申诫他们,将他们送到京师长安向博士官学习;并省下官衙的开支,买一些蜀地特产送给这些博士官。几年后,这些年轻人学成回乡,文翁都给他们安排较高的职位,甚至有些当到了县长、市长或掌理军政。他还在成都建立学校、招徕学生,为他们免除繇役,学习好的可以当官,其次的也赐予"孝弟力田"的荣誉。每次他到地方去巡视,一定要到学校去查看,并带领师生到各家庭去宣讲教化,其他官吏、百姓看了很是羡慕,于是没几年,大家都争着要进学校,有钱人甚至出钱来求取入学名额,蜀地因而教化大行、风气丕变,去长安城学习的人数甚至可以和山东这种教化悠久的地方相媲美;汉武帝主政后,更申令天下所有地方都要开设公立学校,而其肇始,实自文翁。文翁改变蜀地风气,主要是以教化而非刑罚,这样的官员在汉代初年并不多见,即使到了汉武帝早期,学术思想界仍以黄老为主,官吏贪污、出轨仍是普遍现象,只有董仲舒、公孙弘、儿宽三名儒者依经典所言来治理政事而颇有成就;汉武帝独尊儒术后,两汉像文翁这种以教育敦化民风的官吏便逐渐增多了。

东汉末年军阀混战期间,北平人田畴喜好读书、善于击剑,22岁时已展现与众不同的气概,声名远扬;当时的国防部长刘虞擢用他为幕僚,但他完成一次任务后,认为皇帝都还在动荡之中,自己岂可安于荣宠,坚决辞职。后来刘虞和公孙瓒不和,被公孙瓒杀害,田畴立志为知己者报仇,于是便到徐无山隐居。由于田畴令名在外,许多百姓便进山里来投靠他,几年间已经累积到5000多家;人多了,事情难免杂乱,田畴于是召集乡亲父老,约定伤盗诤讼的律法20多条,并制定婚嫁的礼仪、开始学校的授课讲学,众人遵从,不久也培养出了路不拾遗的淳朴风气,甚至北方的乌丸、鲜卑都听说了他的名声,派遣使者来向他致意、送他东西,田畴一一接纳,并劝说他们不要当盗贼。两汉由国家设立的公办学校在政局动荡时无以为继,便转由民间私人担负起教化、约束百姓的责任,中国社会底层因而能够长久维持稳定的局面,文化的传承也不因朝代的兴替而断绝。

即使在汉朝末年的混乱时期、徐无山那样政治力量管不到的地方,教育文化的传承、道德礼乐的规约还是百姓安居乐业不可或缺的必要元素;在儒家思想中,无论治理多少百姓,法律都只是次要的,最重要的手段是教育。① 将政治的意义压缩到与人心无关的条文、制度,是中国改革开放近三十年来的演变;但真正负责任的政治或文化,不应该只是把幸福的方向丢给人民自己去处理。中国文化较世界上其他文化更为重视君道与师道;这两者之所以重要,在于他们肩负着完成政治最重要的职责——教化,并藉由教化建立起社会秩序。

现代人动不动就要说“这是我的自由”、“这是我的权利”,不断向外争取的同时,却不肯反观自己的言行、品德是否配得上那样的自由与权利。孔子不讲自由、不讲权利,甚至不讲我,只讲我该怎么做、我该追求什么、我该如何对待他人、我该如何与自己相处;“我”并非独立、单一的个体,而是由天地宇宙、亲人师长、兄弟朋友等关系组合而成。试想如果把一个人丢到宇宙边陲孤零零一个,失去了与他者的联系与对照,“我”也就失去了意义;“我”是在与他人的互动中逐渐建立起来的。因此,在争取“我的”自由与权利之前,我们或许更应该自问:身为人子,我尽到了孝敬奉养、知恩图报的责任了吗? 身为朋友,我完成了该有的忠信谨敬、言行如一的本分了吗? 身为人,我体现了人的价值与尊严,而非动物的欲望与贪婪了吗?

兰州一名女子杨丽娟,在 16 岁梦见刘德华后,便日渐为他痴迷,不上学、不工作、不交朋友,一心一意地追星,她的父母劝说无效后,甚至卖房、卖肾筹钱资助她到香港、北京去见刘德华。2007 年,杨丽娟再度

① 参见吴飞:《从乡约到乡村建设》,收录于《思想与社会》编委会:《教育与现代社会》(《思想与社会》第七辑),上海:三联书店 2009 年版。

赴港参加刘德华的歌友会,并顺利与偶像合照,但隔天她的父亲却因为刘德华没有给杨丽娟特殊待遇,而跳海自杀。像杨丽娟这种舍本逐末、罔顾父母健康与平安的价值选择,岂是我们希望孩子"自由发展"出来的创意? 其他程度不至于此,但也令人摇头叹息的小孩比比皆是,有人说这是由于他们父母有钱、有权、有地位,而造就了这些富二代、官二代、权二代;也有人归咎于一胎化政策下,家长溺爱独子、独女的结果。但我以为,更根本的是教育理念上的谬误,甚或可说是阙如。许多人因为对传统教育的误解,以为那束缚人性、扼杀创意,而走向传统教育的反面——什么都不教、什么都不管,尤其最基本的待人接物、应对进退的礼节,丝毫不懂,以为这就是所谓的"尊重孩子"、"自由发展";殊不知这种不加以引导的有养无教,只能栽培出不知感恩、自以为是的下一代。

　　我当老师越久,越相信"一切都是教出来的"。聪明懂事、善解人意、勤快有礼貌的孩子是教出来的;懒惰无知、鲁莽无礼也是父母师长的纵容放任教出来的。今天为求分数、文凭的知识教育远非教化,而只是谋生的工具,孩子被剥夺了发展自己兴趣的空间,更被硬塞入许多难以消化理解的知识,言行、思想上却不曾有过合宜的引导与练习,我们如何期待他们长大成人后,能够成为知书达理、幸福感恩、满足快乐的人? 今日社会乱象的根源,实在于教育的偏废与失败。

二、儒学的复兴与三教融通

　　佛教发展到了宋代,已是读书人之间普遍的兴趣爱好;儒学表面上因科举而极盛,但却也因与官方的密切联结而受读书人的诟弃。儒学只是晋身之阶,追求身心性命的学问都要向佛教去寻找,不但文士多与禅师交往、讨论佛理,甚至还有"佛经四书"的提出,即《华严经》、《法华经》、《圆觉经》、《维摩诘经》;后来朱熹将《礼记》中的《大学》与《中庸》两篇独立成书,与《论语》、《孟子》合称"四书",很可能便是受当时佛教的影响。

就在这种表里兴衰的极大反差下,一些知识分子花了大半辈子学习佛、道却不得人生实在的真理后,开始思索回到传统儒家思想来寻找安身立命的法则。写作《爱莲说》的周敦颐,便是北宋第一位从道家学说返回儒家思想的学者,也可以说是第一位理学家,他的《太极图说》首先解释了宇宙的由来,"从无极而太极。太极动而生阳,动极而静;静而生阴,静极复动",这种对宇宙创生的关注本身便是道家思想,但他的学说仍以儒家思想为主体,"圣人定之以中正仁义而主静","仁义"是老子所反对的,于此我们便可以看出周敦颐学术的驳杂与趋向。

程颢、程颐兄弟16岁时去向周敦颐问学,周敦颐举《论语·雍也第六》中孔子称赞颜回"一箪食,一瓢饮,在陋巷。人不堪其忧,回也不改其乐"这一则,问他们:"孔颜之乐,所乐何事?"后来"孔颜乐处"便成为二程学说的起点与终极关怀,他们一开始便学习儒家思想,所以不再像道家那样谈论宇宙如何生成,而只谈实际人生该怎么活;当然他们同时也读佛、道经典,经过十多年的酝酿与沉淀,最终肯定儒家六经的道理才是他们所追寻的答案,也为宋代以后的理学发展奠定了儒家为主,佛、道为辅的规模。二程是后来理学大家朱熹的老师,他们对儒家思想的阐释与定位,便成为宋明理学的理解与追求;比如他们认为学习的目的是为了要成为圣人,言下之意即肯定"圣人"是可以藉由学习而到达的;如何学习才能够成就圣人呢?最重要的是端正自己的心志、涵养自己的性情,只要对道坚信不移,便能够持之以恒地实践,如此则时时处处、一心一意都在仁义上,久而久之,圣人可成。他们对"仁"的阐释极生动、极贴切;我们常说"麻木不仁",身体上某个部位血液不流通、麻木了,就没有感觉了,这就是不仁,所以仁就是有感觉,不只身体感官的视嗅听触,更是对生命中与己相关联的人所产生的感觉,当他们开心,自己也开心,他们受伤,自己也觉得痛,把他人当做自己生命的一部分,这就是仁;说来玄远,但想想父母亲对子女的关爱,可以付出一切不求

177

回报,甚至牺牲生命也在所不惜,这种至亲、切身的爱,就是仁;随着心量的扩大,我们的仁所涵盖的范围也就越多,直至与万物同体。

然而,在实际生活的修养过程中,事情往往不只是仁爱那么简单,当人心尚未达到圣人的境界时,很容易受到外物的影响,而思绪纷杂、揣想联篇,这时候该怎么办呢?道家主张"绝圣弃智",完全摒除知虑的思考;佛家主张坐禅入定,也是从根本上断绝心的作用。但要让心什么都不想毕竟是很困难的,我们大可试着一分钟什么都不想,不是发呆,而是让心保持一念不起的状态,便会发现"不想"比"想"还难。因为要让心真正"空"掉很难,所以二程便提出了要让心有"主",什么是心的主呢?只有"敬"一字;只要心中存敬、有主,就像一个装满的水壶,即使丢到大海里也不会再增加一滴,那么邪念、偏见就无从生起;我们日常中也可以依此来观察人,如果一个人的心中存敬,他的动作、姿态、言语必是谨慎庄重的;而如果一个人心中没有敬而浮躁不安,便会很容易打破东西、说错话、得罪人。这时代错误地倡导人要"张扬个性、凸显自我",但缺乏"敬"的张扬凸显,往往落于惹人嫌恶的境地;敬并非畏畏缩缩,而是对自身与他人的珍视、看重,不轻易发言、行动,但一言一行都恰到好处、诚恳实在。

二程的学生——朱熹的声名已是如雷贯耳,不须再多介绍了,但他的学说却往往受到当代中国人的误解,我的学生不假思索便会说出"程朱理学是在为统治阶层服务","儒家思想就是为统治者利益打算的封建思想"这种无稽之谈。朱熹当官的时间并不长,一生大抵都在福建老家五夫、武夷山、建阳附近教书讲学,晚年还被南宋朝廷宰相韩侂(音 tuō)胄排斥为伪学,他的朋友、弟子中当官的,都被贬官流放;直到他过世后,韩也过世了,才获得平反。朱子学说作为在野的思想,于此忽然在民间流行起来,到了元朝,他的《四书章句集注》才取代五经成为科举考试的定本,朱学也成为正统的官学。

朱熹特别勤奋用功,他主张必先读经、再读史,因为经书的道理最纯粹、最正确,唯有从经典中建立了是非判断的标准、掌握了对天道的认识,读史书时才能够看出历史运作背后的规则,历史也才能够成为对经书道理的阐释与印证。他的弟子纪录师生问答的《朱子语类》一百四十卷中,前九十三卷都是谈论经学问题,其余才是历史、人物、异端佛老之学。朱熹格外强调读经的方法,只有经书需要精读,从第一个字开始一字一字仔细思考,一天读半卷新的,再回头读前面看过的,一定要把每字、每句、每段的意思弄清楚,而且反反复复地读,刚开始看不懂是正常的,但认真看个五遍十遍,再傻的人也会懂得的。此外,读任何一本经书时,要让自己去除已有的成见、习惯,像一个干净、中空的杯子,以最谦虚的姿态聆听、理解、体会圣贤所要传达的意思,如此才能够进步,不然只是以经典来印证自己的想法,与自己相同的便认可,不同的便嗤之以鼻,这样读书对自身修养的提升是不会有任何帮助的。

因为对学习的重视,朱熹特别要求刚入门的弟子一定要先读《大学》,要明白做学问的本末先后,从生活实际入手,一步步深入其中的道理,这才是真正的学问。他的《大学章句序》中说,古代人 8 岁上小学,学习礼乐射御书数这些具体操作的知识技能,15 岁开始读大学,学习这些事情背后的抽象原则,比如正心、修身、治人的道理。学校里所教导的,不外乎有德者亲身实践收获的心得,不出日常实用、人伦交往的本分,学习的重点都在具体的生活里。古代小孩从小就要承担家务,从扫地、拖地、挑水到洗衣服、生火煮饭,生活是很实际的,不讲人情面子,不洗衣服就没有衣服穿、不做饭就没饭吃,每天的生活被这些具体实际的事物充满时,生命就会踏实。现代小孩只要负责念书,每天看的就是娱乐节目里明星载歌载舞、蹦蹦跳跳,伸手就能轻易向父母要到钱,这样的生活不易感知到生活的艰难与踏实,容易追求虚幻浮华的事物,即使做学问,也容易落入一些说来漂亮却无实践径路的虚无空谈,这实是最劣等的为学,连手边的事情都做不好,高谈阔论是没有用的。

明代王阳明的学问也是从朱熹学开始的。他 17 岁时为了实践朱熹所说的"格物致知",便和朋友跑去格竹子,对着一丛竹子苦思猛想,但他没真正理解朱熹"格物"的意思,格半天格不出个所以然来,他朋

179

友三天后就放弃了,他坚持格了七天七夜,反而病倒了;这一方面是他年轻时的天真,另一方面也可以看出他求道之心的热切。王阳明活泼好动、我行我素,结婚那天行完礼后到处闲逛,进了一间道观遇见一位道士正在修行,便与道士论道、练习静坐,弄了一天一夜,隔天才被岳父叫了回去。格竹失败后的王阳明便放弃了朱熹的路子,转向静坐打禅、兵法武术、长生不老,无所不学,他甚至练导引术练到了可以预知未来的境界,可见他下的工夫之深,并非样样通样样松、点到即止而已;但他修炼到了这种程度,却说这不是他要的,因为他发现自己对于父母、祖母的情感是割舍不下的,于是最后他还是回到儒学的路上来,从此便下定决心,要为天下做一些事。

王阳明 28 岁中进士,开始了仕途生涯。回归儒家后,36 岁时大胆地上书给正德皇帝,告诉他不要亲近宦官,并帮被冤枉的大臣说话,因而得罪大太监刘瑾,不仅被关进东厂,还在朝廷上被扒下裤子仗打 40 下,贬到贵州龙场驿。刘瑾一不做二不休,派了刺客去追杀他。王阳明在船上观察到有刺客,赶紧跳到江水中逃命,寒冬中在水里泡了半个晚上,上岸后躲到庙里取暖,从此得了肺病。龙场驿就是今天贵阳西北四十里的修文,是苗族、彝族的聚居地,刘瑾把他流放到那里,就是要他不去得死,去了也是死路一条。王阳明初来乍到没地方住,只好找个山洞,在洞口搭个草棚栖身,春天里,他要到处去挖野菜充饥,并亲自拿起锄头种田,他不禁感慨自己这辈子什么都可以放下,唯独生死一念放不下,便静坐专一,久而久之,胸怀转为豁达。家里派来伺候他的仆人都生病了,他亲自为他们挑水做饭,还要唱歌、讲笑话来帮助他们忘掉身上的疾病与处在蛮夷之地的艰困,他不禁思考:如果圣人在他的处境会怎么样? 周文王会怎么做? 孔子会怎么想? 他天天思考,有一天忽然恍然大悟:原来圣人在他的处境上,也就是这样啊!"始知圣人之道,吾性自足。"做圣人的道理不假外求,自性本来就是圆满具足的,这就是著名的"龙场悟道"。渐渐地,夷人也来亲近他,看他住的地方太潮湿,便帮他盖了龙岗书院,看他没东西吃,即使自己也吃不饱,还是给他送食物。

王阳明的"心学"便是在这样不堪的情景中诞生的。为什么自己明明在做对的事情、坚持圣贤之道,却要遭遇这样的苦难?为什么那些同样读圣贤书的人竟隔岸观火?而那些没有文化的愚夫愚妇却对他如此仁义备至?究竟人生有什么是可以相信依凭的?生活的苦难没有将他推向人性的阴暗面,反而启发了他对人人内在皆有"良知"的肯定,这就是"吾性自足"。悟道后,王阳明第一个提出的理念便是"知行合一",而反对朱熹的"知而后行";就像我们看到漂亮的东西,当下就知道好看,而不是分析各种成分、元素、颜色之后才觉得它好看;所以如果一个人说他知道,却做不到,这就不是真正的知,真知一定可以真行,知识学问要在实践当中才能真实体会,而真正体知明白的道理,一定能够自然而然地践行。个中关键便在一"真"字,那些读圣贤书考中科举的官员,在需要的时候不能挺身而出,正体现他们所学不真切。也因此,王阳明特别强调一切学问、智慧都要在"事上磨",要在社会人群中去身体力行,这才是阳明心学的真精神。

王阳明一生学过许多杂学,这些学问在他后来的人生中也屡屡发挥奇用,他甚至带兵打过好几场漂亮的胜仗;而无论赋闲在家、在朝为官,或羁旅军营,他持之以恒的是讲学不辍。龙岗书院是贵州第一间书院,他当江西巡抚时修建了濂溪书院,在绍兴盖了阳明书院,并曾在江西南昌书院、白鹿洞书院等地讲学,基本上走到哪开讲到哪。甚至在军营中,他白天带兵,晚上照样讲学,因为带兵最重要的是要心不乱,才能够判断正确、屡出奇兵,唯有透过讲学,才能够保持心的清明。儒家强调教化,几乎所有理学家都喜爱讲学,人人皆可教、处处皆可讲。北宋程颐曾经为哲宗侍讲,每次侍讲前都要先斋戒沐浴、澄明心志。有一天他要讲《论语》中"回也不改其乐"这一则,他的弟子认为这一篇跟国君没关系,有什么好讲的?程颐对哲宗讲解完文义后,就说:"士人就算住在陋巷、忍受贫穷还是一心一意地实践仁义,人君拥有最好的奉养、地位崇高,如果不知学道,岂不就被富贵腐化了?颜回具有辅佐人君的才华却过贫穷的生活,大夫季氏祸害鲁国却富比周公,鲁君用人取舍这么昏庸,难道不值得后人借鉴吗?"又有一天,程颐侍讲结束但还没离开,哲宗折了根柳枝来玩,程颐立刻板起脸来指正他:"春天柳枝才刚发芽,不可无缘无故攀折它。"搞得哲宗很没意思。

　　一个人的精神,不展现于他多能说,而在于他能够活出怎样的生命姿态。受到理学的影响,宋儒都特别讲求气节,强调忠君爱国的精神、圣主与贤相的配合,对于历史文化、天下百姓特别具有承担的使命感。宋明理学对晚清的读书人影响很大,曾国藩便是其中最重要的一位;当时他率领湘军平定太平天国,早上还在读书,下午就要带兵打仗,晚上回家又写修身日记自我反省;他们相信:圣贤一定是豪杰,内圣与外王要并行;包括湘军里的名将李续宜、李续宾、罗泽南,都是这样的价值理想①。

三、书院学术与平民教育

　　我们今天常以北京大学于 1898 年的成立作为中国大学的肇始,但北大充其量只能说是中国的第一所西式大学,像中国这种极度重视历史、教育的文化,岂可能在西方影响下才想到成立高等教育机构呢? 从汉武帝在长安设立太学,由博士官担任教授、广招天下孝廉之士开始,中国就有了正式的国立大学。其后各地官办学校也如雨后春笋般成立。魏晋南北朝期间,社会混乱、政局动荡下,公办学校没落,教育权旁落到佛教寺院僧侣手中,儒学一方面虽仍在门第士族中传承不坠;另一方面却也逐渐在学术思想上失去主导权;到了唐代,几乎家家户户都供奉观世音,虽然五经为科举必考科目,但儒家思想在学术上已隐而不

---

① 王泛森:《权力的毛细管作用:清代的思想、学术与心态》,台北:联经出版社 2013 年版,第 272 页。

彰,各级官办学校主要招收官僚和贵族子弟,学生就读的目的也不是为了修身培德、经世致用,而只是为了科考当官。晚唐开始有了私人书院的创立,由于连年战乱,一些知名的学者选择风光明媚的名山胜地,主要招收学生开班授课,同时也做学术的研究讨论。到了两宋时期,书院的创设蔚为风潮,庐山的白鹿洞书院、长沙的岳麓书院、河南商丘的应天府书院、嵩山的嵩阳书院并称四大书院,在当时文化堪称世界第一的中国,地位可比今日美国的常春藤盟校。

书院的主持人称为洞主或山长,书院立有学规,平时学生自己学习,洞主十天半月讲课一次,并按月考察功课,奖优罚劣。偶尔有学者官员到附近就任时,便邀请他们来客座讲学,如朱熹担任南康知军时(公元1178年),重兴庐山白鹿洞书院,亲任山长,制定《白鹿洞书院揭示》学规,不同于一般校规多半是关于学生不可以做什么的禁令,朱熹的学规回到学习本质上,引导学生认识学习的方法与道德修养的原则,体现了朱熹对《大学》"格物、致知、诚意、正心、修身、齐家、治国、平天下"治学思想的理解;朱熹办学灵活,除了自己授课外,也邀请知名学者前来讲学、讨论,南宋淳熙八年(公元1181年)他便邀请了思想上与他相对的陆九渊前来会讲。陆九渊讲说了《论语》"君子喻于义,小人喻于利"这则,深受师生欢迎,有人甚至感动得落泪,朱熹事后更将陆九渊讲授的内容刻石为碑,竖立在书院门口。后来朱熹担任湖南安抚使时(公元1191年),也应著名学者张栻之邀来到岳麓书院讲学,史称朱张会讲,高峰期间曾三天三夜不下讲坛,学术论辩的风气大盛,吸引了大批学者与学子前来讨论、学习。朱熹白天在官衙处理公事,晚上便渡过湘江到书院去讲学,可谓"学而不厌,诲人不倦"之典范。

书院学者多半经济独立自主,秉持传承儒家关心政治时事的精神,课堂间往往直言讽议朝政、品评人物。明朝后期万历皇帝长年不理政事,无锡东林书院主要学者顾宪成、顾允成、高攀龙便对批判当时的宦官干政与朱熹官学不遗余力,逐渐形成了"东林党",在民间蔚为一股强大势力。其他还有浙党、楚党、宣党、昆党、齐党,宦官便被称为阉党,

183

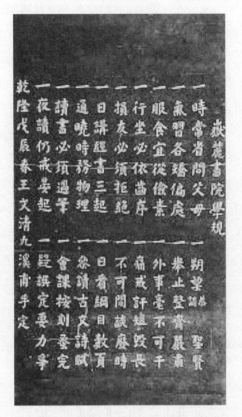

图 8　岳麓书院学规（资料图片）

彼此拉帮结派、抨击论议。中国的儒家读书人不曾自外于国家前途、民生日用之外，书院的兴衰也就与政局密切相关；明代曾发生四次朝廷禁毁书院，书院教育虽然暂时受到打击，一旦禁令解除，又充满生命力地快速复苏；在这些起落消长过程中，传承不绝的是读书人的进取心与中国文化积极入世、兼善天下的精神。

写《岳阳楼记》的北宋范仲淹，便是亲身实践"先天下之忧而忧，后天下之乐而乐"的儒家知识分子；他出生的来年父亲便过世了，母亲带着他安葬了父亲后，想要守灵三年，却被范氏家族排挤、遗弃不管，只好带着他改嫁当时苏州的推官朱文翰，此后范仲淹改名朱说（音 yuè）。范仲淹长大后从母亲口中得知了自己的身世，便辞别母亲来到河南应天府书院求学,读书特别勤快而刻苦,每天只煮一锅粥,放凉凝固后切成四块,早晚各吃两块,配些腌菜充饥。四年后他考上了进士当上参军,便迎回母亲奉养,并回到苏州向范氏家族要求认祖归宗。范仲淹一生功业浩大,跨足政治、军事、建筑、文学、哲学等,皆卓有成就,比如他修过海堤"范公堤"、在苏州治理水患、当过皇帝的文学助理、平定西夏叛乱、主持庆历变法;晚年担任杭州知县时,购买良田上千亩作为义田、在苏州为范家人成立义庄,接济族中贫困弱势的家庭,为此而倾家荡产,一家人只能借住官舍。范仲淹的义庄成为"农村共产制"的先声,后来这样的制度在中国普遍盛行,更有私家捐款开办的"义塾",供乡里贫困儿童免费上学,以及私人捐助的"学田"提供学校经费及奖学金。

儒家政治的本质在于教化,教化政治的最高目标在于进德修业,进德修业包括对自我的自惕自励与对他人的教化劝说,它不局限于学问的论讲探索,更要保障百姓安全,进一步淳化地方风俗、促进人民幸福。儒家思想所培养出来的正宗读书人,不但具有清明的理智,而且怀抱着强烈的宗教热忱,他们很清楚完成"世界大同"的责任,未必只有当官一途,也不是只在课室中宣讲而已,更重要的是平民教育,要走入人群中,对不识字的老翁老太、不曾上学的太太小姐、农民工人宣讲。

宋明理学家当官期间皆以教化乡民为首要之务。北宋张载在陕北云岩任官时最重视淳化民风、敦本务实,每个月在官衙中设宴款待地方上年纪大的老人,使乡人知道应该要善待长辈;并询问他们家里的情况,告诉他们如何教导晚辈。他也经常担心所发出的文告、教示无法真正让乡民理解,每每召集乡长,谆谆告诫他们要好好传达他的意旨。张载的弟弟张戬(音 jiǎn)担任四川金堂县县令时,也是以奉养老者作为政事的首重,拿自己的薪水来准备酒食招待老人家,并让他们的子孙在旁伺候,以劝教人民孝悌之道;人民有小小的善举便为他们登记在案,久而久之人民都被他的德教感化,连诉讼都减少了。程颢担任山西晋

第九章　教化政治与儒学的复兴

城县令时,每一乡里必设学校,他有空时就到学校与当地父老谈话,亲自为儿童教科书标点断句,老师如果教得不好就换人;更选择优秀子弟亲自教导,劝善罚恶,使百姓向善知耻;三年后,人民爱他就像爱自己的父母一样。

除了儒家学者官员的提倡外,民间乡党亲族中也有自发的自治组织,比如北宋陕西蓝田人、张载弟子吕大钧,是学者、官员,也是中国地方村规民约的创始人;他在回乡守丧期间创订了《吕氏乡约》,对于村民的日常生活、人际交往各种事务都有一原则规定,其主旨为"德业相劝,过失相规,礼俗相交,患难相恤",包括个人修身、齐家之道,平常礼尚往来、红白喜事彼此帮忙,非常时期遭遇灾难更要体恤互助共渡难关,遇有过失要互相规过劝善;乡约不仅写明了乡民应该如何做,同时还详细列出犯错后的惩罚,面对屡劝不改的人,便严格地将他排除在团体之外,所有人和他绝交,不给他任何位置,连奴隶也不给他当。乡约的精神在于以刑罚来辅助教化,而不是以刑罚作为教化的主体,这是古今面对法律在态度上很重要的区别;如果只有教化而没有处罚,容易流于乡愿式的"说说而已";但如果只有处罚而没有教化,则形同孔子所说"不教而杀谓之虐"(《论语·尧曰篇》),也是不合理的;唯有教化与律法并行,重教化胜于律法,才是最好的政治方式。

儒家学者到各地当官、讲学的空当,也会聚集村民讲解乡约,点点滴滴移风易俗。后来这种村民自治的形式在中国农村普传,与范仲淹创立的义庄制度,为中国农村自治奠定了经济与文化的两大基石。曾在一场讲座上聆听一位学者说他小时候正值抗日战争,百姓流亡到他们村庄,村里所有人都拿出家里的米饭来招待他们,满大街的患难相恤;我们今日到一些未受物质、资本主义影响的乡间去,还是可以感受到农村人淳朴好客的热情,拥有的不多,但给予的却很多,这就是中国传统文化最底层、最草根的精神。

儒家为每个人在宇宙天地间的定位创立了一条正道,从个人的修养出发,向照顾他人的方向前进,以照顾天底下所有人为终极目标;一个人可能真正照顾天底下所有人吗? 不太可能,所以这条正道也就可以说是没有尽头。每一个在这条路上行走的人,不需要担心万一路走到了头怎么办,只需担心自己如何能够好好地走这条路;只要依循这条正道去走,便能够安身立命、实现生命的价值。

现在许多高中学生流行高考后,在学校将书本撕成一片一片地从楼上往下扔,并以片片纸张遮没地板的壮景为大快人心。这情景看在古代中国读书人的眼里,恐怕是既诧异又心疼吧。现代人将一切商品化、功利化,教育是为了高考、高考是为了大学文凭、大学文凭是为了找工作,一切都有一个非常功利性、物质性的目的,由于功利性的目标暂时完成了,才会有撕书这样的举动。而且不只大众将教育工具化,教育者本身也自我功利化,表面上大家为了找到更好的工作,不得不缴付学费以求取文凭,而提供了教师赖以谋生的工作,实际上这是对教育最大的贬值。

2013 年 8 月,《网易数读》的报道引用盖洛普公司针对美国家长对中小学教学的期望所做的调查报告,指出 3/4 家长认为学校应该帮助孩子掌握批判性思考与沟通的能力,64% 的家长强烈要求学校应当教会孩子建立有价值的人生目标。相较之下,中国许多家长只希望孩子可以在考卷上填下标准答案、在高考竞争中赢过他人,实显得舍本逐末。虽然有些父母会觉得:在这个资本主义、弱肉强食的世界,如果不以功利取向来做事,怎么竞争得过别人呢? 怎么活得下去呢? 但这种不顾个人兴趣与道德的教育,最后吃亏最多的其实是自己挚爱的孩子。大好的青春岁月、人生最重要的学习成长过程就这样埋没在这些不感兴趣,或者本来感兴趣但在过度的压力下也生起厌烦、厌倦的知识里了。青春年少,实在应该拿来思考、探索自己想要赋予人生什么样的意义、想要成为什么样的人、想要走什么样的路。而教育除了知识的传授,更应该告诉孩子该怎么为人处世、为孩子的心灵确立明确而坚定的价值观,从整体的规划到细节的把握,以确保孩子长大后已有一套做人原则,会思考、能做事、可以解决问题、看得到别人的需要,并愿意把他人的幸福视作自己的责任。我自己在第一线教学上所接触的学生虽然不乏谦虚优秀者,但大多数往往自以为是,却又什么都不会,连使用电脑软件写一份报告,达到格式正确、标点符号无误、没有错别字、不抄袭、准时缴交这些很基本的要求都无法做到。这不是今日教育的失败吗?

2013 年 7 月 8 日,原铁道部长刘志军因受贿、滥用职权被判死刑;7 月 25 日,原重庆市委书记薄熙来被控收贿、贪污、滥权,曾经的叱咤风云转眼成为阶下囚。相较之下,1529 年 1 月 9 日,王阳明在江西南安的一条小船上病逝,临终前,身边弟子问他有何遗言,他说:"此心光明,亦复何言!"此亦人也,彼亦人也,人生的方向在哪里?名、利、权能够给人生多少保障? 回归到中国传统最朴实的价值观,我们才会发现,人生没有那么多浮华值得追求,踏踏实实过心安理得的日子,男人有工作、女人有归宿,小孩获得教养,老人得到赡养,出门不用担心被砍、晚上不用担心被偷,积蓄不用担心忽然人间蒸发、工作不用担心老板赖账逃跑,这种生活很平凡,却是生命所能拥有的最实在、最美好的岁月。

补充引文

或谓孔子曰:"子奚不为政?"子曰:"书云:'孝乎惟孝、友于兄弟,施于有政。'是亦为政,奚其为为政?"(《论语·为政第二》)

子曰:"道之以政,齐之以刑,民免而无耻;道之以德,齐之以礼,有耻且格。"(《论语·为政第二》)

子曰:"为政以德,譬如北辰,居其所而众星共之。"(《论语·为政第二》)

景帝末,文翁为蜀郡守,仁爱好教化。见蜀地僻陋有蛮夷风,文翁欲诱进之,乃选郡县小吏开敏有材者张叔等十余人亲自饬厉,遣诣京师,受业博士,或学律令。减省少府用度,买刀布蜀物,赍计吏以遗博士。数岁,蜀生皆成就还归,文翁以为右职,用次察举,官有至郡守刺史者。又修起学官于成都市中,招下县子弟以为学官弟子,为除更徭,高者以补郡县吏,次为孝弟力田。常选学官僮子,使在便坐受事。每出行县,益从学官诸生明经饬行者与俱,使传教令,出入闺阁。县邑吏民见而荣之,数年,争欲为学官弟子,富人至出钱以求之。由是大化,蜀地学于京师者比齐鲁焉。至武帝时,乃令天下郡国皆立学校官,自文翁为之始云。(《汉书·循吏传》)

畴乃为约束相杀伤、犯盗、诤讼之法,法重者至死,其次抵罪,二十余条。又制为婚姻嫁娶之礼,兴举学校讲授之业,班行其众,众皆便之,至道不拾遗。(《三国志·田畴传》)

明道曰:医书言手足痿痹为不仁,此言最善名状。仁者以天地万物为一体,莫非己也。认得为己,何所不至。若不有诸己,自不与己相干,如手足不仁,气已不贯,皆不属己。故博施济众,乃圣人之功用。仁至难言,故止曰己欲立而立人,己欲达而达人,能近取譬,可谓仁之方也已。欲令如是观仁,可以得仁之体。(《近思录》)

十有五年壬戌,先生三十一岁,在京师。八月,疏请告。是年先生渐悟仙、释二氏之非。先是五月复命,京中旧游俱以才名相驰骋,学古诗文。先生叹曰:"吾焉能以有限精神,为无用之虚文也!"遂告病归越,筑室阳明洞中,行导引术。久之,遂先知。一日坐洞中,友人王思舆等四人来访,方出五云门,先生即命仆迎之,且历语其来迹。仆遇诸途,与语良合。众惊异,以为得道。久之悟曰:"此簸弄精神,非道也。"又屏去。已而静久,思离世远去,惟祖母岑与龙山公在念,因循未决。久之,又忽悟曰:"此念生于孩提。此念可去,是断灭种性矣。"明年遂移疾钱塘西湖,复思用世。往来南屏、虎跑诸刹,有禅僧坐关三年,不语不视,先生喝之曰:"这和尚终日口巴巴说甚么! 终日眼睁睁看甚么!"僧惊起,即开视对语。先生问其家。对曰:"有母在。"曰:"起念否?"对曰:"不能不起。"先生即指爱亲本性谕之,僧涕泣谢。明日问之,僧已去矣。……三年戊辰,先生三十七岁,在贵阳。春,至龙场。先生始悟格物致知。龙场在贵州西北万山丛棘中,蛇虺魍魉,蛊毒瘴疠,与居夷人鴃舌难语,可通语者,皆中土亡命。旧无居,始教之范土架木以居。时瑾憾未已,自计得失荣辱皆能超脱,惟生死一念尚觉未化,乃为石墩自誓曰:"吾惟俟命而已!"日夜端居澄默,以求静一;久之,胸中洒洒。而从者皆病,自析薪取水,作糜饲之;又恐其怀抑郁,则与歌诗;又不悦,复调越曲,杂以诙笑,始能忘其为疾病夷狄患难也。因念:"圣人处此,更有何道?"忽中夜大悟格物致知之旨,寤寐中若有人语之者,不觉呼跃,从者皆惊。始知圣人之道,吾性自足,向之求理于事物者误也。乃以默记《五经》之言证之,莫不吻合,因著《五经臆说》。居久,夷人亦日来亲狎。以所居湫湿,乃伐木构龙冈书院及寅宾堂、何陋轩、君子亭、玩易窝以居之。(《王阳明年谱》)

某尝说知是行的主意,行是知的功夫;知是行之始,行是知之成。若会得时,只说一个知,已自有行在;只说一个行,已自有知在。古人所以既说一个知,又说一个行者,只为世间有一种人,懵懵懂懂地任意去做,全不解思惟省察,也只是个冥行妄作。所以必说个知,方纔行得是。又有一种人,茫茫荡荡,悬空去思索。全不肯着实躬行,也只是个揣摩影响。所以必说一个行,方纔知得真。此是古人不得已,补偏救弊的说话。若见得这个意时,即一言而足。今人却就将知行分作两件去做,以为必先知了,然后能行。我如今且去讲习讨论,做知的工夫,待知得真了,方去做行的工夫。故遂终身不行,亦遂终身不知。此不是小病痛,其来已非一日矣。某今说个知行合一,正是对病的药。又不是某凿空杜撰。知行本体,原是如此。今若知得宗旨时,即说两个亦不妨。亦只是一个。若不会宗旨,便说一个,亦济得甚事? 只是闲说话。(《传习录》卷上)

延伸阅读

吴飞:《自杀作为中国问题》,北京:三联书店 2007 年版。

思考练习

我对身边社会的哪些部分满意? 哪些部分不满意?

[第十章]

中西接触与中国文化的展望

　　当代中国一切乱象最主要的问题根源,在于价值的失落,对自己没有原则,对社会没有责任,对国家没有信心,对生命没有信仰。在中国日益富强的今日,我们要担心的是,如何不让中国人穷得只剩下钱?我们想要一个怎样的中国?中国人想过什么样的日子?我们希望后代子孙如何想起我们?

今天的澳门是个五光十色的国际大赌城,但十多年前,它还是个淳朴安静的小渔村,放眼尽是农田、渔船与美丽的葡萄牙建筑;澳门的英文 Macau,便是来自"妈阁"的译音,而妈阁正是指渔民最重要的信仰——妈祖庙;虽然只是个小渔村,但在中西文化交流史上,澳门却占据着最重要的枢纽点。明朝末期(约公元 1553 年),葡萄牙人获准在澳门停泊,好与中国内地经商贸易;当时葡萄牙商人从中国运去一船又一船的茶叶、丝绸、瓷器,而商船过来时,为了避免船体过轻而容易翻覆,往往满载葡萄牙的石头,这些石头到了澳门,便铺在新马路议事亭前地一带,形成与葡萄牙首都里斯本一模一样的花纹地板。

葡萄牙人本身是个喜爱冒险、经商、享受的民族,中国商品所带来的高额利润让葡萄牙商人趋之若鹜,很快地,1563 年的澳门已有 900 名葡萄牙人定居;但人活着,总不能靠着每天数钱过日子,他们或者把家眷从葡萄牙接到澳门来,或者娶菲律宾、印尼或本地的女子,有些水手长年在海上讨生活,因应这些水手的需要,澳门也有了几条花街柳巷;不同民族、文化的人杂居一起,总难免会有是非争执,因而有了葡萄牙警察、军人的驻扎;人多了,便发现信仰是比警察更重要的维持社会秩序的方式,于是便开始有了天主教的传入。1576 年,澳门天主教教区成立,第一任主教卡内罗获准以葡萄牙海关千分之五的关税,作为教会的慈善经费,他先后开设了教堂、仁慈堂、医院、麻风院、孤儿院,为了开启民智、教授语文、文法,以及教育葡萄牙儿童和华人教友,便在大炮台山麓教堂旁开办了圣保禄公学,也就是今天观光客必到的大三巴牌坊原址。

随着西方传教士的来到,圣保禄公学很快地转为圣保禄学院,1594 年 12 月 1 日,中国有了第一所西式高等学校,它的建制相当于牛津大

图9　澳门的葡萄牙风地板(杨雅雯摄)

学、剑桥大学,一开始便是葡萄牙政府支持的天主教学校,可以说是欧洲中世纪大学教育模式移植于澳门的先声。然而,圣保禄学院之所以在澳门诞生,并非源于欧洲大学培育社会精英的理由,而是基于天主教传教士要进入中国传教的需要,同时也由于葡萄牙的外交、商业事务的拓展,需要更多懂汉语的人才;顺治、康熙时,甚至规定入华的传教士必须先"赴广东澳门天主堂住二年余……学习中国语言"。圣保禄学院在1601年曾遭祝融光顾,后来由葡萄牙商人捐款而得以重建,1835年又再度焚毁,仅剩我们现在所看到的大三巴牌坊,即教堂前门部分。它曾拥有一个藏书四千多册的图书馆,当年可能是远东藏有西方书籍最多的学校。这个学校的毕业生里,最知名的当属意大利传教士利玛窦;他在这里学习的短短四年中,除了应酬客人外,大部分时间都在研究中国语文和中国的风俗习惯。

利玛窦结束了在澳门的学习后,便进入广东,以肇庆为根据地开始

193

图 10　澳门大三巴牌坊(杨雅雯摄)

他正式的传教。他很快便发现,中国已有一种强大的宗教信仰与基督教极为相似,那就是佛教,这两种宗教都讲天堂与地狱,都强调忏悔、布施,甚至神职人员都必须保持独身,中国寺庙里的佛像、香火、诵经也都与欧洲教堂中的摆设与圣歌有异曲同工之妙;在中国百姓看来,基督信仰只是佛教的变种,因而一开始也把这些传教士称为"僧",在利玛窦呈奏给明朝皇帝的第一道奏章中,教皇被称作"和尚王";圣母玛利亚与澳门的妈祖信仰结合,妈祖又称"天后"、"天妃",肇庆第一座小教堂里所供奉的便是"天主圣母娘娘";圣母怀抱圣婴耶稣的造像也与送子观音有着高度的相似。当时的利玛窦剃光胡须与头发,穿起了和尚袈裟,以便于中国百姓理解他的宗教神职身份;但渐渐地,他发现这身袈裟并非助力,反而是他传教的最大阻碍。由于当时许多佛教徒出身贫贱,从小被父母卖给和尚,在寺院里打杂而没有受到良好的教育,长大后继承和尚事业,缺乏学识又不懂礼仪、私德堕落,因而这些出家人并不受中国百姓的尊重,甚至经常是被鄙视的;中国老百姓真正尊重的,是那些读书、考试、当官的儒家学者。

于是,利玛窦改变策略,留起胡须与头发,脱下袈裟换上了儒生的长袍,这样的改换立即为他在中国百姓心中获得了很大的威严。此外,他更意识到要让基督信仰快速、广泛地被接受,唯一的路径是通过上层阶级,一旦这些掌握主流思想的知识分子接受了,要说服平民百姓便容易多了;于是,他在1595年离开居住了12年的广东前往北京,在北京生活了10年,1610年病逝于北京。他在北京终于接触到了上层人士后,却发现他们对于宗教并不感兴趣,儒家思想与中国的文学艺术已经为他们建构了一套完整的人生哲学、满足了人生各方面的需要;反而是利玛窦介绍的欧洲珍奇器物,引起了这些上层士大夫强烈的好奇,诸如棱镜、日晷、钟表、图画、书籍、地图等,都令他们眼界大开。聪明的利玛窦一方面以这些珍物奇器和数学、天文学的知识吸引士人来到他身边,另一方面又以他流利的中文及对四书的熟悉背诵,与士大夫理性讨论儒家伦理与基督教思想的雷同性,藉此让中国文人熟悉基督教义理,并进而接受、认同;他小心避开了虔诚信仰所可能引起的反感,尽力让一切看来合理而自然,甚至自称完全忠于中国经典、崇拜孔子,并贬斥佛教。

为了适应中国的特殊情况,利玛窦采取了许多文化适应策略,他撰写并印发大量中文著作,如《交友论》、《西国记法》、《天主实义》等,宣讲西方伦理思想与基督教义;同时力图使基督教义儒家化,向儒生证明基督教义中的唯一至上神天主,就是儒家经典中的"上帝",以说理的方式向士大夫宣讲基督教的一般道理,而不谈启示、灵魂不死、最后的审判等,也不引用《圣经》,试图以天主教取代儒学在中国文化中的主流地位;他甚至同意中国的基督徒祭祖、祭孔,认为这不属于偶像崇拜,而只是社会性的礼仪,表达对先人的怀念与对师长的尊敬,与天主教信仰并不直接冲突。由于知识的博雅与种种努力,利玛窦在中国知识分子中获得了"西儒"的称号,也成功归化了一些高级官员如徐光启、李

195

之藻、杨廷筠；中国的知识分子在向利玛窦学习的过程中，强烈感受到西方伦理观与科学成就的优异之处，如礼部尚书兼东阁大学士徐光启认为，西学中的修身之道和伦理规范较儒学更有至上性、普遍有效性，可使人"为善必真，去恶必尽"，能够带来"实心实行"，有助于改变明末士人谈心论性却落于玄虚的学风；李之藻则提出西方科技有助于富国强兵、可以帮助中国与日益强大的西方世界竞争。这些士大夫也像魏晋南北朝时面对佛教思想传入的祖先般，致力于中西方文化的探索与比较；他们与传教士合译了大量西方科技书籍如《几何原本》、《测量法义》、《泰西水法》等，并修订历法、引进了西洋火器；中国与西方文化的交流如果顺着他们开放而认真的心态持续发展下去，世界历史或将全面改写。

一、中西文化交流

如我们在前面几章中所述，中国从来不是一个封闭的体系，它本身不断与四方族群相遭遇，在自觉或不自觉中寻找彼此的共通点，改变他者的同时也革新自己，这是中国文化最主要也最可贵的精神——从不拘执于已有的思想或成就，而愿意抱持新鲜、好奇的兴趣，接纳、探索、取长补短。

中国第一次接触的西方文化可说是天竺传来的佛教思想，唐僧所谓的西天取经，正是要去我们今天所称的印度；佛教自东汉末年初传入中国，大盛于魏晋南北朝，至唐代而有禅宗代表佛教的中国化，到宋代理学家将儒释道三家思想汇通融合为宋明理学，过程中虽然或有儒家学者反对，但大抵上中国人对佛教教义都是虚心的接受、学习，秉持着对真理追求、探索的热情。

中西文化的第二波接触始于唐代，来到中国的西方人更广及波斯、大食，他们多数来中国贸易经商，同时也带来他们的食物、音乐、工艺、服饰、娱乐、信仰、习俗等各种文化，王翰的《凉州词》："葡萄美酒夜光杯，欲饮琵琶马上催。醉卧沙场君莫笑，古来征战几人回。"岑参的《白雪歌送武判官归京》："中军置酒饮归客，胡琴琵琶与羌笛。"葡萄酒、夜光杯、胡琴、羌笛这些都是西方胡人的物质文明，唐朝的开放性格使世界各地的人才与珍宝荟萃于长安城。此后蒙古人统治的元朝时间虽然短暂，但这个从东欧延伸到东亚的庞大帝国，使东西交通更为畅行无阻。在另一个方向，中国与东南亚的来往也未曾断绝；越南在秦朝便已隶属于中国疆域；缅甸在汉代称掸（音 dǎn），已可见于典籍记载；印度尼西亚在东汉时称爪哇，从公元 132 年起至 15 世纪，到中国来朝贡达30 多次。

　　中国东南海上交通在明朝达到鼎盛，明成祖派遣郑和七度下西洋，几乎每次都率领船只六七十艘、两万七千多人，包括官校、旗军、火长、舵工、班碇手、通事、办事、翻译、医生、工匠、水手等，第三次已抵达波斯湾，第四、五次甚至到达非洲东岸，这是中国航海事业的巅峰。我们可以想象，在那个不知电视为何物的年代，苏门答腊海边两三个小孩在玩耍，忽然间眼尖的小孩看到天边一片黑漆漆的什么慢慢移过来，没多久看清楚了，是船，一数，68！再没多久，看到了船上的脑袋瓜，数也数不完，那场景简直像我们今天看电影里外星人进攻地球一样不可思议。而在没有电话、无线电，甚至钢笔、广播的明代，两万七千人已经算得上一个小城镇了，组织起这许多船只与人员从事外交和贸易，所需要的管理技巧和办事效率，肯定不比今天管理任何跨国大企业轻松。由此可见中国在 15 世纪时，造船、航海、管理、外交、贸易等各方面的技术，都堪称世界第一。永乐皇帝派遣郑和下西洋，除了寻访传说中流亡海外、被他赶下皇位的侄子建文帝外，很重要的实际目的是与到访国交换礼物；这种交换主要是为了表示各国对大明君王作为天下共主的认可，与彼此亲善和睦的友谊，而没有一丝征服的意味，中国地大物博，且中国文化安土重迁、爱好和平，对于侵占他国、海外殖民并没有太大兴趣。可惜的是，由于这种大型海外探险导致经济空虚，公元 1424 年明成祖

197

去世后,继位的明仁宗便下令停止航海活动,且葡萄牙、西班牙商船和海盗日渐在沿海滋事,明朝开始了海禁,像郑和这种大航海家的伟大航海活动也就从此销声匿迹了。

中国与西方的第三次接触,便是晚明时期随着商人、冒险家与传教士来到的欧洲文明。中国人对利玛窦等人所带来的科学、技术等新鲜事物充满了好奇,而学习最为热切的当属康熙皇帝。康熙帝对耶稣会的传教士相当礼遇,多加保护与尊重,让他们在钦天监掌管天文历法,并由他们铸造大炮;1688年,六位"精通数学"的神父应中国官员的要求,在路易十四的资助下从法国前往北京;1692年,康熙颁布了"康熙保教令",解除了此前中国人不许信仰天主教的禁令,容许传教士在中国传教:"他们的教法绝不会煽动民心,也不会游说民众叛乱。所以朕认为最好是容忍之,以使所有想信仰这种宗教的人都可以自由进入教堂,并在那里公开传播对天主的信仰。"1693年,康熙赐给他们一座邻近皇宫的宅邸,以及一片地皮供他们建造教堂;康熙每周要拨出三至四天向传教士学习数学、天文、地理等知识,往往一学就是一整天,并认为皇子们也应该一起来学习。

耶稣会士从利玛窦开启了与中国上层阶级的接触后,便担负起宗教家、外交家与科学家的三重职责;除此之外,他们翻译中国的五经、四书,翔实记录在中国传教的情况及见闻,信件寄回欧洲后往往刊载在报纸上,成为欧洲知识分子熟悉且热烈讨论的议题;这些文章集结出版为四开本15卷《耶稣会士书简集》,源源不绝地向欧洲介绍中国的历史、科学、艺术、风俗习惯,对于17世纪的欧洲政治、经济、宗教、思想各方面产生了重大的影响,如17世纪法国思想家伏尔泰便对孔子推崇备至:"为何——这当然是对西方国家的不敬——要在东方的尽头寻找朴实无华的圣哲呢?他们早在我们野蛮时期的六百年前,在整个北方还不会书写的年代,在希腊人刚刚开始用智慧认识他们自己的时代,就教育人如何快乐地生活,不带任何炫耀,也不假任何欺骗。这位圣哲就是孔子,作为一位立法者,他从不愿欺瞒他人。这个世界上有谁创造了比此更为优异的教导法则吗?"德国哲学家、数学家莱布尼兹则说:"中国是一个大国,它在版图上不次于文明的欧洲,并且在人数上和国家的治理上远胜于文明的欧洲。在中国,在某种意义上,有一个极其令人赞佩的道德,再加上有一个哲学学说,或者有一个自然神论,因其古老而受到尊敬。这种哲学学说或自然神论是自从约三千年以来建立的,并且富有权威,远在希腊人的哲学很久很久以前。"①对他们来说,中国仿如一个有着完善律法、由充满智慧的哲学家皇帝统治,环绕着高级丝绸、瓷器、茶叶、艺术品、珍稀动植物的伊甸园。

　　然而,相隔千万里的两种异文化相接触,在彼此接纳交流而撞击出思想火花的同时,天主教内部也逐渐发生争端,这些争端以利玛窦的适应策略为核心,以天主教内部支派之间的斗争为主轴,横跨欧洲与亚洲,长达百年,而以中国的封闭锁国为结果。

　　利玛窦的本土化适应策略并未得到每一名传教士的支持,在他过世后接任耶稣会中国省会长的龙华民便提出了质疑,最主要的两项在于他认为中国的"天主"、"上帝"这样的名词并不能代表创造万物的神"Deus",而中国人的祭祖、祭孔根本就是应该严格禁止的偶像崇拜;为此,他特地在澳门与上海附近的嘉定召开两次会议,讨论修改传教策略的可能。然而,会议并没有达成共识,与会的传教士几乎都在中国传教15 年以上,虽然彼此尊重,但也难以改变已然成习的想法;争议持续了20 多年,最终以回归利玛窦的本土适应政策为收场。然而,一波未平一波又起,1930 年开始,这项"礼仪之争"扩大到耶稣会与方济各会、多明我会之间;方济各会与多明我会是欧洲古老而传统的修会,他们看不惯耶稣会传教士穿着中国儒服、出门乘轿子,不讲解耶稣受难、十字架的意义,也不主张孔子下地狱,一派中国作风,于是向马尼拉的上级教

199

　　①　张允熠、陶武、张弛编著:《中国:欧洲的样板——启蒙时期儒学西传欧洲》,合肥:黄山书社 2010 年版,第 154 页。

会提出疑点,并要求耶稣会再次开会讨论,会议虽然有所总结,但彼此却对对方的认知不以为然。1645年,罗马教廷第一次正式表态,教宗英诺森十世颁发部令,严禁中国的信徒参加祭祖或祭孔活动;中国的耶稣会得知这项命令后极不服气,便派卫匡国前往罗马向教廷解释,陈列了大批中国经书和中国士大夫的见解,以支持利玛窦策略,教廷为此甚至组织了神学委员会来审查相关的申诉,终于在1656年,教宗亚历山大七世允许中国教徒祭祖祭孔,重新肯定这些祭祀只是民俗性、政治性的行为,而非宗教上的迷信。耶稣会与方济各会、多明我会之间的争议当然不可能这么轻易地落幕,1669年,教宗克莱门特九世再度颁发命令,判定前面两个教谕具有同等的效力,由传教士根据情况、依照良心,自行判断。然而,多明我会作为古老而保守的修会,肯定不会轻易放弃长久地坚持,他们在浙江与福建发起反祭祖祭孔的声明,并要求信徒遵守。这许多教内的争端在百姓间引起了各种风波,各地官员写给皇帝的奏折里有不少抱怨传教士的这些行为;康熙四年(1665年),鳌拜执掌大权,安徽学者杨光先觉得这些外国人心怀不轨,多次上书要求废除汤若望、南怀仁等执掌钦天监,写出《辟邪论》,在北京发起反教活动,23名传教士被押解至广州,严禁他们传教;这23人中,包括了多明我会的闵明我。闵明我极力反对中国礼仪,他从广州潜逃至澳门,辗转返回欧洲,1676年在西班牙马德里出版了《中国历史及风俗概观》,他在中国停留的时间只有七年,对中国文化仅略知一二,书中以中国乡村风俗为中国文化的代表,将祭祖、祭孔斥为充满迷信的仪式,此书后来被翻译为法文,成为当时法国反对耶稣会人士的重要凭借,而那些不懂神学、更不懂中国文化的人,也都加入了辩论,使问题更加复杂了。①

　　1704年,天主教中著名的宗教裁判所就中国礼仪之事作出裁判,这个部门主要职责在于捍卫天主教会的正统教义,宁可过严,不可宽

---

① 参见顾卫民:《中国"礼仪之争"的历史叙述及其后果》,收录于(澳门)《文化杂志》2006年第58期,第113页。

贷,他们决议中国的礼仪在教徒中应严格禁止,新任教宗克莱门特十一世随即颁布,更派遣特使多罗出使北京觐见康熙皇帝,传达教宗的主张。多罗出身望族,恃才傲物,对中国事务并不熟悉,也一度不愿意前往中国,但在教宗的坚持下,他仍是以教宗特使的身份经由澳门来到广州,却在广州忽然得了风湿,半身不遂;康熙得知后甚为牵挂,甚至派亲王到山东等候、迎接他。多罗来到北京后,受到康熙周到的照顾,康熙聪明绝顶,关于天主教内部的纷争亦有耳闻,他在第二次接见多罗时屡次追问多罗此次来到中国的使命,但多罗避重就轻,康熙于是让多罗呈报教宗,中国自有中国的礼仪,这些礼仪也不反对天主教教义;隔天一同游览畅春园时,再次请他转告,中国奉行孔孟之道已有两千年,西洋人自利玛窦到来后,一直奉公守法,将来如果反对中国人祭祖、祭孔,恐怕就很难继续居留中国;多罗不敢与康熙正面冲突,只是推脱;然而,多罗离开北京抵达南京后,于1707年1月向南京的传教士宣布罗马教廷的决议,康熙对此很是生气,下令愿意留在中国传教的西洋人须领永居票,票上写明"西洋人某国人,年若干,在某会,来中国若干年,永不复回西洋"等,拒绝领票者押往广州。他很清楚西洋的科学、技术为中国所需,但天主教教廷对中国百姓风俗礼仪的各种干涉已到了扰民滋事的程度,不得不出此下策。1715年,教宗再次重申禁令,语气严厉而武断,康熙得知后极为愤怒,痛骂西洋人为小人,下令严禁传教,免得多事。此后,天主教在中国的传教事业迅速衰败,士大夫不能祭孔就无法参加科举,百姓不能进祠堂祭拜祖先,干脆都离开教会了。到了雍正、乾隆,对天主教禁教更严,从此传教士在中国逐渐式微,中国也走上了闭关锁国的不归路。

二、近代中国文化的困境

我们现在往往将传统中国视为一个封闭的系统,保守、贫穷、落后、腐败,直到 1840 年鸦片战争,一炮被轰进了近代,中国才不得不面对世界,被迫现代化。然而,这样的说法并不正确,试想:会有人去抢贫民窟吗? 当然不会。吸引西方列强不断东来的,是中国富到流油的民脂民膏。根据西方学者统计,鸦片战争前的 1820 年,中国人口占全世界人口的三分之一,GDP 也占了全世界总额的三分之一①,尽管欧洲各国在工业化与资本主义的双管齐下中突飞猛进,整体经济仍以中国为世界之首。

在"利维坦"国家概念的指挥下,19 世纪与 20 世纪的地球成为西方帝国主义横行霸道的悲惨世界。西方列强一次次发动战争侵占殖民地,以利其商人开展贸易。1842 年,英国攻打中国,占领香港以自由进出广东,以印度的鸦片换取中国的茶叶,是为第一次鸦片战争。1858年到 1860 年,英法联军再度攻打北京,打开了长江水路网,深入中国的经济腹地。连续两次的战败令清廷开始了洋务运动,生产战船、炮弹并训练水师,一开始军纪严整、战力不容小觑。但后来购买军舰、炮弹的经费却被慈禧挪用,洋务运动产生的北洋舰队在 1894 年的中日甲午战争中,历经九个月而终究惨败给日本。在连续战败、割地赔款的耻辱下,光绪帝痛定思痛,1898 年与康有为、梁启超一同发起戊戌变法,改革军事、政治、经济、教育,乃至官僚制度,试图实行君主立宪制,却不幸在 103 日后被慈禧腰斩,因而称作"百日维新"。后来慈禧以义和团围攻北京的各国使馆,并入侵租借区烧教堂、杀传教士、教徒,引起了各国联合攻打中国,1900 年八国联军五万人进入北京、天津烧杀掳掠。这些不断的战败、赔款让中国知识分子对清廷彻底失去了信心,从而促成了 1911 年的辛亥革命得以成功。此后开始了新文化运动,以 1919 年的五四运动为其最高峰,诸多学者提出了各种主张,一心要让中国摆脱战败的耻辱,其中以胡适为主的全盘西化影响最大,他说:"我说抵抗

---

① 英国学者安格斯·麦迪逊(Angus Maddison):《世界经济千年史》,伍晓鹰、许宪春、叶燕斐、施发启译,北京:北京大学出版社 2003 年版,中文版前言。

西化在今日已成过去，没有人主张了。但所谓'选择折中'的议论，看上去非常有理，其实骨子里只是一种变相的保守论。所以我主张全盘的西化，一心一意地走上世界化的路。"其他如张之洞提出的"中学为体，西学为用"虽也是重要主张，但仍不如胡适的西化路线受年轻人的欢迎。而随着共产党在农村、民间的活跃，马克思的共产主义则在1949年后成为中国人主要的政治信念，这也是"到西方去"的另一种版本。

中国的闭关锁国是中国政治最大的失策，当欧洲的政治、经济、科学都在日新月异地突飞猛进时，中国第一流的知识分子受到亡国伤痛与满清人的强力压迫，只能埋首书堆从事训诂、考据的工作，因而当中国再次遭遇西方人时，百年来累积的巨大差距令中国知识分子的自信心迅速塌方，这是中国人两千年来未曾遭遇过的大变局；但这并不表示中国传统文化的和平主义是错误的；西方弱肉强食、适者生存的竞争法则，为人类制造了多少灾难与不幸？这样的世界岂是我们所乐见的？我们检讨中国近代以来所受耻辱的同时，应该桥归桥、路归路，不应混为一谈。

1942年，钱穆先生在成都写作《中国文化史导论》时，放眼国家，满目疮痍。对当时的知识分子来说，如何赶紧学到欧美富强的力量，让中国不再受到西方列强与日本的侵凌，以支撑住国家民族的地位，同时不斫丧自己原本的传统文化，而进一步吸融西方文化使中国文化更光大充实，是最重要的当务之急。① 中国之所以在与西方相遭遇时败得那么惨，主要是由于缺乏西方的科学技术。中国文化为什么没有发展出西方的科学？这并非中国人在逻辑思维上先天的不足，我们看国际数学奥林匹克竞赛中，中国人几乎囊括了第一名奖项②，而"中国人的数

203

---

① 参见钱穆：《中国文化史导论》，台北：商务印书馆1993年版，第204—205页。
② 自1989年起25年里，中国得到了18次第一名。

学特别好"也是今天举世公认的事实；中国人三千年前便发明了以蚕丝制作布料，长沙马王堆出土两千年前的素纱襌衣，轻达 49 克，可见中国人并非缺乏理性的逻辑或发明的技术；但何以中国人的四大发明，罗盘拿来看风水，却被西方人用于航海探险？火药拿来放鞭炮，西方人却能研制出炮弹？唯有造纸术与印刷术对中国的学术思想与教育普及真正产生推动力量。这当中的关键，不在于聪明才智的匮乏，而在于中国文化的本质，在历史的演进中，日趋重文而轻武，即使是"武"也要融入许多"文"的精神，比如太极拳、形意拳，重内功更甚于击技，因而国力上越来越衰落，需要不断掺进北方异族的生命力，同时也更以这种极"文"的力量瓦解北方蛮族勇猛的武力。

　　中国文化重视"心"的状态更甚于"物"，重视亲身经验的体悟更甚于逻辑概念的思辨，因而对西方人来说，宗教与科学是截然相反的两件事，但对中国人而言，西方的宗教向外信仰最高的上帝，与科学向外探求物质的本原，同样都是"外求"，是属于"知识"领域，而非"生命智慧"领域；西方人的"哲学"着重于假设、演绎、归纳等抽象思考，与人自身生命有一段距离；但中国思想家的一切主张，都是从生活的实践中归纳总结而来，它们与生活本身密切结合，从生命出发，也以生命的提升为终极追求，其间没有假设、没有想象，只有一个又一个对实际发生、存在的事、物的观察与思索。因为这种种不同，西方的哲学家尽管提出各种理论主张，但他们私下的生活与牙医师、建筑师可能没有两样；而中国的思想家一旦被人发现私生活不检点，他学说的公信力便会被打上折扣，但如果他在公、私方面都能够身体力行，便会为他的主张提供有力的支持。也因此，传统中国文化更加重视一个人的品行、节操，更甚于制度理论的精密完整。

　　中国与欧洲文化的发生、发展，在本质上便有极大的不同。欧洲文化经历希腊罗马的古典时期、基督教会与日耳曼蛮族的中世纪，与文艺复兴后的现代社会三时期，在思想上是断裂、切割、互为矛盾的，因此西方文化本身充满许多革命，要推翻、颠覆过去的认知，追求更新的未来；

但中国文化自孔子整理五经并发明新意，将之归纳于"仁"的框架中，奠定了一系列对天地、鬼神、人伦的认知、价值与行为体系后，两千多年来中国学术基本都是在这个基础上开展，或有革新或变通，但大抵不离这套思维模式。

在这套思维模式下，中国人对于"外物"的态度，更喜欢探讨其"性质"远胜于其"结构"。比如我大学时，曾与学中医的老师到一家中国风味的高级餐馆吃饭，落座没多久，餐厅便送来核桃作为餐前点心；老师看到核桃，便跟我说："核桃补脑，小朋友要多吃！"为什么核桃补脑？因为核桃长得像脑！后来，老师发现我感冒了，便建议我服用"桂枝汤"，为什么？因为桂枝的形状是发散的，所以它可以发散解表、驱除体内的寒气；这就是中国古人认识事物的方式。相较之下，我当时所学的专业——药学便完全不是这么一回事。西药的原理是从分子结构入手，用各种仪器与推论测知病毒、细菌作用的机转，再发明结构类似但相异的药物来欺骗、遏阻病毒、细菌工作，我整个大学时代都在背诵无数看不见摸不着的化学结构、作用机制，诸如奎宁药如何抑制疟原虫以治疗疟疾，痛苦至极。

《庄子》里有一则故事很生动地说明了中国思维的这种特性。故事说齐桓公有一天在厅堂上读书，一名制作车轮的工匠轮扁在一旁做轮子，他放下工具，跑到桓公身边问他："您读什么呀？"桓公说："我在读古代圣人的言说。"轮扁说："圣人还在吗？""已经死了。""那您所读的，只是古人留下的糟糠而已啊！"桓公听了大怒，说："我读书岂轮得到你这个工匠来说三道四！你给我好好解释，说得好的话免你一死，说不好的话，就等死吧！"这话正中轮扁下怀，当即说："我不懂读书，但懂得做车轮。做车轮时如果动作慢就会不牢固，动作太快就没办法做成，一定要不快不慢，手一摸心里就清楚，这些我说不明白，但其中的确有某种技巧存在，我没法用言语传承给我儿子，所以都快70岁了还在做轮子。这些没办法说出来的才是一切的精华所在，但古人也和我一样，没办法用言语来传达，所以您所读的这些文字，只是古人智能的残

205

第十章　中西接触与中国文化的展望

余啊!"

这些无法言说的技巧或感觉就像眼神、气质无法量测,但确实存在。我们会说一个人眼睛很有神、气色有点差,或者气质很好,但我们没办法说:"你气质这么好,卖两斤给我如何?"相较之下,中国人更重视"可以神遇,不可以目视;可以意会,而不可以言传"的言外之意、弦外之音,重观念而不重理论,难以系统化地分析探讨。也因此,中国的种种经验难以累积、传承,每一个人都要从自身的努力一步一脚印地到达心的最高境界。

三、当代中国文化的困境与展望

1978 年以前的中国,经历了 30 年马克思主义主导的政治与十年"文革"浩劫,丧失了自身传统的文化与信仰;如今又过了 30 年,持续的改革开放让中国人摇身一变成为巴黎香榭大道上最受欢迎的大主顾。在中国日益富强的今日,我们要担心的是,如何不让中国人穷得只剩下钱?

当代中国一切乱象最主要的问题根源,在于价值的失落,对自己没有原则,对社会没有责任,对国家没有信心,对生命没有信仰。官员只追求立即的绩效,以虚假的成绩捏造不实的经济成长,盲目的城镇化破坏自然生态,也制造出一个又一个无人居住的鬼城,对于物质只求眼前的利益,不问手段的合理、合法,因而各种山寨仿冒品遍地皆是,食品安全更是漏洞百出,地沟油、毒奶、各种有毒添加物屡禁不绝,各地工厂、矿场爆炸案层出不穷,社会案件屡见不鲜,在经济发展的同时人人自危,也更加走向"自扫门前雪,莫管他人瓦上霜"的冷漠自私。政治、社会、媒体透过各种影像、言语暗示人们不断追求权力与金钱,却从不问根本的问题:我们想要一个怎样的中国? 中国人想过什么样的日子? 我们希望后代子孙如何想起我们?

面对当今中国社会的种种乱象,唯有从根本上着手,为全体中国人重新建立对生命的信仰与高尚的价值追求,才有可能根除这一切匪夷所思的弊病。首先要做的,当是改变现有的教育体制与内容,人是国家、文化的根本,我们今天如何教育下一代,我们的未来就会是怎样的社会;教育内容的变革,应从改变简单的说教开始,摆脱僵化马列思想的做法,将之融入、回归传统文化;全体中国人都应该重新理解自己的历史、文化传统,只有对自己的过去具有温情与敬意,才会真正珍惜、看重今天所拥有的一切,回归到历史的洪流中为自己寻找定位与价值。回归传统文化的过程里,亟须对儒家思想进行重新理解,赋予它新的意义与活力,不能再以新文化运动、"文化大革命"中错误的历史观所得出的错误结论灌输、教育下一代,一个对自己的传统文化充满批判、责备的小孩,如何可能对自身生起自信、自重与自爱? 教导历史、文化成就不该仅只停留于知识的背诵堆砌,而应该看到两三千年中所发生的这一切背后的用心、价值与追求。儒家入世、积极、宽容的态度,与对世界大同的终极追求,远胜于宗教排他或出世的思想,也较当今以暴制暴、你争我夺、尔虞我诈的政治理念更合乎实际。中国传统文化知足的心态,不往经济而往文化上无限发展、开拓的本质,也更能够让我们避免环境的破坏与生态的浩劫。

天灾之外,西方与中东的战争正在越演越烈;战争的本质就是贪婪与自我。在我们自诩文明昌盛、科技发达的今天,我们仍旧无法避免战争,甚至由于科技的运用,战争中的死伤人数更为触目惊心,受战争波及的无辜百姓更为众多,我们真的应该扪心自问:我们究竟凭什么觉得自己优于过去的古人? 两宋(公元 960—1279 年)三百多年虽然不断受到北方蛮族的武力威胁,但士大夫对气节的自我要求与文化艺术品味的高雅,却是在我们这个时代的官员身上所罕见的品质。

除了教育的正本清源,在底层百姓中,也应为他们重新建立起社群的联系。中国的城镇化已是不可避免的趋势,传统农村家族聚居、因血缘关系而互相照顾的模式已难以套用在当代中国老百姓的生活模式上,但这不表示当代中国人便不再需要团体的认同、参与,以及情感的交流与支持。政府当为百姓创造充满人文气息的环境,不是只存在于博物馆、艺术馆的文学艺术,而是建立人与人之间互相关心、交流的文化,塑造温暖互助的氛围,取代人人为己、自私自利的思想取向;我在北大读书时很喜欢旅游,经常穿行在各个大、中、小型城市里,令我印象深刻的是晚上七点后、十点前,常常可以在广场上看到许多妈妈、阿姨一起跳广场舞,偶尔也有几名男士参与其中,整齐有序,他们一点都不偷懒,跳得极认真;也有许多人早上聚在公园打太极拳、练扇舞、剑舞等,都是兼顾运动健身、情感交流的极佳团体。地方政府也应鼓励各种向上、向善的宗教、慈善、教育、文化团体深入民间,促进人心的充实与价值的提升,以小区、街坊为单位,鼓励赋闲在家的公公婆婆爸爸妈妈走出家庭、担任志愿者,依个人兴趣与才能到小区图书馆开办儿童读经班、才艺分享班,照顾小区老者与弱势族群,提供心理咨询或陪伴关怀,这就是古代所谓的"敦亲睦邻"。这些努力可能微不足道、无法创造惊人的经济成长、也没有太多的物质回报,但它们可以让这个社会更多人得到温暖,付出者也在实践中肯定自己生命的意义价值,这些都是金钱无法买到的无价之宝,也是维持社会稳定唯一可靠的力量。

最后,我们从近两百年的经验可以看到,闭关锁国是不可能的,任网络如何封锁、监控,中国网民总能够透过各种管道得知事情的另一面;甚且正是政府这种封闭、防范的态度,令民众对政府的一切公告与作为都无法真心相信,而认为那些小道消息才是事情的真相,政府落得百口莫辩。因此,唯有积极地开放交流,让中国文化走出去,也让他国文化走进来,更让民间文化复苏,为百姓的幸福快乐、德行才艺创造良好的沃土。另外,政府在开放的同时要谨慎为人民汰除低俗劣等的文化,同时要培养人民分辨的智慧与持守的道德、尊重人民知的权利与判断的能力。将经济实力转向文化实力、道德实力,才能够承续起世界最古老、渊博的文化传统,真正建立一个泱泱大国的风范。

208

20世纪初,受到西方文化与武力的双重冲击,中国的学术呈现溃败之姿,完全无招架之力;但到了21世纪,中国的国际地位重新获得认可,学术研究不再需要承担国家命运救亡图存的重担,随着百年来学者对西方文化的译介、研究,与对自身文化的重新认识,学术界愈益感到脱离过去直接将西方学术概念套在传统中国文化上的理解方式有其削足适履之弊,并努力从自身文化的思维模式、理论架构中重新理解自己的传统。我们不仅要追求俭朴、优雅而高尚的生活,更要自许成为顶天立地、堂堂正正的中国文化继承人。

看过《金陵十三钗》后,朋友推荐我再看陆川导演的《南京!南京!》,影片中一个片段令我印象深刻。女教师姜淑云为了搭救被日军从难民营里抓走的男人,不顾日军"一人只能救一人"的禁令,三番两次前去搭救那些向她呼救的人,却不幸被日军发现了;当日军抓住她,要将她带回军营作慰安妇时,女教师经过一名曾经在图书馆中与她谈话并拿走一条十字架项链的日本兵角川,低声向他说:"Shoot me!(射杀我)"日本兵犹豫了半晌,追上前去,向她后脑勺开了一枪。是什么令这名日本兵甘受同侪惊诧的眼光与责难,开枪免去了她即将遭受的凌辱?唯有"尊重"两字。我想,当有一天中国的教育能够培养出一个、十个、百个,乃至千万个具有这种"舍己为人"、"士可杀,不可辱"精神的读书人时,中国文化的复兴就指日可待了。

209

补充引文

桓公读书于堂上,轮扁斲轮于堂下,释椎凿而上,问桓公曰:"敢问:公之所读者何言邪?"公曰:"圣人之言也。"曰:"圣人在乎?"公曰:"已死矣。"曰:"然则君之所读者,古人之糟魄已夫!"桓公曰:"寡人读书,轮人安得议乎!有说则可,无说则死!"轮扁曰:"臣也以臣之事观之。斲轮,徐则甘而不固,疾则苦而不入,不徐不疾,得之于手而应于心,口不能言,有数存焉于其间。臣不能以喻臣之子,臣之子亦不能受之于臣,是以行年七十而老斲轮。古之人与其不可传也死矣,然则君之所读者,古人之糟魄已夫!"(《庄子·天道》)

延伸阅读

林语堂:《论东西方思想法之不同》,收录于《林语堂自传》,西安:陕西师范大学出版社 2005 年版。

其中所言:"西洋逻辑是思想的利器,在自然科学,声光化电的造诣,有惊人的成绩。……但是,逻辑这种利器也是危险的。……凡人伦大端,天地之和,四时之美,男女之爱,父子之情,家庭之乐,都无从以逻辑推知,以论辩证实。……不但此也,凡人生哲学的大问题,若上帝、永生、善恶、审美、道德、历史意义,都无法用科学解决。上帝不是一个方程式,永生并非一个三段法,善恶美丑都无法衡量,无法化验。无法化验则无法证实,无法证实则无从肯定或否定。所以,伦理系统建立不起来,今日的社会学家因为要科学,要客观,闭口不言善恶。今日的哲学家闭口不言伦理,今日的存在论家闭口不言人生意义,甚且否定人生意义。今日之大思想家闭口不言上帝。凡逻辑无法处置的问题都摒诸门外,绝口不谈,一谈就不科学。这是今日西方学术的现象。"这是对中西方文化不同处极精到的批判。

森下典子:《茶道带来的十五种幸福》,北京:印刷工业出版社 2013年版。

在第十四章中,作者比较了中式与西式教育的不同:"茶道只有'礼法','礼法'本身又要求严格,几乎毫无自由可言。可是,除此之外,没有任何其他约制。……学校、茶道的宗旨,皆在教育人成长。不过,两者唯一最大的不同,就是学校总教人与'别人'相比,茶道则希望人能与'昨日的自己'相较。"这样的差异不仅体现在教育上,亦是中西文化根本的不同之处。

思考练习

对我身边的社会,我可以做些什么来维持我所满意的部分? 又可以做些什么来改变我不满意的部分?

第十章　中西接触与中国文化的展望